新经济 · 新思维

经济学通识课 100 讲

冯兴元　朱海就　黄春兴 著

海南出版社
·海口·

图书在版编目（CIP）数据

经济学通识课 100 讲 / 冯兴元，朱海就，黄春兴著
. -- 海口：海南出版社，2023.1
　　ISBN 978-7-5730-0854-1

　　Ⅰ . ①经… Ⅱ . ①冯… ②朱… ③黄… Ⅲ . ①经济学
－基本知识 Ⅳ . ① F0

中国版本图书馆 CIP 数据核字（2022）第 207271 号

经济学通识课100讲

JINGJIXUE TONGSHIKE 100 JIANG

作　　　者：	冯兴元　朱海就　黄春兴
出 品 人：	王景霞
责任编辑：	张　雪
执行编辑：	于同同
责任印制：	杨　程
印刷装订：	北京天恒嘉业印刷有限公司
读者服务：	唐雪飞
出版发行：	海南出版社
总社地址：	海口市金盘开发区建设三横路 2 号　邮编：570216
北京地址：	北京市朝阳区黄厂路 3 号院 7 号楼 101 室
电　　话：	0898-66812392　010-87336670
电子邮箱：	hnbook@263.net
经　　销：	全国新华书店经销
出版日期：	2023 年 1 月第 1 版　2023 年 1 月第 1 次印刷
开　　本：	880 mm×1 230 mm　　1/32
印　　张：	15
字　　数：	336 千字
书　　号：	ISBN 978-7-5730-0854-1
定　　价：	68.00 元

推荐语

在本书的作者序中，作者介绍本书的 100 篇通识课文均为主线经济学通识内容，主要是反映奥地利学派经济学观点和理念的通识内容。主线经济学代表经济学发展脉络的主线。斯密、哈耶克、科斯、诺思、布坎南、奥斯特罗姆和弗农·史密斯等经济学家都是主线经济学的代表人物。作者认为，现代主线经济学可以视为由奥地利学派经济学和与其有亲缘关系的其他经济学派（尤其是新制度经济学和公共选择学派）构成的一种开放和包容的经济学发展主线，也不排斥主流经济学中均衡范式之外的一些有用的理论。我个人认为，弘扬现代主线经济学，同时聚焦于传播奥地利学派经济学，更容易在学术上形成一股强大的合力，以抑制主流经济学的不利影响。

冯兴元、朱海就和黄春兴教授编写的《经济学通识课 100 讲》这本书，与 2020 年出版的《经济学通识课》一样，属于真实世界经济学通识，着重介绍奥派经济学，兼顾了主线经济学中其他相关学派的一些理论通识，总体上属于一部奥派经济学通识读本。在此，我还要继续强调，这三位作者是海峡两岸研究奥地利学派经济学的杰出学者。他们研究奥派经济学，是因为他们相信奥派经济学，这一点特别值得一提。就我所知，尽管国内存在较多的奥派经济学译著，但国内还没有一本比这两本通识读本更容易阅读的奥派经济学通识读物。推广奥派经济学及其相关理念，就是推广好的、正确的市场理论。我相信，《经济学通识课100讲》这本新通识著作一定会对增进国人的市场理念、提升国人的经济分析能力做出重要贡献！

张维迎

北京大学国家发展研究院博雅特聘教授

北京大学市场与网络经济研究中心主任

代序　捍卫市场经济需要正确的市场理论

　　冯兴元、朱海就和黄春兴教授在 2020 年出版《经济学通识课》的时候，邀请我撰写了序言《关于市场的两种不同范式》。这两种范式就是新古典经济学的静态均衡说和奥地利学派（以及熊彼特）的动态非均衡说（非均衡范式）。虽然新古典经济学在解释市场运行时漏洞百出，捉襟见肘，但时至今日，统领经济学的仍然是新古典范式。奥地利学派经济学（以及熊彼特）的非均衡范式仍然处于经济学的边缘地带，不受主流经济学家待见。我在序言中指出，新古典范式存在八大悖论，强调奥地利学派非均衡范式代表了好的、正确的市场理论。

　　今年，这三位教授将出版《经济学通识课 100 讲》，又邀请我撰写序言。在新序言中，我继续批评主流经济学，仍然坚持强调需要重视奥地利学派经济学（以及熊彼特）非均衡范式。

　　主流经济学不及格

　　经济学的使命是什么？在我看来很简单，就是捍卫市场经济。用什么来捍卫呢？就是用一个好的、正确的市场理论，也就是奥地利学派经济学（以及熊彼特）的非均衡范式，包括其企业家理论。

以此来看我们现在的主流经济学，要打分的话我想打 59 分，不及格。为什么不及格？道理很简单，市场中最重要的是企业家和企业家精神，但是我们的主流经济学里没有企业家和企业家精神。为什么没有？因为主流经济学的假设已经排除了企业家功能，企业家似乎既没有必要，也没有可能。

主流经济学假定每个人无所不知，所有信息、资源、技术、偏好都是给定的，剩下的工作就是计算。这个计算工作不需要想象力、警觉性、果断性，甚至不需要冒险，因而不需要企业家，只要用计算机就可以完成。所以，我们既有的经济学在解释市场、捍卫市场方面是不及格的。我们甚至没有办法解释为什么利润会持续存在。在主流经济学里，利润是市场不均衡的表现，因而是没有效率的表现；在均衡的市场中，企业所有的收入都分解为成本，没有利润。

其实，在一个不确定的世界里，知识和信息分散在不同人的头脑中，每个人只有有限的局部知识，决策离不开想象、离不开猜测，因而离不开企业家精神。企业家当然可能犯错。市场的有效性不在于企业家会不会犯错误，不在于经济能否达到均衡，而在于自由竞争迫使企业家不断发现错误、修正错误，如果他们不能修正错误，最后企业就会走向破产。这是市场最重要的特点。所以，我们不能用市场是不是达到了均衡来衡量市场是不是有效。凯恩斯主义经济学对市场的批评是错误的，因为它把均衡作为市场是否有效的标准。

有些经济学家假定每个人都是理性的，这样一来市场就是可以设计的。但真实的市场是演化出来的，不是任何人设计的。理性本身也是演化的结果，不是演化的前提。演化没有目标，只有适者生存。因此，无论人们以何种方式设计市场，用哈耶克的话说，都是"致命的自负"，高估了自己的能力，高估了理性的力量，高估了科学知识的力量。

主流经济学甚至没有办法让人们相信这样的简单理念，即市场本身会导向共同富裕。亚当·斯密将我们的思维从"零和博弈"变为"正和博弈"，但新古典经济学又把我们的思维带回到"零和博弈"。如果资源是给定的，技术是给定的，"蛋糕"就是给定的，生产和分配问题就可以分开处理了。

"收入分配"概念的误导性

"收入分配"是经济学研究中的一个重要课题。但在我看来，这个概念本身就有误导性，因为它给人的印象是：收入已经存在，已经在那里了，问题是怎么分配已经存在的收入。既然收入已经存在，如果有人得的多，有人得的少，那就证明市场是不公平的，需要政府再分配才能实现公平。事实上，收入是创造出来的，并不是有一个固定的量在那里等待人们去分配。市场上，每个参与人不是通过"分配"获得已经存在的收入，而是通过"出售"某种其他人需要的东西（产品、劳动服务等）赚取收入。如果其他人对他的产品或服务没有需求，他就不可能有收入。一个社会有多少收入、多少财富，很大程度上依赖企业家职能的发挥。企业家的职能就是发现、创造消费者的需求，并通过满足这种需求获取利润。如果企业家精神被压制，损失的不仅是利润，还有所有人的收入和福利。

企业家拿的是利润，但这不意味着企业家在获得收入上占有优势地位。利润是什么？是别人剩下的东西。这里的"别人"，就是现在所谓"利益相关者"，包括消费者、员工和债权人，也包括供货商。如果市场当中的消费者得不到满足，拿不到经济学家所讲的"消费者剩余（价值减去价格）"，企业家就不可能赚钱；如果工人拿不到合同约定的工资收入，企业家就不可能有利润；如果债权人得不到利息，企业家就不可能赚钱；如果供货商拿不到货款，企业家就不可能有利润。市场中只有企业家的利润可能为负，所有其他利益相关者的收入都不可能为负——除非企业破产。但企业破产的定义是企业资不抵债了，企业家利润没有了，清算所得也得先偿还债务（包括拖欠的工资）。因此，企业家要致富，首先得让别人富裕起来，给别人带来好处。

利润是企业家创造价值，满足了其他利益相关者合同收入索取权的标志，不是剥削的标志。尽管有运气的成分，但平均而言，在竞争的市场中一个企业家能否赚钱，能赚多少钱，主要取决于他的企业家能力。如果你认为利润是"巧取豪夺"，那你自己"巧取豪夺"看看？非常遗憾，这样一个基本道理居然好像说不清楚，一说共同富裕就想到要走另外一条道路才能实现，似乎削去张三的耳朵就可以治好李四的耳聋。

让我用中国各省之间的工资和利润率的差异说明市场化与共同富裕的关系。以 2016 年为例，根据北京国民经济研究所提供的市场化数据，私营企业的平均工资与市场化程度高度正相关，相关系数为 +0.71。大致来说，市场化指数每上升 1 个点，私营企业的年人均工资平均上升 1826 元。特别值得一提的是，市场化指数超过 10 的地区，人均年工资没有一个低于 45 000 元的；而市场化指数低于 10 的地区，人均年工资没有一个超过 41 000 元的。市场化指数与人均可支配收入的相关程度更高（相关系数为 +0.78）。市场化指数每提高 1 个点，人均可支配收入就增加 2 237 元。市场化指数大于 12 的地区，人均可支配收入没有一个低于 30 000 元；而市场化指数低于 12 的地区，人均可支配收入没有一个高于 28 000 元。

与此同时，我们看到，虽然市场化指数与私营企业净资产利润率也是正相关，但这种相关性要弱得多（相关系数为 +0.34）。这意味着市场化对人均工资的正效应比对净资产利润率影响更大。其主要原因在于，资本比劳动力具有更高的流动性，更高的市场化意味着企业家之间更激烈的竞争，导致工资水平相对上升，利润率相对下降。结果是，工资占私营企业主营业收入的比重随市场化程度的提高而显著上升（工业企业的相关系数为 +0.45）。

另一个值得一提的是市场化对解决贫困问题的显著作用。仍以 2016 年为例，市场化与农村人口贫困率的相关系数是 −0.85。平均而言，一个地区的市场化指数上升 1 个点，该地区农村人口贫困率就下降 1.1 个百分点。市场化指数低于 8 的 12 个地区，只有 2 个地区的农村人口贫困率低于 5%；而市场化指数超过 8 的 19 个地区，只有两个地区的农村人口贫困率超过 5%，其中市场化指数超过 10 的 7 个地区，没有一个地区的农村人口贫困率超过 2%。

真实人群的收入流动性更重要

人们经常拿统计上的收入分配数据说事。但统计上的收入分配数据是非常误导人的。统计数据可能告诉我们收入人群中最低的 20% 和收入最高的 20% 的某年收入各是多少，若干年之后又各是多少，高低差距越来越大，似乎 30 年前最低收入的人和今天最低收入的人是同一批人。其实，统计学上的收入人群和真实世界中的收入人群不是一个概念。统计学上的收入人群是按收入归类的，而真实世界中的人是有血有肉的，同样一个人，不同年份可能属于统计学上不同的收入人群。因为市场处于不断洗牌的过程中，今天的高收入人群，与 10 年前、20 年前的不一样。10年前的"穷人"，10 年后可能变成"富人"。

打个比方，市场经济好比是不同星级的酒店，有五星级的也有一星级的，每个酒店都住满了人，但是顾客的名字总是在变化；今天住五星级酒店的人以后可能搬到地下室，也有一些原本住地下室的人，因为能力提高就搬到五星级酒店了。市场经济下人们相对收入的变化就是如此。

其中的关键就是企业家精神。由于市场竞争性的存在，再成功的企业家也会被后来者超越。而且，企业家精神是较难传承的，不是说父亲有企业家精神，儿子就一定有企业家精神，两代人会同样成功。大部分企业家年老的时候，其企业家精神也随之减弱，即便子承父业，企业也可能走向衰落。因此，市场经济中富人不可能永远富，穷人也不可能永远穷。如果穷人有企业家精神，他就会超过富人。

统计上的收入分配数据存在着误导性。对此，胡润富豪榜提供的数据是很好的佐证。从上榜数据的历史序列来看，富人的名单总在变化。比如 2010 年上榜的前 100 位富豪，到 2015 年只剩下 34 人，其他 66 人都已经掉榜。我可以肯定地说，今天排在中国富豪榜的人，不要说 30 年前，甚至 20 年前，许多人都处于低收入行列，不少人甚至可以称为"穷光蛋"。这些穷光蛋变成富人，怎么能说收入分配不公呢？

人口的收入垂直流动问题是比统计数据反映的"穷人""富人"收入差距变化更为重要的一个研究课题。我们更应该关注的是收入的垂直流动性，警惕阶层固化。但研究收入分配的经济学家习惯于用统计数据的收入进行分组，很少关注真实世界中真实的人的收入变化，这是令人费解的。在对中国收入分配变化的研究中，斯坦福大学的 Khor 教授和 Pencavel 教授的研究是少有的例外。他们发现，1990—1995 年，如果把中国城市人群按收入划为五个组，1990 年的最高收入者到 1995 年只有 43.9% 仍然属于最高收入人群，而且有近 5% 落入最低收入人群。与此同时，1990 年的最低收入人群中只有 49.6% 的人到 1995 年仍然属于最低收入人群，50.4% 的人都已经跳出最低收入阶层，其中有 2.1% 的人进入最高收入人群。这仅仅是 5 年时间里发生的变化。

再看看美国的情况。媒体经常说美国过去几十年间贫富差距扩大了，但如果追溯到具体的人（数据基于税务部门提供的纳税人身份证号码），得出的结论会完全不一样。比如 1975 年占比 20% 的最低收入人群中，有超过 75% 的人到 1991 年已经跻身于收入排行榜的前 40%，其中有 29% 的人进入占比为 20% 的最高收入人群，只有 5% 的人在原地踏步。再比如 1996 年占比为 20% 的最低收入人群的收入到 2005 年增长了 91%，与此同时，占比为 20% 的最高收入群体的收入只增长了 10%。高收入人群的流动性更高。比如，根据美国国家税务局的数据，1992—2014年，年收入最高的 400 人中累计有 4 584 人，其中有 3 262 人（占71%）在这 23 年中只有一次上榜。有超过一半的美国人会在他们生命中的某一刻处于收入排行榜的前 10%（数据引自托马斯·索维尔的《知识分子与社会》和《歧视与不平等》）。

经济学家的责任

总之，统计经济学告诉我们的收入分配状况是有误导性的。非常遗憾的是，有些学者总是用这些具有误导性的统计数据说事，许多人也愿意接受这种误导。法国经济学家托马斯·皮凯蒂因《21 世纪资本论》一书不仅博得大名，还挣得盆满钵满，真是荒唐至极。已经有很多学者指出，他的收入分配统计数据包含着致命的错误，根本经不起推敲。这样的经济学研究对社会有百害而无一利。

市场经济的最伟大之处就是，它能给每个人提供机会，无论你现在多么贫穷，也许你以后会变成富人，同时它也会惩罚每一个不努力的人，无论他原来多么富有。我们经济学家的使命就是捍卫市场经济并为之提供一个正确的理论。到目前为止，主流经济学的市场理论我认为还不及格，全中国的学者们、经济学家们都有责任做出自己的贡献。

张维迎

2022 年 2 月

作者序 弘扬主线经济学的理念与通识

2020 年，朱海就教授、黄春兴教授和我作为主线经济学"三剑客"出版了《经济学通识课》一书，获得了诸多读者的肯定。该书包括我们三人 100 课时的线上经济学通识课课程。在读者们的鼓励下，我们今年结集出版了《经济学通识课 100 讲》。这部新作包括我们三位学人的另外 100 课时的线上经济学通识课课程。

无论是 2020 年出版的《经济学通识课》，还是这次出版的《经济学通识课 100 讲》，其中的精选课文均反映了主线经济学的理论和理念。谈到主线经济学，就要特别提到美国乔治 - 梅森大学经济学家彼得·贝奇教授几年前发表的一部名为《应用主线经济学》的英文著作。根据该书的观点，主线经济学有别于主流经济学，它是一条经济学发展脉络，这条脉络其实是经济学的源头和主线，它的发展囊括了多位学者的思想，从托马斯·阿奎那（甚至包括更早的经济思想家）、经济学之父亚当·斯密以及其他苏格兰启蒙运动经济思想家、早期的新古典学派（当时的奥地利学派经济学也融入其中），再到后来的一些经济思想家，即六位当代诺贝尔经济学奖得主：哈耶克、布坎南、科斯、诺思、弗农·史密斯以及埃莉诺·奥斯特罗姆。可以纳入主线经济学范畴的经济学家当然不止这些经济思想家，比如哈耶克的恩师、新奥地利学派代表人物、行动学的创始人米塞斯必然也在其中。德国弗赖堡学派的代表人物瓦尔特·欧肯也应该纳入其中。欧肯创建的弗赖堡学派经济学也叫秩序经济学，是对德国社会市场经济产生重要影响的三大经济和社会思想来源之一（其他两大思想来源为社会主义和天主教伦理）。欧肯的理论强调政府应该建立和维持一种竞争秩序，而政府应该在法治的框架内运作。哈耶克在离开芝加哥大学后曾两度执教于德国弗赖堡大学，是欧肯的好友，也是欧肯秩序经济学思想的坚定支持者。

我的德国导师何梦笔教授是著名的经济学家和中国问题专家。他是德国弗赖堡学派的第四代传人。最近他在撰写一部体现主线经济学精神的经济学教程专著。他认为应该把这种回归经济学发展主线的经济学（也就是主线经济学）作为经济学基础课程（用于本科生基础课程），而包括主流经济学（以萨缪尔森提出的"新古典综合"为代表）在内的其他经济学作为进阶课程（包括研究生课程）更为合适。这样安排的好处是避免对经济学教学内容做本末倒置和非此即彼的安排。现在很多经济学专业研究生在毕业之后，只会做计量分析，但是不会针对真实世界经济现象写简单的经济分析文章，对作为经济学发展主动脉的主线经济学理论和思想了解甚少。而且，这些学生在掌握了主流经济学及其相关的一整套数学工具之后，一般就进入自我封闭状态，很多学生就不再去接触，也难以接受主线经济学的理论与思想。由于主流经济学理论存在着一些重大的缺陷和错误，很多学生实际上进入了"中毒"状态而不自知。

　　在主线经济学发展过程中，不同经济学家或者经济思想家的经济思想和经济理论存在着差异。这一点体现在斯密和奥地利学派的经济思想中。比如斯密的经济理论包含了一些客观价值论和平均分析法的内容。斯密在《国富论》中还未把律师、会计、演员、舞蹈家和歌唱家这些服务业人士的服务视为一种价值或财富创造，其理由是"所有他们的工作全都在生产之后立即消逝"。由于作为主线经济学一大核心内容的奥地利学派经济学与主流经济学的核心思想是主观价值论和边际分析法，因此主线经济学也把上述这些服务视为当然的价值或财富创造。主观价值论从个体主观价值评价的角度去看产品与服务的价值大小，比如，一位斯密时代的歌剧迷愿意支付几英镑去购买一场歌剧演唱会的门票，这实际上表现了他对这场歌剧演唱会的价值评价。

　　主线经济学与主流经济学有着严重对立的地方。主线经济学中的奥地利学派的主观价值论最为彻底，但主流经济学的主观价值论是不彻底的，有很大的局限性。比如主流经济学会加总和比较每个人的效用，然后将其构成全社会的总效用。实际上，不同个体的效用是不可比较和加总的。由于主流经济学认定他们可比较和加总个人效用，并以此构建精致的总效用模型，因此主流经济学容易从这一过程中引申出很多侵犯个人权利的政策建议。欧美国家大搞福利国家政策，很难压缩和控制社会福利开支，负债水平不断升高，货币贬值问题积重难返，个人权利由此容易受到侵犯。这些问题就与主流经济学中的宏观经济理论和福利经济学理论的长期负面影响分不开。主流经济学把很多主观评价（主观价值、主观成本和主观收益）客观化，并在此基础上建立各种数学模型，进行各种客观化的成本收益计算，貌似使得经济学变成了一门"精确的科学"，实际上则是降低了经济学的精确度。

主线经济学与主流经济学的核心范式是截然不同的。主流经济学的内核是完全竞争均衡理论，它还把依据完全竞争均衡理论所推导的静态配置效率视作经济效率标准。完全竞争均衡理论属于一种"套套逻辑"，也就是循环论证。这是因为完全竞争均衡结果实际上隐含于其假设当中。完全竞争均衡理论假设在同等技术条件下，信息是完全的，产品是同质的，存在很多的生产者和消费者，每个生产者追求利润最大化，每个消费者追求效用最大化，而且资源可以随时从一个使用者转向另一个使用者。这样，完全竞争的均衡结果是每个生产者作为价格接受者，其边际价格等于边际成本，也等于边际收益，边际利润为零（这里的"边际"指的是新增加或者减少一个单位产品的供给）。在实际生活中，符合这种完全竞争均衡假设的情形基本上是不存在的。即便是美国的谷物市场也不是完全竞争市场，只能说它比较接近完全竞争市场。

有人认为完全竞争均衡理论是一个极致的理论，可以与物理中的牛顿定律相媲美：完全竞争均衡理论假设了在经济中无摩擦成本，牛顿定律则基于真空假设。这些人认为，正如牛顿定律适用于万有引力，让真空假设下的引力成为万有引力的基准，假设的完全竞争市场也应该是不同经济形式所应参照的市场结构基准，其相应的静态配置效率也应该成为各类市场结构所应参照的效率标准。但是，这种观点是错误的。从市场过程和企业家行为的角度看，完全竞争均衡是每位企业家所希望避免的结果。比如手机市场和汽车市场就是如此。这些市场属于差别产品市场，存在多个差别产品，信息也是不完全的；其中除了存在现有产品之外，还会出现新产品。这种"不完全竞争"市场是常见的市场形式，其效率标准不能参照完全竞争均衡所达致的静态配置效率，而应参照奥地利学派经济学所强调的动态效率，它体现为企业家驱动市场过程中所体现的（动态的）市场供求协调的增加和供求不协调的减少。企业家和竞争作为市场过程属于一个硬币的两面，可以不断推高市场供求的两两匹配程度，也就是市场协调程度。这种推高也是动态的：当新产品出现之后，旧产品的销售可能受到打压；在新的供求格局下，企业家相互竞争，继续驱动市场过程，又开始推高新的一轮市场协调。这里，实现更高程度的市场供求协调属于协调标准，是一种动态的效率标准，而不是完全竞争均衡所指向的静态配置效率。企业家才能和创新在实现更高程度的市场供求协调过程中发挥着关键作用。在真实世界中，市场过程的展开是由企业家推动的，却被主流经济学不公正地、错误地贬为"不完全竞争"。真实世界中的这种市场过程确实并非完全或者完美，但并不比假设条件下的（想象的）完全竞争市场差。这种市场过程的展开呈现出多姿多彩、生机勃勃的画面。因此，奥地利学派经济学家拉赫曼称之为"万花筒般的世界"。

　　按照贝奇教授的观点，主线经济学大致体现了三大核心观念：市场是一个动态过程，制度和文化背景塑造了这一过程，政治作为交换。这三大核心观念大致对应三大学派，即奥地利经济学派（以哈耶克为代表）、新制度学派（以科斯和诺思为代表）和公共选择学派（以布坎南和奥斯特罗姆为代表）。主线经济学坚持认为：只有个人才能行动；激励很重要；给定正确的制度，个人的行动会有利于共同善；产权帮助我们更好地行动；政策制定者与研究者应当保持理性谦恭。主线经济学认为这些思想可以运用到市场、制度、文化和政治等领域。贝奇主张上述三大学派的经济学思想应该结合起来使用，而不是单独使用。主线经济学也不排斥数学，比如贝奇也肯定数学在经济分析中的贡献。他重视上述诺贝尔经济学奖得主弗农·史密斯在主线经济学中的作用。史密斯是实验经济学之父，是经济实验和数学分析的高手，同时也是哈耶克的忠实粉丝。

这里，主线经济学不限于奥地利学派经济学，但奥地利学派经济学属于其核心。这是因为奥地利学派经济学的一些基本理论占据着经济学的主位，从而可以充当元经济学的角色。比如奥地利学派经济学的主观价值理论及其相关的要素价值归因理论，就完全体现了其元经济学的分量。根据要素价值归因理论，企业家根据其对消费品市场价格的主观预期，评价其所需生产要素的价值大小，并决定是否投入资源购入一定数量的生产要素以组织生产。从这个意义上看，现代主线经济学可以视为由作为元经济学的奥地利学派经济学和与其有亲缘关系的其他经济学派构成的一种开放和包容的经济学发展主线。现代主线经济学并不反对，也不应该反对在任何方向上有益的经济学研究尝试与拓展。不过，现代主线经济学反对错误的、不适用的方法论，尤其是主流经济学的完全竞争范式。此外，这里所倡导的把主线经济学作为经济学的基础，并不是说主线经济学所包含的主要经济思想家的所有思想或者观点都是正确无误的。比如斯密的客观价值论就属于被扬弃的内容。

在主线经济学当中，奥地利学派经济学有些像经济哲学，一种有关"道"的经济科学，主流经济学则更像是有关"术"的研究。我们不能一概而论地认为所有有关"术"的理论都是错误的，要本着"扬弃"的态度去看待和甄别有关"术"的种种理论。另一方面，如果所有的"术士"能够较好地理解主线经济学，则会自觉或不自觉地对自己的理论梳理和对策建议有所框定，而主线经济学则会对这些"术士"可能提出的"歪论"或者"歪术"发挥一些规范、避险和止损的作用。

本书既适用于所有对经济学感兴趣者，也对经济学专业学者和学生大有裨益。与2020年出版的《经济学通识课》一样，《经济学通识课100讲》的每篇文章大致篇幅在800～1 500字之间。每篇要求尽量做到通俗易懂，对新出现的概念做简单的解释。有些概念已经在2020年的《经济学通识课》中得到了阐释，读者可以对照《经济学通识课》中的相应文章，加深对相关通识内容的理解。《经济学通识课100讲》全书分为六大部分：理论基础，产权、竞争与企业家精神，财税与租，金融发展，经济治理，公共治理。与2020年的《经济学通识课》一样，《经济学通识课100讲》由冯兴元和杨华统稿。感谢著名经济学家张维迎老师在百忙之中为此书作序，感谢海南出版社的大力支持。希望本书能够有助于读者加深对经济学的正确理解和把握，有助于读者学以致用，运用从本通识课中学到的相关理论和知识分析真实世界中的许多社会经济问题与公共政策。

冯兴元

2022 年正月于北京颐源居

第一部分　理论基础

课时 1　一种并非那么极端的先验论 \ 003

课时 2　边际效用的含义：主流经济学的解释错了 \ 007

课时 3　主观价值原理：科斯理论的再思考 \ 012

课时 4　"经济学帝国主义"是否最牛？ \ 016

课时 5　经济学是关于"合作"的科学　 \ 020

课时 6　经济理论的两种路径：解释与推演 \ 025

课时 7　谁说经济学只讲价格不讲价值？ \ 029

课时 8　供求曲线有用吗？ \ 033

课时 9　GDP 只不过是特定意义下的统计量 \ 037

课时 10　GDP 原来不是用来衡量总产出的 \ 041

课时 11　消费者主权不是需求创造供给？ \ 045

课时 12　对需求曲线的质疑 \ 049

课时 13　是供给创造需求，还是需求创造供给？ \ 054

课时 14　永无止境的行动？ \ 058

课时 15　经济学中的假设理性与真实理性 \ 062

课时 16　谈谈财货价值的来源和要素的贡献与回报 \ 066

课时 17　再谈生产要素的贡献与回报 \ 070

课时 18　机会成本与无差异曲线 \ 075

课时 19　用行动学原理解释塞勒眼里的一些"偏离行为"\ 080

课时 20　如何阅读经济学的专业书籍？ \ 085

课时 21　写文章如何用好"奥卡姆剃刀"？ \ 089

第二部分　产权、竞争与企业家精神

课时 22　斯密的"看不见的手"\ 095

课时 23　产权：一个主观主义的解释 \ 099

课时 24　科斯与巴泽尔的产权观 \ 103

课时 25　怎么理解"产权明晰"\ 107

课时 26　私有的含义 \ 111

课时 27　产权的核心：剩余索取权 \ 115

课时 28 也谈竞争作为发现程序 ＼ 119

课时 29 竞争是通往繁荣的必由之路 ＼ 124

课时 30 产业政策必须与竞争一致 ＼ 129

课时 31 竞争不是登顶比赛 ＼ 133

课时 32 要区分竞争秩序主义与经济干预主义 ＼ 137

课时 33 去杠杆与产权改革 ＼ 141

课时 34 再谈"竞争中性"原则 ＼ 146

课时 35 企业家如何变出"万花筒般的世界"？ ＼ 150

课时 36 发展一套能实践企业家才能的经营理论 ＼ 155

第三部分　财税与租

课时 37 美国征收关税能达到目的吗？ ＼ 161

课时 38 理解"租"的含义 ＼ 165

课时 39 也谈谈经济学里的"租"＼ 169

课时 40 财政政策容易累积债务 ＼ 173

课时 41 个税改革应来点真改革 ＼ 177

课时 42 颜值的估算 ＼ 183

课时 43 美女的"租值"与"颜值"＼ 187

课时 44 凯恩斯财政政策的乘数效果 ＼ 191

第四部分　金融发展

课时 45　传统乡村的钱会与姻缘 \ 199

课时 46　社会信用环境越差，区块链金融越有实施的必要 \ 203

课时 47　金融发展适用"局部知识范式" \ 208

课时 48　区块链投资市场可望实行"良币驱逐劣币" \ 213

课时 49　流通媒介改变货币格局 \ 218

课时 50　金融改革如何体现"竞争中性"原则 \ 222

课时 51　互联网金融的监管原则 \ 227

课时 52　普惠金融的运作之道 \ 232

课时 53　权力与通胀 \ 238

课时 54　中国的通胀是怎么产生的 \ 242

课时 55　货币与通货膨胀 \ 246

课时 56　注入信贷不是国企改革的有效之道 \ 250

第五部分　经济治理

课时 57　"差不多文化"与"中国智造" \ 257

课时 58　中国之大 \ 262

课时 59　为什么我的幸福感跟不上所得的增长？ \ 267

课时 60　怎样才算是市场经济？ \ 271

课时 61　"后发劣势"的根源 \ 276

课时 62　市场机制促进消费专业化 \ 280

课时 63　"理性"的分工 \ 284

课时 64　市场是否一定就是自发秩序？ \ 288

课时 65　区分"实体经济"与"虚拟经济"之谬 \ 293

课时 66　为什么外卖店的套餐用半成品加热制作？ \ 298

课时 67　摩天大楼之诅咒 \ 302

课时 68　扩展秩序与中国奇迹 \ 306

课时 69　共享经济与生产要素的关系 \ 310

课时 70　自媒体也属于民营经济 \ 314

课时 71　也谈谈消费行为和消费降级现象 \ 318

课时 72　哈耶克的商业周期理论 \ 322

课时 73　经济增长是复利增长 \ 327

课时 74　经济增长如何持续？ \ 332

课时 75　"统一市场"的两种类型 \ 336

课时 76　人口与土地作为经济增长的推动力 \ 340

课时 77　消费不足论为何站不住脚？ \ 344

课时 78　技术作为经济增长的推动力 \ 349

课时 79 驳郎咸平的"国资流失论" \ 353

课时 80 以市场平台推动经济增长 \ 357

课时 81 延展性人类的定义 \ 361

课时 82 组织的激励与市场的激励 \ 365

课时 83 诺奖得主诺德豪斯气候变化经济学背后的"知识的僭越" \ 369

课时 84 GDP 的衡量与三驾马车政策 \ 374

课时 85 传统与创新 \ 378

课时 86 "市场失灵"之声对头吗？ \ 382

课时 87 经济问题的发现与探讨——以外部性为例 \ 386

课时 88 外部性的通识内容 \ 390

课时 89 外部性问题中的两种产权 \ 394

课时 90 外部性与企业家才能的发挥 \ 398

第六部分　公共治理

课时 91 村民自治与业主自治 \ 405

课时 92 "公地的悲剧"与自主治理的逻辑 \ 409

课时 93 政府只提供公共品和公益品吗？ \ 414

课时 94 "约束政府"的两个层面 \ 419

课时 95 从"政府监管市场"到"市场监管政府" \ 423

课时 96 另类"公地的悲剧" \ 428

课时 97 善意不能保证善果 \ 432

课时 98 知识市场：扭曲的委托代理 \ 437

课时 99 规则的来源 \ 442

课时 100 法律的三种类型 \ 447

第一部分

理论基础

一种并非那么极端的先验论

黄春兴

本课要点

· 不同的社会科学以不同的方法论去理解社会。

· 柯兹纳认为，米塞斯的先验方法论建立在经验调查的基础上。

前一阵子，海南出版社重新出版了伊斯雷尔·M. 柯兹纳的《米塞斯评传》（朱海就译）。柯兹纳是当今奥地利学派最资深的学者。他写这本评传，除了向世人简单又完整地介绍米塞斯所主张和论述的自由体系的经济理论外，也试图缓和奥地利学派（以下简称"奥派"）内部在方法论上的争议。

简单地说，方法论是指一个经济学派用以研究社会科学的基础。比如在研究人与社会的关系时，有的学派认为应该以个人的意志和行动去理解社会制度（与现象）的发展，有的学派则认为应该从社会一体的角度去理解个人的行动。这便是方法论上的差异。可以理解，因为不同视野所导致的结论会有所不同。

不仅学派之间存在着方法论上的差异，而且每个学派内部也存在着一些分歧。就以奥派来说，大家都同意"在理解社会制度时，必须以个人意志和行动为分析基础"。不过，他们对于"如何去理解社会"却有着不同的看法，比如米塞斯的先验论与哈耶克对事实的重视。

简单地说，前者认为，当我们对人有了本质上的认识后，就可以从人的本质出发，利用逻辑去推导个人在互动中所发展出来的社会制度。后者则认为，人的行为模式是与社会同步发展的，因此人们无法仅仅凭借纯粹的逻辑就能真正地理解人与社会。

方法论看起来很高大上。不少经济学者认为这是属于资深学者应该深思的领域，而非入门者的当务之急。他们认为入门者应先深入学习社会存在的各种经济问题。但偏好方法论的学者则认为，入门者如果不先学会方法论，就无法真正理解社会的经济问题。相对于其他经济学派，奥派算是很重视方法论的。

在奥派中，米塞斯被视为先验论的祖师爷。但柯兹纳在《米塞斯评传》中说："米塞斯的先验论没那么极端。"书中提到，他曾问米塞斯："一个人是怎么知道其他人的确是有目的的？"米塞斯的回答是："我们通过观察意识到其他人的存在。"因此，柯兹纳断定："米塞斯并没有坚持认为一个经济学者只要待在陋室，就可以解释市场社会中的现象。但至少，他必须证实——在经验调查的基础上会发现——一个由有目的行为人所构成的市场社会的确是存在的。"

"在经验调查的基础上会发现"——这是柯兹纳加上去的话，很重要但也很容易被误解。他并不是从经验论或实证主义的角度去说的，而是从人的本质之一的企业家精神的角度去说的。他的意思是：的确，从人的本质出发是可以在逻辑上推导出社会制度的，但我们可能疏忽的是，从逻辑上可以推论出多种结果。那么，当前社会上存在的这一种制度又是如何从多种结果中胜出的？

答案也藏在奥派的理论中，那就是：它是从一连串的企业家精神的发现、说服与跟随的过程中演化出来的。根据逻辑，我们可以通过加入不同的（新的）约束，推导出各种社会发展路径，但是，我们却没有任何标准可以从中挑选出一条特别的发展路径。或者说，我们无法在选定社会发展路径之前先确定新的约束，因为这些新的约束完全出于该社会一连串的企业家精神的表现。

但是，如果我们只回顾社会轨迹的发展，我们也已经清楚地看到了那些新约束。此时，将人的本质置于这些新约束下，我们完全有逻辑能力去重述或重塑这一发展轨迹。我们回顾的这些现象也就是哈耶克很喜欢讲的"一个事实现象（a fact）"。

简言之，奥派的方法论并非极端的先验论，而是从观察事实现象中，从无限可能的逻辑建构里，标定出一条人类经过一连串企业家精神的表现而呈现的真实历程。

🛍 思　考

1. 请简单说明先验论的意义。

2. 为何柯兹纳会说"米塞斯的先验论没那么极端"？

🪙 资　料

1. 伊斯雷尔·M. 柯兹纳. 米塞斯评传. 朱海就，译. 海口：海南出版社，2018.
2. 路德维希·冯·米塞斯. 人的行为. 夏道平，译. 上海：上海社会科学院出版社，2015.

边际效用的含义：主流经济学的解释错了

朱海就

本课要点

· 主流经济学的边际效用理论建立在以心理满足感为基础的"效用饱和"思想之上，它预设了效用递减的连续性。

· 在奥地利学派经济学中，边际效用不是一个"心理满足感"概念，而是指在该个体可以支配的一定数量的商品中，最后一单位商品能满足他的欲望的重要性。

在《对商品见异思迁的经济学意义》一课中，黄春兴老师用边际效用递减来解释消费者为什么"见异思迁"，以及商品的多样性和异质性（见《经济学通识课》223 页，第 48 课时）。在那节课中，边际效用递减被理解为"消费同一种商品的满意度下降"，如黄老师所说，"吃久了打卤面，腻了，就变换一种口味"。有一位朋友看了这篇文章之后提醒我说，黄老师对边际效用的理解是"主流的"，不是"奥派的"。那么主流经济学与奥派经济学对边际效用的理解有什么不同呢？

主流经济学的边际效用理论源于杰文斯[1]，它建立在心理满足感之上，这一理论预设了一个"总效用"，如一本经济学词典在解释"边际效用"时是这么说的："一个消费者已经消费了三块巧克力，在吃第四块时，他的总效用会增加；如果他再吃第五块时，他的总效用还会进一步增加。然而，消费第五块巧克力带来的边际（增加的）效用不如消费第四块时的边际效用大；消费者在获得过多的产品时，会经历边际效用递减的过程。"这样，边际效用是总效用的导数，是增加或减少一单位商品的消费所获得的或失去的心理满足感，并且也预设了这种满足感变化的连续性。与主流经济学相比，奥派是在"目的—手段"框架下理解边际效用问题的，这与"连续性"无关，也与"总效用"概念无关。

心理满足感"递增"与主流经济学效用理论相背离，但同奥派边际效用理论不矛盾

人们连续消费同一种商品所获得的满足感并不总是下降的，甚至有可能是增加的。比如，一个人吃第二块巧克力时比吃第一

---

[1] 威廉姆·斯坦利·杰文斯（William Stanley Jevons，1835—1882），英国逻辑学家、经济学家。伦敦大学教授。与奥地利门格尔、法国瓦尔拉斯大致同时提出边际效用价值说。——编者注

块时获得的效用（满意度）大，吃第三块时又比吃第二块时效用大。他停止吃巧克力不是因为效用不断递减，而是他"吃够了"。类似这样的情况在现实中完全存在，它与主流经济学的边际效用理论相背离，但却不违背奥派对边际效用理论的定义。下面看一下奥派是怎么阐释边际效用的。

门格尔与米塞斯等奥派大师们认为，一个人将他可以获得的第一单位的手段用于满足他最为重要的目的，将第二单位的手段用于满足他认为第二重要的目的。比如一个人有四桶水，他会这样分配他的水：第一桶水自己喝，第二桶水洗澡，第三桶水养金鱼，第四桶水浇花，这是他的价值排序。如果他发现他穿衣服的需求还没有满足，这个欲望的满足对他来说比洗澡重要，他会把第二桶水用于洗衣服。对他来说，这四桶水中每单位水的价值是由第四桶水所满足的欲望，也就是满足最不重要的欲望的重要性决定的。边际效用所对应的不是"心理上的满足感"，而是他对一单位商品所能满足的欲望的重要性的判断，这种重要性又是由最后一单位商品所能满足的欲望的重要性决定的。

边际效用不是导数概念，而是关于价值排序的问题

在这种框架下，边际效用不是"导数"概念，因为不同欲望的满足之间是"价值排序"关系，不是效用（满意度）的连续递减的关系。比如解渴和洗澡这两种欲望的满足之间没有"连续"关系，只是他在价值排序上把解渴放在洗澡之前而已。

可见，边际效用递减与他消费一单位产品所获得的满意度是

否递减无关，它建立在这样一个行动学公理之上，即"人们会把手段首先用于满足他认为最为重要的目的上"。例如，他吃第二块巧克力比吃第一块更满意，这一点不违背奥派定义的"边际效用"。就如上面水的例子一样，巧克力是他的"手段"，他"吃第二块巧克力"是把它用于（他所拥有的巧克力所能）满足欲望中第二重要的欲望。

主流经济学"效用量化"概念与大数据经济计划

主流经济学的边际效用概念预设了人有不变的、可以被量化的"价值尺度"（因此，主流经济学用函数符号 U 来量化表示效用，并以此可对函数 U 求导数；这从奥派的效用理论来看是错误的），这样就把人变成了"机器人"，而不是做出"目的—手段"选择的人。当商家测算出消费者的价值尺度时，就可以"最优地"满足他。"大数据将使计划经济可行"的观点就是以主流的边际效用思想为基础的。但显然行动人的价值尺度会变，如上面的例子，行动人想吃第二块巧克力的时候突然意识到把巧克力送人比自己吃掉它更重要，他就会把这块巧克力留着送人。由于"送人"是他新想到的一个"目的"，这意味着他对价值排序重新做了调整，价值尺度发生了变化。这时，他可能会后悔吃掉了第一块巧克力，因为他现在认为把这块巧克力留着送人比吃掉它效用更大。这种变化是商家无法预料的，这也是我们不能从大数据中得出计划经济可行的一个原因。

回到文章前面提到的，消费者"见异思迁"或"喜新厌旧"

的问题。消费者更换商品，使用新产品，比如更换手机，往往不是因为他消费旧手机的边际效用下降了，而是新产品出来后，他的价值排序发生了变化。新产品在他的价值表中占据优先于旧手机的位置。

（王泓崧对本文有贡献）

思　考

1. 为什么说"边际效用递减"与他消费一单位产品所获得的满意度是否递减无关？
2. 用"目的—手段"框架解释边际效用的含义，试举例说明。

资　料

1. 卡尔·门格尔. 国民经济学原理. 刘絜敖，译. 上海：上海人民出版社，2001.
2. 克里斯托夫·帕斯，布赖恩·洛斯，莱斯利·戴维斯. 科林斯经济学辞典. 罗汉，译. 上海：上海财经大学出版社，2008.

主观价值原理：科斯理论的再思考

朱海就

本课要点

· 主观价值不仅是一种价值理论，也是市场经济的一般原理。

· "主观价值"或许是比"交易费用"更能够帮助我们认识组织的一个视角。

　　主观价值不仅是一种价值理论，也是市场经济的一般原理。由于这一原理是普遍适用的，所以市场法则，如竞争和价格机制也适用于所有领域。任何排斥市场法则的做法，都因为排斥了主观价值这一普遍原理而变得不合理。

　　在经济学中，当我们说"资源有效配置"的时候，是指资源能够配置到最能满足消费者需求的领域中去，即它是一个与"主观价值"相关的概念。因此，资源有效配置首先需要一个能把消费者的需求表现出来的机制，并且还要保证企业家能够通过这个机制去判断消费者的需求，只有这两个有关"主观价值"的条件得以满足时，资源的有效配置才有可能实现。"价格"是在这两种主观价值的基础上产生的，它和其他市场信号一起为消费者的选择和企业家的决策提供参考。如果满足这两种主观价值的条件不存在，则价格不存在，资源配置和市场经济也将无从谈起。

古典经济学家和新古典经济学家的一个不足之处是没有充分地把"价格"和"主观价值"联系起来，在他们看来，价格是市场给定的，剩下的就是求解最大值的问题。比如古典经济学家用成本解释价格，其实是失败的，因为成本本身也是价格。新古典经济学家只是部分地把价格和消费者的主观价值联系起来，而没有把价格和企业家的主观价值联系起来。

市场竞争也与主观价值有关。也就是说，竞争与其说是产品质量或服务的竞争，不如说是企业家评价或判断的竞争，能够做出准确判断的企业家将会在竞争中胜出。竞争是在企业家判断的过程中展开的。

主观价值的原理不只适用于"市场"。很多人认为在政府垄断的"公共领域"可以不遵循主观价值的原理，在这些领域，只要遵循上级给定的命令就够了。其实他们弄错了因果关系：政府阻碍了主观价值原理在这些领域的运用，才使得这些领域变成了"公共的"，换句话说，假如允许主观价值原理应用于这些领域，即允许企业家在这些领域发挥其才能，那么这些领域将不会是"公共的"，而是市场的。

在政府垄断的公共领域，人们只需要一层一层地完成上级已经给定的目标即可。这样，企业家就无须对消费者的需求做出判断，体现消费者需求和企业家竞争的价格信号也不会产生，数量考核将代替价格机制。这样，公共部门的资源配置是不会有效率的。公共部门越大，资源配置效率越低。

我们从主观价值的角度可以重新认识科斯的观点。科斯认为组织内部的命令机制与市场交易机制是一种"替代"关系，但其实这两者并不是替代关系。这是因为对参与到市场中的企业而言，企业内部通过合约确定的价格与市场价格是一回事，因为市场价格就体现在企业的合约中，比如在企业内部，企业家和员工之间通过合约产生的价格就是该劳动力的工资，即该要素的市场价格是通过企业内的定价形成的。科斯说的"市场与企业"其实都属于"市场"，两者是一体的。企业与市场的共性，除了两者都是"合约"之外，还在于两者都遵循"主观价值"的原理。

然而，对于由政府垄断的公共部门这种组织却要另当别论，它和"企业"这种类型的组织是完全不同的。企业要遵循主观价值的原理，即要判断消费者的需求，而由政府垄断的公共部门则不需要。可见，"主观价值"或许是比"交易费用"更能够帮助我们认识组织的一个视角，它使我们认识到对"市场和企业"的区别对待是难以成立的，真正应该区别对待的是市场（包括了企业）和"由政府垄断的公共组织"。不过，科斯却没有把后者拿出来讨论。

即与市场具有"对应"关系的不是企业，而是由政府垄断产生的公共组织。如前所述，在这种组织中，价值是事先根据客观标准确定了的，所有的行动都是依据上级制定的客观指标进行的，个体不需要也不能运用自己的企业家才能去预测消费者的需求。

比如在科研体系中，一个由政府垄断的公共组织可能因为采取客观价值的做法而步入误区。高校没有权利根据自己的判断确定什么人、什么文章和什么期刊是有价值的，一切都是按照既定的标准进行的。整个科研体系不是在追求价值，而是在追求发表、课题和获奖，好像发表在某些特定刊物上的文章就特别有价值一样。这完全违背了"价值是主观的，与属性（比如期刊级别）无关"这一基本的经济学原理。"是不是成果"要根据"有没有价值"去定义，而不是根据发表在哪里去定义。整个科研体系需要从"主观价值"的角度去重塑。

不符合经济学原理的制度安排，不可能提供有益的知识产品，也不可能是公正的。

💰 思　考

1. 为什么说与市场对应的不是企业，而是由政府垄断的公共组织？

2. 为什么不符合主观价值法则的知识也不可能是有效的和公正的？

💰 资　料

卡尔·门格尔. 国民经济学原理. 刘絜敖，译. 上海：上海人民出版社，2001.

课时 4

"经济学帝国主义"是否最牛？

黄春兴

本课要点

- 经济学帝国主义兴起于方法论的个人主义。
- 奥地利学派的米塞斯提出"人的行动"，并认为市场、行为关系与政治权力都属于人的行动，自然也都应该归属于经济学。

三十多年前，获得诺贝尔奖的经济学家乔治·斯蒂格勒说道："经济学已经成了具有帝国主义倾向的科学：它不请自来地侵入许多邻近社会科学的核心问题。"他以经济学在1950—1970年间的发展为例进行说明：加里·贝克尔发展的"家庭经济学"和"社会经济学"侵入了社会学，安东尼·唐斯提出的"民主的经济理论"以及詹姆斯·布坎南与戈登·图洛克开创的"公共选择理论"侵入了政治学。今天，经济学入侵的社会科学领域更广了，包括法学、心理学、宗教学、战争学等。"经济学帝国主义"这个名称早在 20 世纪 30 年代就出现过，那时还只是初见端倪。斯蒂格勒明确地以事实说明了其发展过程。

"帝国主义"是带有贬义的名词，从来就是被批判的对象。斯蒂格勒特别强调它的"不请自来"，暗批经济学的发展已违背其所主张的自愿交易原则。当然，"不请自来"只会发生在产权清晰界定之后，那么，在社会科学领域，经济学是否已经与政治学、社会学清楚地进行了区分？

自然科学并不是以物体分类而是以属性分类，比如化学属性归属化学领域，而物理属性归属物理学领域。社会科学也类似。一项传统的学科界定是将人类社会中的政治权力之运作都归属于政治学，将行为关系的相关问题都归属于社会学，而将市场机制归属于经济学。换句话说，若有所谓"经济学帝国主义"，那么，早就存在着"社会学帝国主义"和"政治学帝国主义"。它们早就分别秉持伦理关系和政治权力"侵入"到传统经济领域的研究，如市场交易、货币发行、租税等。

早在 1891 年，在凯恩斯的父亲将经济学界定为"资源的有效配置"后，经济学就已展现出它的霸气，也开始被社会科学中的其他学科所敌视。理由很明确：任何与人有关的问题都必然涉及资源的开发、生产、分配与利用，而这正对应着传统上将经济学问题区分成生产、分配与消费三类。

市场、行为关系与政治权力的核心问题不只聚焦于资源分配。新古典学者也认为他们可以从"经济理性"的角度去分析市场、行为关系与政治权力的核心问题，比如贝克尔的入侵社会学和唐斯的入侵政治学。另一方面，奥地利学派的米塞斯提出"人的行动"，并认为市场、行为关系与政治权力都属于人的行动，自然也都应该归属于经济学。由于以"人的行动"所定义的经济学帝国主义的范围大于以资源分配和经济理性所定义的范围，奥派干脆建议将整个"帝国"范围更名为"人的行动学"。

"人的行动学"不仅轻易地囊括了整个社会科学，甚至侵入到自然科学、人文学和神学的范畴，比如当前的基因编辑。自然科学、社会科学、人文学和神学是人类所探讨的知识的四个范畴：自然科学探讨自然界运作规则的知识，社会科学探讨人类社会运作规则的知识，人文学探讨个人在生存与生活中的感动和憧憬，神学探讨人之所以为人的终极问题。对我而言，基因编辑就属于神学，因为它涉及人的定义问题。

个人将在这四个范畴中建立四个独立的知识体系。这些知识和规则在各自范畴内是其秩序的核心，不可以随意摒弃，也不可以随意移植。杜甫那句令人感动的名言"安得广厦千万间，大庇天下寒士俱欢颜"，若真要把它当政策推行，将遇到来自财政、税制、交易和诱因等各方面的问题。这是把人文学知识移植到社会科学的例子。就我所知，大部分福利政策和福利国家体制都源自人文学的知识，而少部分来自神学对未来世界的允诺。神学的知识对于科学的侵犯更是不胜枚举，比如天主教对布鲁诺和伽利略的迫害。

对于社会科学来说，它最担心的是来自神学和自然科学的知识移植。神学所强调的人类历史的终极及其秩序将引导人类社会走入它们所建构的伦理世界，而自然科学从计划与控制理论所获得的自负也会诱使人类走向计划经济。这两种威胁在今天仍相当严重。

同样，我们也不宜将社会科学的知识应用到其他的知识范畴中去。

💰 思　考

1. 何为"经济学帝国主义"？
2. 人类所探讨的知识可区分成哪四个知识范畴？

💰 资　料

1. J. N. 凯恩斯. 政治经济学的范围与方法. 党国英，刘惠，译. 北京：华夏出版社，2001.
2. 经济学帝国主义的终结. 经济学人. 2005.

课时 5

经济学是关于"合作"的科学

朱海就

<table>
<tr><td rowspan="2">本课要点</td><td>· 与宗教先知不同，经济学不认为伦理价值是不变的，而是要根据是否有利于合作的要求而定。</td></tr>
<tr><td>· 有利于合作的制度是不断演化的，不能预设某种制度是最有利于合作的，从而把它固定下来，"中学为体"就是犯了这样的错误。</td></tr>
</table>

经济学是随着人们对社会合作法则的认识而出现的，是关于社会合作的学问。经济学考察人的行为，但考察的不是孤立的个体的行为，而是社会合作中的人的行为。也就是说，经济学不是考察人的行为本身，而是考察社会合作之法则。米塞斯说，经济学对合作法则之研究就如同物理学家对自然法则之研究。

有合作，才有社会。但如米塞斯所说的，以前人们并没有认识到这一点，他们要么推测上帝的意志认为社会应该如何，要么按照自己的意志来组织社会。如果社会条件不符合他们的愿望，他们就把它归咎于人的道德水平不高，他们不去寻求社会合作法则。确实，一种流行的观念认为，社会之所以发展滞后是因为人们的道德水平不高，假如人人都成为圣贤，那么问题就解决了。

举一个例子，著名数学家丘成桐教授曾说过"中国的科技至少要倒退 20 年"，他认为导致这一问题的原因是学术风气不好，学者缺乏修养。然而，我认为问题的根源是，在这一领域中市场机制的缺失：政府主导科研资源的配置，在没有市场价格信号的情况下，科研资源一定是根据权力的意志配置的，也就是说，资源不能配置到最能满足人的需求的那些科技领域中。改善学风并不意味着改善科研资源的配置，因为它不能替代价格等能够促进合作的机制。实际上，恰恰是权力主导资源配置才导致了寻租和腐败，也就是他说的学风问题。

经济学的合作法则提供了一种检验道德的标准。准确地说，道德可以在合作法则之下讨论：有助于合作的道德才是可取的。道德伦理的重要性在于，它们在很多情况下会鼓励人们合作。虽然道德伦理法则和经济学所揭示的合作法则之间具有某种程度的一致性，但前者不能代替后者。这也是自由主义和保守主义之间的区别，即自由主义强调的是有助于合作的法则，而保守主义则强调传统的道德伦理。作为"手段"或"策略"，保守主义会促使人们去遵循那些有助于合作的传统道德伦理，因此也是很重要的。

也有人强调宗教在社会发展中的作用。确实，宗教和道德伦理一样，在一定程度上会促进人类的合作，但宗教也不能替代经济学所揭示的合作法则。事实上，只有遵循合作法则，才能使秉持不同教义的宗教得以和平共存。没有合作，人类不能生存和发展，也就谈不上宗教或文化。

长久以来，一些违背合作法则的观念占据着人们的头脑，比如"不患寡而患不均"。持有这一观念的人不明白富人合法致富就是帮助了穷人及其他人，也不知道穷人的贫困不是由富人的富有所导致的。这种错误的观念显然抑制了企业家才能的发挥和资本积累。经济学告诉人们，在正当的法律之下，穷人和富人之间不是一种零和博弈关系，而是相互促进关系。

同样违背合作原理的，还有清末洋务运动中提出来的"中学为体，西学为用"。一种制度，假如事先就已经被设定为"体"，那就意味着它会对任何可能改变"体"的行为进行限制，这样就会导致冲突。正确的说法应该是"自由为体，文明为用"。人类的一切成果，无论是科技还是制度，也无论是中方还是西方，都可以借鉴。受"中学为体，西学为用"这种错误观念的指导，洋务运动昙花一现，终归失败也就不足为奇了。

经济学早就有合作的思想。比如斯密在《国富论》中一开始就谈分工合作，他提出的"看不见的手"也是指合作。斯密认为市场是一个"自然体系"，会自发地实现合作，不需要政府干预，他也从"道德情操"的角度揭示了合作的自然性质。但是，相比"合作"的主题而言，古典经济学家更关注的是财富的生产、分配、交换和消费问题，以及价值、工资、地租、利润和利息等的相互关系问题。即他们在合作的"结果"这个层面进行讨论，而不是在合作的"原因"这个层面进行讨论。

边际革命之后，经济学家有了深入讨论合作的分析工具，那就是主观价值的思想。合作是人的行为，这种行为的发生是建立在不同的"主观评价"的基础之上的。以主观价值，尤其是边际效用思想为基础，经济学不仅解释了合作的原因，也更好地解释了合作的条件，包括个体财产权、价格和货币，等等，米塞斯的"经济计算"思想是对此种理论的精彩概括。

在合作问题上，哈耶克对米塞斯似乎有一个误解。米塞斯说"全部社会合作都是被理性地认识到的效用的表现……"。对此，哈耶克说"不敢苟同"，他认为这句话是"极端理性"的表现。这涉及两位对"理性"这个概念的不同认识。在米塞斯的理论体系中，理性和行动是同一个意思，"下意识"地遵循某种规则也是"理性"的，而哈耶克则把遵循规则视为"理性不及"的结果。可见米塞斯的理性概念比哈耶克的更广泛，在更广泛的理性概念下，两者没有分歧。

💰 思　考

1. 为什么说"不患寡而患不均"是违背合作法则的观念？举例说明还有哪些观念违背了合作法则。

2. 凯恩斯主义经济学是指向合作的吗？为什么？

资　料

路德维希·冯·米塞斯. 人的行为. 夏道平，译. 上海：上海社会科学院出版社，2015.

课时6

经济理论的两种路径：解释与推演

朱海就

本课要点

- 经济理论更多的是演绎性的，而非归纳性的。新古典经济学不是演绎性的，而只是用理性人或最大化来解释现象，包括合约、组织等。"经济解释"不能算是一种经济理论。

- 理论是抽象的、一般的，哈耶克的"原理的解释"不同于新古典经济学的"最大化解释"。

经济学或许可以归纳为两种不同的路径，一是运用基本的假设（如"经济人"）去解释各种现象，或者干脆不用假设，而直接对特定的经济现象进行分析，并从中提炼出一个概念或者一种理论上的说法，简称"解释"的路径；二是在可靠的公设之上利用推演建立理论，简称"推演"的路径。在我看来，古典经济学和新古典经济学都属于前者，奥派经济学属于后者。

解释的路径

解释的路径是指学者凭借自己的理解，运用基本的假设去解释现象的方法，这最早在斯密的理论中就有所体现。比如对分工提高生产力的原因，斯密说了三个因素，即"劳动者的技巧因业专而日进；由一种工作转到另一种工作，通常会损失不少时间，有了分工，就可以避免这种损失；许多简化劳动和缩减劳动的机械的发明，使一个人能够做许多人的工作"。斯密还解释了工资、利润和地租，等等。

新古典经济学延续了这一解释的路径。和斯密、李嘉图等古典经济学家把对现象的解释追溯到"劳动"不同，新古典经济学把对现象的解释追溯到"理性人"的假设，即利用理性人假设对现象进行解释，这表现为对成本收益分析以及相关的均衡分析等工具的运用。为了更好地解释现象，新古典经济学放宽了约束条件，比如引入了有限理性、信息不完全和交易费用等概念。微观经济学中的消费者行为、厂商行为等理论其实都是把消费者和厂商视为"理性人"，然后去解释其在最大化假设下的行为特征。还有，博弈论其实也是用理性人假设去解释某个现象。"解释"与"均衡"之所以关系密切，是因为在市场均衡理论中任何现象都被视为一种"均衡"状态。

"新制度经济学"具有更为明显的"解释"特征。比如科斯教授解释企业的性质，诺斯教授解释国家的起源，等等。张五常教授更是直接把自己的代表作命名为"经济解释"，他的"佃农理论"其实也是"解释"。其他的，如林毅夫教授的"新结构经济学"是用资源禀赋和发展阶段等去"解释"经济增长。凯恩斯主义宏观经济学"解释"了需求不足的原因，并在此基础上提出"解决"方案。

推演的路径

推演的路径是从确切的公理出发建立理论体系的"大厦"。和"解释"的路径相比，它有完整的体系。如门格尔从"人的需求"出发，把财货、价值和价格等都纳入统一的理论框架中，而不是把它们作为孤立的"现象"来考察。门格尔就不像斯密，他没有专门解释"分工"，也不认为分工有多么重要。在门格尔的理论基础上，米塞斯把"人的需求"扩展到"人的行动"，进一步完善了经济学理论体系的大厦。奥派经济学的"推演"特征，也体现在了罗斯巴德的《人，经济与国家》一书中。

基于解释路径的理论逻辑性不强，也缺乏完整性。比如，新古典经济学中的"厂商理论"和"消费者理论"之间没有关联，只是"约束下的最大化"方法在"厂商"和"消费者"这两种"现象"中的运用。相比之下，推演不是这种"打补丁式的"方法，而是像做"糖葫芦"一样，一个一个地把相关的理论"串起来"。比如门格尔先说明财货，再说明高级财货与低级财货，然后再说明交换和价格，这些理论相互之间联系密切。

芝加哥学派的贝克尔是采取解释路径的代表人物，他用"约束下的最大化"去解释各种各样的现象，这也被称为"经济学帝国主义"。在奥派看来，经济学本身就是关于人的行动的科学，不存在"经济现象"与"非经济现象"之分，因此也就不存在

"帝国"与"非帝国"的问题。

奥派经济学也有解释，比如解释利息、商业周期以及其他各种经济现象，这种解释基于基本原理，即哈耶克所说的"原理的解释"，它不同于新古典经济学的"最大化"解释。比如罗斯巴德在解释"国家"时，把它视为非法的"掠夺"机构，这和某些新制度经济学家把国家视为"在提供暴力这种公共服务上具有规模效应"的组织是完全不同的。

在利用假设进行解释的路径中，经济理论被弱化成在不同约束条件下求解最大化的工具，这样，经济学研究也就变成了设定函数、求解回归和数量验证，等等，经济学的理论色彩越来越淡。相反，在推演的路径中，经济学具有更多人文和人道特征。以上内容说明了两条经济学路径的区别，但它们各自的分析结果并不一定是完全相背离的。比如，推演的路径也不排除基于"理性人"假设的一些解释结论。

💰 思　考

1. 为什么说古典经济学和新古典经济学是解释路径，而奥派经济学是推演路径？
2. 怎么理解"经济学帝国主义"？

💰 资　料

亚当·斯密. 国富论. 郭大力，王亚南，译. 北京：商务印书馆，2015.

课时 7

谁说经济学只讲价格不讲价值?

黄春兴

本课要点

- 经济学是从效用的角度去定义价值的,因此,任何商品的价值只能出自个人的评价。
- 因为人与人之间无法就主观价值达成一致,于是经济学就寻找有助于沟通主观价值的载体,即货币和价格。

近期的《经济学人》杂志刊专文指出,"经济学只知价格而不知价值",并借用王尔德小说中的人物说道:"愤世嫉俗者知道万物的价格,对价值却一无所知。"该文举了两个例子去强化它的批评。第一个例子直接批评经济学家对价值的漠视,第二个例子借 GDP(国民生产总值)的衡量方式批评经济学家颠倒是非,然而,这两个例子都错了。这里,我先陈述第一个例子的错误。

《经济学人》的例子是这样说的：在市场中，出最高价格者方能买到苹果。所以，富人很容易买到苹果，其实他内心根本瞧不上买苹果所花的这点小钱。由于再买不难，他也就不珍惜这苹果，甚至让其腐烂。相对地，穷人为了获得苹果要辛苦攒钱，可能攒了很久仍买不起苹果。所以，经济学的价格和价值是不一致的。

近代经济学从效用理论出发，也就是用"个人是否喜欢"去评价一个商品。只要是接受效用理论的经济学家都清楚，效用是主观的，也就是说对同一商品，富人有他的评价，穷人也有他的评价，这不就承认了个人对于任何商品都能评价了吗？怎么能说经济学不知道价值呢？

的确，经济学是从效用的角度去定义价值的，因此，任何商品的价值只能出自个人的评价。反过来说，任何有意义的价值也都必须回溯到个人的评价。比如，当我认为富裕、自由、尊严、优雅等都具有价值时，其意义是指更富裕、更自由、更有尊严或更优雅的生活都能提升我的生命价值。由于我们能够明确地定义富裕、自由、尊严或优雅，比如富裕可以定义为实质的消费量，于是，实质消费量的提高使我更加富裕，也就提升了我的生命价值。同样，自由可以定义为最少的强制约束，于是，强制约束的减少能使我更加自由，也就提升了我的生命价值。

经济学强调这些主观价值。然而，因为人与人之间无法就主观价值达成一致，于是经济学就寻找有助于沟通主观价值的载体，即货币和价格。比如，某日五位朋友结伴逛市场，看到一颗令人垂涎的苹果。他们要如何决定谁可以拥有这个苹果？每个人都各有坚持，不是吗？或许有人会想到"分享"这种分配方式。

这的确是个好主意，但问题依旧没有解决。只要效用是主观的，我们就无法把苹果切成五人都会满意的五块。

另一种办法就是让他们去打架，最后胜出者自然就是苹果的拥有者。不过，我相信大部分人都不会喜欢这类"决斗方式"，因为老祖宗早已从生活经验中发展出了一种不必流血又更具效率的"交易方式"。那就是让大家都使用货币和以货币计价的价格方式。为简化说明，我就假设已有了货币。

这五位朋友拥有不同数量的货币，并以拍卖的方式决定这个苹果的所有权。如《经济学人》所说的，出最高价格的人获得了这个苹果的所有权。他的确会很高兴，但他也真的可能只是想把苹果买回去放到腐烂。若真如此，太可惜了。不是吗？难道没有更好的办法？

"更好"的标准是什么？是苹果不会被放到腐烂，还是人的效用可以更高？《经济学人》批评说，在交易的方式下，苹果可能会被放到腐烂，而想吃苹果的人却吃不到。由于分配方式也没解决问题，我们试试讨论一下交易方式。

首先，如果买到苹果的人也刚好是最勇猛的人的话，另外四个人会很庆幸没采用决斗方式——至少他们没被打伤。他们发现交易方式还有一个好处，就是他们虽然没有吃到苹果，但手中的货币并没有减少。也就是说，他们除了以羡慕甚至忌妒的眼神望着苹果被买走外，手中还能紧紧地握着原有的货币。

四位朋友买不到苹果，但还有其他选择，他们可以用货币去买其他商品。人们只要回过神来，就能收起羡慕和忌妒，改以期待的眼神去选择其他商品。这是交易方式的价值，其他方式没法与之相比，因为它们都不会事先让大家持有货币。事先拥有货币能让个人不会在争夺每一种商品时都沦为输家，也让个人有更多机会去评价其他商品。事先拥有货币能让个人把眼光望向更宽广的世界。遗憾的是，太多交易方式的批评者不是对这些价值无知，就是故意忽略不提。

持有货币，人们就能购买他认为价值较高的商品。若买不起，那是个人生产水平和收入能力的问题，并不是交易方式或价格的问题。

💰 思　考

1. 为什么说经济学是非常重视价值的？
2. 请陈述交易方式常被忽略的价值。

💰 资　料

将钱等同于价值：经济学的致命伤？. 经济学人. 2018.

课时 8

供求曲线有用吗？

朱海就

本课要点

· 用供求曲线来说明价格，非常直观，但却忽略了市场中最重要的因素，即企业家与市场过程。

· 供求曲线以均衡或完全竞争思想为基础，主流经济学教科书把它作为主要分析工具，是很糟糕的。

"一骑红尘妃子笑，无人知是荔枝来"，这是唐明皇调动地方驿使日夜兼程为杨贵妃运送荔枝的写照。通常我们认为荔枝是比较贵的水果，但最近看到一则"羊吃荔枝"的新闻，我还是很震惊，也是第一次听说羊除了吃草，还会吃荔枝。当然羊吃荔枝的原因是荔枝太多了，卖不动，只好给羊吃了。但我到水果店看了一下，荔枝卖9.8元一斤，不算便宜。这让我想到一个问题，假如用供求曲线来解释这一现象，我们可以说发生"羊吃荔枝"的地方荔枝供过于求，而水果店的荔枝供不应求或供求平衡吗？显然这种说法并不能告诉我们什么。

我们把利用供求曲线来描述市场的方法称为"供求曲线分析法"。这种方法分别以"一类"商品作为考察对象。但在现实中，同一类商品虽然物理属性相同，但从满足不同的需求角度来说，其"经济属性"并不相同。比如被用于满足羊的需求的荔枝和用于满足人的需求的荔枝并不是同一种商品，在不同的场合，它们的价格也是不同的，所以在考察商品价格时，不能把具有不同经济属性的商品作为"一类"来处理。

当企业家把物理属性相同的产品开发成可以满足不同需求的产品时，它们就不属于同一种产品了。比如，在阿里巴巴打造的"盒马生鲜"上卖的东西可能天猫上也有，但给消费者的体验却不同，他们会为了买得更放心而愿意付更高的价格。产品的物理属性不重要，重要的是消费者的体验。现在流行的"新零售"本质上就是企业家为消费者创造一种新的体验。产品的新属性被企业家不断开发出来。"供给"是无数企业家创造出来的，但在新古典经济学的供求曲线中是没有企业家的，它只是假设有一只神奇的"看不见的手"能立刻提供某种商品。

同样，需求也与企业家才能有关，比如，第一个吃螃蟹的人就非常有企业家才能。换句话说，消费是一个主观概念，一个人做出消费的决定与他做出生产的决定一样，都需要"经济计算"，也就是成本收益分析。由于消费是主观行为，不同消费者消费同一商品有不同目的，这也意味着不能把不同消费者的需求加总起来，进而画出一条需求曲线。可见，供给与需求都是人的行为。

从个体角度来看，供给与需求不是数量概念，而是"交换行为"，准确地说，是双方根据各自的价值排序做出的"交换"。

以上两个方面表明，供求曲线分析法只从"产品"的角度看供求，而奥派是从"人（企业家）"的角度看供求。供求曲线分析法只考察供需的"数量"与"价格"的关系，它隐含地认为产品价格只是随着市场供给和需求数量的变化而改变，其中没有企业家参与的价值创造过程。但在现实中，决定产品价格的不是供给需求的"数量"，而是企业家的"行动"，比如企业家创造整个产业链对产品的价值与价格有影响。企业家不断地创造供给与需求，改变供给与需求，这也导致产品的价值不断改变。

有必要指出的是，在马歇尔的供求曲线分析法中，需求曲线是从边际效用递减规律中推导出来的，成本是主观的"机会成本"，而供给曲线使用的是客观的"生产成本"概念，即他认为价格是由生产成本决定的，这是有问题的。我们说，生产或供给同样适用"主观价值论"或机会成本的理论。

我们说，在特定的"局部"时空，对给定的商品，一定程度上可以接受供求曲线分析法。比如在"羊吃荔枝"这个例子中，当地果农收获的荔枝一下子增加了很多，所以销售成本递增，而卖价是递减的，当成本高于价格时，不如把荔枝喂羊，这符合供求曲线的分析。这意味着供求曲线分析法的使用有严格的局限条件：没有企业家创新，消费者的偏好没有改变等。在现实中这些条件往往是不能满足的，比如如果有企业家去帮助果农，让果农学会使用电子商务和物流，果农可以把荔枝卖到有需求的大城市，这时荔枝的供求关系将发生改变，荔枝的价格又提升到了边际成本之上。

相对于普通商品，石油和钢铁等大宗商品比较适合使用供求曲线分析法。在期货市场中，大宗商品的价格随时会对影响供求的因素做出反应。但这并不意味着人们可以忽视价格背后的个体行为，因为每一时刻的价格也都是企业家判断的产物。

以上论述表明，供求不是"自动"发生的，是企业家行动的结果。此外，供求也与制度，尤其是产权制度相关，比如实行家庭联产承包责任制后，我国的粮食供给大幅增加。不同的产权制度通过影响企业家精神和交易费用影响供给。但曲线分析法把制度因素排除在外，也没有考虑交易费用因素。

如米塞斯所指出的，曲线图对于我们的洞察力没有丝毫的补益，"为一般大学生讲解这个问题而画出这样的曲线，也许是方便的办法。就交换理论的真正任务来说，那不过是插曲"。

思　考

1. 供求不是"自动"发生的，这句话有什么经济学蕴意？
2. 使用供求曲线分析法需要满足什么条件？

资　料

路德维希·冯·米塞斯. 人的行为. 夏道平，译. 上海：上海社会科学院出版社，2015.

课时 9

GDP 只不过是特定意义下的统计量

黄春兴

<table>
<tr><td rowspan="3">本课要点</td><td>·GDP 只是统计量，是为特定目的而编列。</td></tr>
<tr><td>·在使用统计量之前，得先理解其统计目的。</td></tr>
<tr><td>·讨论两种统计垃圾。</td></tr>
</table>

近期的《经济学人》杂志刊专文指出："经济学只知价格而不知价值。"该文举了两个例子去证明它的判断，其一是从 GDP 的衡量方式的角度去批评经济学颠倒是非。例如，美国前总统罗伯特·肯尼迪说："香烟的广告收入被计入 GDP，但其带来的伤害却不计算在内。"该文进而把问题延伸到男女平等、物种灭绝、难民的心理问题等，他们批评 GDP 的衡量方式漠视无偿的和没有价格的社会行动。当然，这些论述都是有问题的。

在讨论这个问题之前，我们必须给 GDP 一个明确的定位：

它只是一个对许多细项进行加总而形成的统计量，就如"总量"或"平均值"等。

统计量都是为了特定目的而编列，并不具有普遍意义。如某县大雨，灾情不轻。县政府在进行灾后重建时，一方面调动当地人员，一方面向上级政府要求补助。在采取这些行动之前，县政府必须上报灾情，于是工作人员就编列了几个灾情统计量：桥梁损失、路基损失、农作物损失、房屋损失、电力中断情况等。每一项统计量都是把许多细项加总而来的。比如对农作物损失的灾情统计，他们只会挑选可以向上级政府申请到补助的农作物种类。也就是说，使用统计量之前，我们要先理解其统计目的，否则会给出错误的解读。

诺贝尔经济学奖得主库兹涅茨在初次使用 GDP 时，只是为了计算出美国历年的生产总量，以理解经济波动的情况。在此之前，经济学者观察的对象是个别产业，如鸡蛋的生产总量，当然还会配合鸡蛋的市价和家禽养殖业的就业人数。他认为个别产业从长期来看会有所消长，只有对所有产业的产出进行加总，才能理解整体产出的变化趋势。但是，如何将鸡蛋的生产数量和单车的生产数量进行加总？答案是：先将各个商品的生产数量乘上单价，再把所有产业的总生产价值进行加总，就可以算出 GDP。

请注意计算过程的两个特点。第一，他不是把鸡蛋的生产数量直接加上单车的生产数量，而是各自以它们的单价作为"加权数"乘上去后再进行加总；第二，由于必须用单价作为加权数，因而只能挑选市场交易中的产业。换言之，GDP 的出现是为了理解美国社会的生产状况，这当然包括不参与市场交易的生产活动。但为了更好地理解，库兹涅茨选择了有交易价格（可计算）的产业。他没把妈妈们在家打扫卫生的价值算进去，因为这没有可参考的薪资率。他担心任意假设劳动力价格会在解释上产生很大的偏误。

或许有人会说："可以用兼职打工的薪资率去计算。"这很合理吧？英国就曾为了计算妈妈们在家打扫卫生的价值，要求房屋租赁公司必须至少每周一次派人去清扫出租的房间。这样可以形成"居家打扫产业"，就有市场价格可以查了。但这时遇到的问题是：妈妈们一天到底居家工作多久？这个问题不只是不好调查，更有意思的是，许多妈妈因居家打扫产业的出现而改变了生活习惯，她们不再愿意亲自打扫房间了。

当然，库兹涅茨的担忧看似只是统计量的质量问题。统计学上有句名言："垃圾只能制造垃圾。"就统计量而言，统计垃圾有两种结果，一种是调查员随意填表所制造的垃圾；另一种是为了统计目的而改变挑选细项所制造出来的垃圾。

市场交易的数据只能通过统计调查员去现场做调查并填写"访查调查表"来获取。他们通常是单枪匹马出勤，最多是两人一组。由于缺少有效的监督，对工作质量的保障只能依靠他们的敬业态度。然而，如何让员工在缺乏监督的情况下仍然保持敬业态度，是经济学中很重要的问题。

有些环保主义者要求把森林景观的改善也纳入 GDP 中，但这很容易制造出第二种统计垃圾。这和妈妈们居家打扫卫生的问题类似，就是它没有市场的交易价格。虽然英国政府可以推出居家打扫的产业，但要推出森林景观产业可困难得多。没有遭到破坏的森林早已存在，而收取门票的森林景观产业大都是经过人工改善的地貌奇特的景区。若任意给定森林景观的价格，会带来极其扭曲的解读。

第二种统计垃圾最具代表性的例子是日本于 20 世纪 80 年代进行的统计改革。在改革之前，日本的国防支出占 GDP 的比重已逐年接近日本战后宪法所限制的 1%。那时，眼看就要破表，日本政府立即进行统计编制大调整的"例行性工作"。调整之后，次年国防支出占 GDP 的比重又跌回到宪法所限制的 1% 以内。

💰 思　考

1. 诺贝尔奖得主库兹涅茨是以何种目的去编制 GDP 的？

2. 英国曾采取什么策略去理解妈妈们在家打扫卫生的工作价值？

💰 资　料

1. 将钱等同于价值：经济学的致命伤？. 经济学人. 2018.

2. 格里高利·N. 曼昆. 经济学原理. 梁小民，译. 北京：机械工业出版社，2003.

GDP 原来不是用来衡量总产出的

黄春兴

本课要点

· 编制 GDP 的目的在于理解与雇用劳动力有关的市场活动，而非总产出。
· 凯恩斯想通过营造经济环境去管理经济。

虽然初次应用 GDP 的人是诺贝尔奖得主库兹涅茨，但构想出与 GDP 相关的经济理论的人则是凯恩斯。这一套理论被称为"经济管理理论"，也有人译为"经济经营理论"，其要旨是：政府可以像总经理经营公司一样去运作一个国家的经济。

要理解这一理论，得先认识一下凯恩斯这个人。他是 20 世纪的英国经济学家，是一位不太信任市场的自由主义者。他认为即使是普通人也会为自己的生活奋斗，并寻找最适合自己的工作。有了工作，就有了工资，也就能购买自己最喜爱的用品与食物。这些属于个人的经济活动并不需要政府费心指点。但是，普通人寻找工作的劳动力市场并不是那么完美，时常会出现工作机会太少的现象。为什么会这样？当企业生产出来的商品不好卖时，就不敢雇用太多的劳动力。于是，市场上的工作机会就会减少。一旦有人找不到工作，他就没有工资，也就无法购买他最喜爱的商品了。

凯恩斯从小生活在剑桥大学的校园里，所见到的都是自认为可以指点江山的精英分子。由于英国有着长远的自由主义传统，这些精英分子即使看不惯普通人的经济行为，也不敢去干涉他们的生活。但不让他们管是很难过的，就像老鼠必须不时地找东西磨牙齿。

天赋极高的凯恩斯研究了企业经营者的工作。他们只要建好厂房，规划好生产程序，并公布薪资待遇，就能从劳动力市场吸引劳动者来工作。经营者不拥有他们，也不能控制他们。经营者的责任是布置好劳动者能安心工作的环境。精英分子的责任不也就是布置好普通人能安心找到工作的经济环境吗？

经济环境的具体内容是什么？凯恩斯画出了一张经济运作的宏观蓝图，内容包括一些常出现在经济新闻中的名词：社会整体就业、商品的消费需求、企业产出、政府支出。这些名词指的都是总量的概念。他告诉我们，若商品的消费需求高，企业就必须生产足够多的产出，也就必须雇用足够多的就业者。一旦社会整体的就业率高，他们对商品的消费需求就高，于是，企业就能够完成足够多的产出，也就能够雇用足够多的就业者。

这是绕圈圈式的论述，会绕个不停，永远也绕不出去。比如说消费需求低，企业产出也只能低，雇用的就业者就得少，于是，社会的消费需求也就低。凯恩斯认为唯有靠政府的力量，才能从外面破解"低就业的小圈圈"。他要求大幅增加政府支出，以此大幅增加社会消费需求，就可以形成"高就业的大圈圈"。新的绕圈圈是：若消费需求大幅增加，企业就必须大幅增加产出，就业率也会大幅提高，于是，社会的消费需求继续大幅增加。

请大家注意，这个圈圈里的经济活动都是市场活动。消费需求是由企业提供的，而不是自己家生产的。企业从劳动力市场雇用劳动力。凯恩斯只想经营一个较好的市场环境，其余的活动都让市场自己去运行。

既然要让市场自己运行，就业、消费需求、产出等概念也就必须得是能够从市场中观察和衡量的数量。比如，就业是指劳动力市场中的劳动力交易，消费需求是指商品市场中的商品交易，而产出，也就是 GDP，是指各企业提供给市场的产出总量。至于政府支出，也同样是经由市场支用出去的，而它会影响到就业，也就是劳动力市场的劳动力交易。

凯恩斯是在市场运作下去构想 GDP 的，其内容也就不包括非市场活动的产出，如家庭内的生产。当前许多对 GDP 的误解，大都出自想当然的推论，而不是出于对凯恩斯理论的理解。

最后，我必须指出：本文只是在还原凯恩斯对 GDP 的构想，并非赞同他这套经济经营理论。事实上，这套理论不论在概念建构还是在逻辑推演上都存在许多问题。

💰 思　考

1. 为什么凯恩斯要从市场运作去构想 GDP？
2. 请叙述凯恩斯认为大幅提高政府支出可以打破小圈圈的理由？

💰 资　料

1. 将钱等同于价值：经济学的致命伤？. 经济学人. 2018.
2. 格里高利·N.曼昆. 经济学原理. 梁小民，译. 北京：机械工业出版
   社，2003.

课时 11

消费者主权不是需求创造供给?

黄春兴

本课要点	·需求创造供给与有效需求创造供给的经济学意义并不相同。 ·消费者主权讨论的对象是能创造供给的例行性需求。 ·供给能创造出非例行性需求。

我们都听说过"消费者主权",简单地说就是,任何商品若销路不好,企业就不会再有新的生产计划;反之,还在货架上的商品都是有足够的消费需求的。对此,有学生问:"老师,这算不算是需求创造供给?"

对于卖不出去的商品,凯恩斯说:"供给得靠有效需求去支撑。"凯恩斯所说的"有效需求"是指口袋里有钱可以去购买的需求。既然口袋里有钱,"有效需求"并不难创造供给。若去掉

"有效"两字，"需求创造供给"能成立吗？他没有直接回答，却转而去批评 19 世纪法国经济学家赛伊提出的"供给创造需求"。他说那是颠三倒四的说法。

去掉"有效"两字之后，"需求创造供给"所关心的不再是口袋里是否有钱的问题，而是指经济的整体需求在机制上能否诱发供给。反过来说，"供给创造需求"指的也是经济的整体供给在机制上能否诱发需求。

由于我们的论述角度是从个人行动开始的，所以，我们就从个别的企业开始。让我们想象在日本神户的和牛大餐市场中，选定一家店，讨论该店（企业）的经营方式。

我们先排除两种突发状况。第一是地震，它会损坏交通和水电，使得店家无法做生意；第二是新闻突然报道和牛肉中有某种不良物质，这会导致消费者却步。若发生这两种情况，当日的和牛大餐是要滞销的。店家面对这类突发状况会有他们的处理方式，但这不是本文要谈的重点。

在正常情况下，我们假设每家店的店主都是市场经营高手，他们能预估当日的就餐人数，并能够根据自己的预估准备食材。比较保守的店家会采用最低的估计数，他们打算把当日的备料卖光后就关门休息。相对冒险的店家会按照最高来客量去备料，然后把当日没卖出的食材视为滞料。只要市场不发生巨大的变动，他们会以每日的例行需求去准备食材。既然每日供给都只是为了满足例行需求，说"需求创造供给"并不为过。只是别忘了，这种需求是"例行需求"。

为什么特别强调这是"例行需求"呢？日本在早期也是农

业国家，而一般农业国家的农户都不忍心吃牛肉。那么，谁是日本第一个卖牛肉的人？这无从考据，但从逻辑上分析，他得说服人们开始吃牛肉。说服别人是相当艰辛的过程，只有在他成功说服人们开始吃牛肉，也就是开始对牛肉产生需求后，牛肉市场才会出现。但是，他又为何要去开拓牛肉市场呢？这也无从考证，但无论他是出于什么原因，最后反映出来的就是他想成为提供牛肉的企业家。

大家或许会觉得这样的论述有点遥远。那么，让我们把想象的距离拉近，假设在成都还没人吃过和牛，而有个企业家正想开店卖和牛大餐。他会采取哪些行动？

首先，他会找出适宜的开店地点。在什么地方卖呢？当然是消费者对牛肉没有排斥且对日本也没有排斥而又敢于尝鲜的地区，这通常是年轻人比较活跃的市中心的次文化区。其次，他会通过各种文宣或帅哥美女在街头造势，公开宣示年轻人喜爱和牛的时代已经来临。然后再调查当地的可能有效需求。

在掌握基本数据后，店家会选择他的经营模式。如果长期滞销，就只好关门；若经营顺利，也会逐步扩大规模。如果这家店经常门庭若市，仿效它的新店就会出现。这些新店也会展开营销，进一步扩大市民对和牛的需求。

新市场将逐步走向稳定，每一家店的顾客群也会逐步趋于稳定。于是，店主每天都得准备例行数量的食材。此时，我们观察到的是一幅类似"需求创造供给"的景象。但我们现在已经清楚了：每日的例行需求是现有的需要被满足，也能支撑一定的企业生产，但不会创造出新的供给。相反，若回顾该产业的出现，我们就可以看到第一批企业家如何利用具体的商品去说服居民接受他们的消费理念，从而发展出新的市场。这是看不见的过程，通常却是真实的"供给创造需求"的过程。

思　考

1. 为何在稳定的市场中，我们只会看到"需求创造供给"的现象？
2. 在新市场的发展历程中，为何看不见真实的"供给创造需求"的过程？

资　料

1. 路德维希·冯·米塞斯. 人的行为. 夏道平，译. 上海：上海社会科学院出版社，2015.
2. 格里高利·N. 曼昆. 经济学原理. 梁小民，译. 北京：机械工业出版社，2003.

课时 12

对需求曲线的质疑

朱海就

本课要点

· 需求曲线对我们理解真实世界帮助不大，我们所能知道的是市场已经出现的价格，而不是曲线上的价格。

· 根据过去的价格与需求等数据，不能绘制出"未来"的曲线，因为未来的价格是未来的企业家行动的结果，而现在谁也不能预见未来的企业家行动。

　　需求曲线几乎是每一本经济学教科书的重要内容，也很少受到过质疑，有些经济学家更是把需求曲线作为重要的分析工具。但我认为它缺乏理论基础，对我们理解现实的作用有限。下面将以两个理由进行说明。

无法从效用跨到价格

需求曲线的理论基础是新古典经济学的边际效用递减原理，但新古典经济学对该原理的理解是有问题的。比如新古典经济学认为效用是关于"心理满足"的概念，它假设一个人拥有的商品越多，他从该商品中得到的效用就越少，比如马歇尔说"一个人越富有，货币的边际效用对他就越小"，这显然与事实不符，增加的货币对富有的人来说并不意味着新增效用的下降，其他商品也是如此。另外，这一理论还预设了总效用，并且可以对总效用进行求导，然而，总效用并不存在。由于他们对边际效用的理解都错了，自然也不能在此基础上推导出需求曲线。

另外，需求曲线把"边际效用递减"变成"边际需求价格递减"，后者是指"假定其他情况不变，当此物稍多一点，他愿意付出的价格就低一点"，即用货币价格表示增加或减少的欲望满足，它与需求量之间的关系就构成需求曲线。但这一做法有两个问题，一是价格是交换的结果，不能用来表示效用的大小。二是认为效用变化幅度可以用货币价格表示是一种基数效用论，即认为效用大小可以用基数1、2、3、4……表示。

相比之下，奥地利学派对边际效用做了更加符合现实的解释。如门格尔就认为人首先把商品用于最重要的需求（欲望），然后是次要的需求，边际效用不是"总效用的边际"，而是增加一单位商品得到的效用。供给量变化将使重要性不同的需求被满足，如果供给增加，他会把商品用于满足次要的欲望，所以，效用不是关于"心理满足"的概念，而是关于"欲望的重要性"的概念。但从边际效用理论中也不能推导出需求曲线，因为"欲望的重要性"同样不能用货币价格表示。

虽然价格确实与效用有关，但不能从"效用"跨到"价格"，这意味着在需求曲线中有关价格与需求量的关系缺乏"学理"依据。需求曲线只是对市场的经验性描述。

价格（市场）不是事先存在的，而是企业家发现的

需求曲线预设每一种商品都有一个抽象的、没有变化且没有交易成本的市场，当价格变化时，市场对该商品的需求也会迅速发生变化。但现实中每一种商品都有分散在各地的市场，有很多的局部市场，每个局部市场都有自己的价格，比如荔枝的产地价格和在水果店的价格不一样。这些市场以及相关的价格不是事先就存在的，而是企业家发现了需求之后"创造"出来的，企业家发现市场与价格的产生是同一个过程。相比之下，需求曲线的描述，如"价格上涨，需求下降"，好像是在说价格事先就已经存在一样，这与现实是不符的。

按照曲线分析法，假如某种产品，比如荔枝大丰收，那么荔枝的价格应该降到零，但我们发现它只是在产地接近零，比如用于喂羊，而在其他地方荔枝的价格不是零。在每一个局部市场中，价格是由该商品在该局部市场中的供给与需求决定的。比如在高档酒店荔枝的价格比较贵，这是因为企业家在那里发现了需求。在这个较高的价格水平上，荔枝的需求并不像需求曲线描述的那样会很少。同样，在荔枝的产地，虽然荔枝的价格很低，但

对荔枝的需求也不是非常大。当然，该商品的整体供给水平也会影响它在每一个局部市场的价格。

有人认为价格等于该产品在产地的成本加上运输、仓储和销售等的费用，这是成本决定价格的思维，是不成立的。实际上，这些成本是企业家发现需求，出现价格之后才产生的。如果企业家没有发现该产品的需求，就不会把该产品在市场中进行"运输、仓储和销售"，这样也就不会有这些成本。在没有交易成本，企业家利润为零的均衡状态下，价格等于生产成本加上这些费用，但这只是市场竞争的"结果"，不能把这一结果作为决定价格的原因。

需求曲线说明在某个价格水平上会有多少需求量，这只是一种事后的"想象建构"，它建立在某种"统计"思维之上，而不是经济学的思维之上。在需求曲线中，只存在对价格被动地做出反应的"机械人"，这里没有企业家，也不能反映市场的动态变化。需要说明的是，我们反对需求曲线，指出它没有经济学理论基础，并不意味着我们反对作为"经验法则"的需求定理。价格上涨，需求下降，作为经验法则是成立的。需求曲线是主流经济学走向均衡分析或黑板经济学的重要开始。

💰 思 考

1. 为什么说需求曲线缺乏经济学理论基础？

2. 为什么说价格不是关于"机制"的概念？

资　料

1. 穆雷·N. 罗斯巴德. 人，经济与国家. 董子云，李松，杨震，译.
   杭州：浙江大学出版社，2015.
2. 张旭昆. 西方经济思想史 18 讲. 上海：上海人民出版社，2007.

是供给创造需求，还是需求创造供给？

黄春兴

本课要点	· 在个人层面，需求与供给存在于供与需的双重交会。 · 在社会层面，口袋里的金钱是有效需求与有效供给的前提。

个人为追求欲望的满足或消除不适感，从而产生了对某种商品或服务的需求，作为需求者，他会寻找这些商品的供给。当然，个人不可能只作为需求者而存在，也必须提供某种商品去交换。

让我们想象一位留日学生，他想去神户吃一顿"和牛大餐"，并愿意为此目的提供"清理店铺"的服务。若要实现这个目的，神户必须同时存在和牛大餐的供给者以及清理店铺的需求者。如果和牛大餐的供给者和清理店铺的需求者刚好是同一家和牛店，那么留日学生与和牛店双方的需求都能得到满足。同时，双方的供给也都有了需求者。边际效用革命发起人之一的杰文斯称此为"双重欲望的交会"。

在这种一对一的交换下，双方的供给与需求是会结清的。对留日学生而言，他对和牛大餐的需求创造了他清理店铺的供给；对和牛店来说，他对和牛大餐的供给创造了他对清理店铺的需求。这时，不仅是"需求创造供给"，也是"供给创造需求"。不过，这里的需求与供给是对不同的商品或服务而言的。

那么，留日学生对和牛大餐的需求是否会创造和牛店对和牛大餐的供给？这是有可能的。我们可以想象这样一种情境：该学生走进和牛店问："你们是否愿意提供我一顿和牛大餐以交换我的清理服务？"如果遭到拒绝，他会再去问另一家。神户有不少和牛店，他迟早会找到能够满足他的愿望的店面。所以，对特定的商品或服务而言，"需求创造供给"并非不可能。

反过来，留日学生也可以问："你们是否愿意接受我提供的清理服务，然后提供我一顿和牛大餐？"如果遭到拒绝，他可以再去问另一家，他有同样的概率可以找到一家能满足他的愿望的和牛店。同样，对特定的商品或服务而言，"供给创造需求"也并非不可能。

再进一步假设神户的和牛店都是夫妻合营的小店，无须雇用其他劳动力。于是，和牛大餐的供给者和清理店铺的需求者就不会是相同的店。在这种情况下，这位学生就必须到神户的劳动力市场去出卖他的劳务，然后，在领取所得以后，再去和牛店消费。只要他口袋里有了钱，就可以到任何一家和牛店享受店家提供的和牛大餐。有了钱，需求创造供给是毋庸置疑的。

前提是消费者的口袋里必须得先有钱，于是凯恩斯就称这种在"口袋里有钱"的条件下的需求为"有效需求"。也就是说，消费者想吃和牛大餐时就一定可以吃得到，因为他口袋里有钱。所以，"有效需求创造供给"是毋庸置疑的，因为你很难想象会有店家拒绝自动送钱上门的财神爷。

那么，是否也有一种供给可以叫作"有效供给"？这不是凯恩斯的用词，而是我们顺着他的逻辑所创造的新词。"有效供给"指的就是没有人会拒绝的供给。我们想象供给者的口袋里也有钱，他用这些钱去生产商品，然后免费在街口发放。一般而言，没有路人会拒绝。所以，我们也可以说"有效供给创造需求"。这个结论似乎比有效需求更容易获得。

为了简化讨论，我们把"供给创造需求"和"需求创造供给"同时发生的情况称作"对偶现象"。于是，上述讨论便指出：不论是以物易物的直接交换还是以货币进行的交易都存在对偶现象，只是在后一种情形中是把"供给与需求"改为"有效供给与有效需求"。在以物易物的直接交换下，这种对偶现象之所以会出现，是因为留日学生找到了可以进行"双重欲望交会"的"同一店家"。当然，可以把这视为论述上的魔术，因为找到这家店的概率非常低。

类似地，对偶现象也存在于以货币进行交易的情境中，因为"论述魔术"只不过是从"双重欲望的交会"转到了"口袋里有钱"而已。于是，我们明白了，在假设商品需求已知的前提下，对偶现象永远都可以成立，只要能找到"双重欲望的交会"或是能让一方"口袋里有钱"。

所以，在以货币进行交易的社会，到底是"供给创造需求"还是"需求创造供给"，其本质在于谁的口袋中有钱。简单地说，如果假设这些钱是政府发放的，那么，很自然地，当政府将钱发放给消费者时就会出现"有效需求创造供给"的现象，而发放给生产者时就会出现"有效供给创造需求"的现象。

🟤 思　考

1. 请你简述一下"供给创造需求"和"有效供给创造需求"。
2. 在以货币进行交易的社会，为何说"供给创造需求"和"需求创造供给"的本质在于谁的口袋中有钱？

🟤 资　料

1. 路德维希·冯·米塞斯. 人的行为. 夏道平, 译. 上海: 上海社会科学院出版社, 2015.
2. 格里高利·N. 曼昆. 经济学原理. 梁小民, 译. 北京: 机械工业出版社, 2003.

课时 14

永无止境的行动？

黄春兴

本课要点

· 新商品的特殊机能让消费者陷入暂时的不舒服。

· 只要市场继续运行，个人的行动就不会终止。

· 全面的市场创新让消费者只能采取一系列行动去消除这些不舒服。

经济学者米塞斯主张经济学是一门"探讨人的行动"的学问，而人的行动的起点是纯粹的个人（有追求的人），也就是个人想消除生活中的"不舒服"或者"不适"。那么，这是不是说只要生活中继续存在着"不舒服"，个人就得继续行动？当然，这也不是什么值得大惊小怪的推论，毕竟肚子饿了就是不舒服，而要解除这种不舒服就需要觅食。

觅食这个行动说简单也简单，说不简单也真的很不简单。请大家回想一下，自己在最近的一次觅食时是否有过这类考虑：昨天中午才吃了包子，难道今天中午还要继续吃包子吗？如果不想吃包子，那吃什么呢？吃兰州拉面？不，今天应该吃好一点，就去吃北京烤鸭或新疆烤羊吧！不对，上周有同事说新开的"桃园眷村"的烧饼油条很特别，非去吃不可。

是的，每一次行动前，我们的大脑都不得闲。要考虑很多，因为我们有太多的欲望。我最后选择了"桃园眷村"，因为太多人提过这家店，非常想去看看。听说这家店把价格定得很高，我更想知道它有什么特别的。

我最后决定去"桃园眷村"吃烧饼油条。若不去，我会继续被欲望折磨；若去了别家餐厅，铁定会后悔。你看，我还没去吃就有了这么多的想法，这些想法让我觉得"不去就会不舒服"，于是我决定消除这种不舒服。相信米塞斯会这样帮我说话："你选择去桃园眷村吃烧饼油条，是因为这个行动可以消除你的不舒服。"

的确，我默认了一个理想目标，然后以行动去实现这个目标。但是，如果我没去实现这个目标，照旧去吃包子就会很不舒服吗？难道只要不去"桃园眷村"吃烧饼油条就会陷在不舒服的感觉里吗？不只是觅食，其他行动都是朝向理想目标的。难道米塞斯会说"你若不朝向理想目标，就会陷入不舒服"？

米塞斯的确会这样说。他说的"不舒服"不是指直接的不舒服，而是"你既然知道有较理想的状态可以实现，为何还要陷在不理想的状态中"？明知可为而不为，不就是在忍受煎熬吗？忍受煎熬能舒服吗？所以，以较理想的状态来对比现况，现况当然是不舒服的。

这样的解释和行动是一致的，因为行动就是走向更理想的状态。对个人来说，"更理想的状态"是他在行动之前就已经知道了的。如果这是世俗性消费，通常的表现会是市场上早已出现而他尚未拥有的商品。比如一位爱好登山的旅行者若知道某登山设备公司刚推出一款防水性好、轻便、抓地性能极佳的登山鞋，必然会把它设定为下一次的采购对象。等他买了登山鞋后，又会开始去寻找防水性好、轻便、具有太阳能充电功能的外套或背包。

个人的理想随着市场陆续推出的精致新品而不断升级，同时也把自己现在的"舒服"状态转变成暂时的"不舒服"。企业家借着推出新商品来打造自己的商业王国，也说服消费者成为他王国中的临时居民。进入了他的王国，消费者的"不舒服"随即消失。这些新商品之所以诱人，是因为它们具有的特殊机能常常是消费者连做梦都没见过的。

然而，市场创新是全面性的，不只出现在登山设备行业，也出现在日常生活的各种商品生产中，如电视、手机、水波炉、无人驾驶车等。新商品带给消费者新的想象，其中不少人会形成可以取代现状的新理想。这些理想让他们的消费状态从"舒服"转变成"不舒服"，这种转变重新诱使他们采取消除不舒服的行动。

在市场中，消除不舒服的行动就是购买，而这需要额外的所得。商品创新会给企业家和他的雇员带来额外的所得；反过来说，所得的普遍增加绝不是来自旧商品的重复生产，而是新商品的不断创造。所得的普遍增加和市场的商业繁荣是同一现象，只是观察的角度不同。这种无法分割的现象就是供给和需求的同步运作：商品创新带来新的所得，而新的所得可用于购买新的商品。

　　当然，个人购买的大多是他人生产的创新性商品。一位芯片工程师不会只购买和芯片相关的商品，他也会对新上市的球鞋和新获得米其林星级称号的餐厅产生兴趣，甚至也会向往一趟南美热带雨林之探险。每一项商品都出自企业家的精心打造，所以能深刻打入消费者的心坎。市场越繁荣，越充满诱人的消费计划。这些消费计划是多面向的。消费者陷入了多面向的不舒服情境中，只能安排一个行动序列去逐一消除这些不舒服。只要市场继续运行，他的行动就不会终止。

思　考

1. 请回忆自己上一次的消费行动，是否出现文中所说的各种考虑？请仔细陈述。
2. 为何个人的行动永远赶不上市场的多面向创新？

资　料

1. 路德维希·冯·米塞斯. 人的行为. 夏道平, 译. 上海：上海社会科学院出版社, 2015.
2. 张维迎. 经济学原理. 西安：西北大学出版社, 2015.

课时 15

经济学中的假设理性与真实理性

冯兴元

本课要点

· 人的所有行动的最终目的是减少不适，增进幸福。这种观点可以包容人的具体行动的不同（直接）目标取向（自利、互利或者其他取向）。

· 一个人会对各种目标和手段进行主观价值判断并加以排序，他会选择自己的主观价值排序最靠前的目标，并匹配一些手段，以采取行动。他能够这么做就是理性的。这可以称为真实理性。

· 新古典经济学假设人的行动的直接目标是追求自利最大化，这属于一种假设理性。在真实世界中，人的行动直接目标不一定是自利最大化。

新古典经济学理论关于"经济人"的假设是：个人追求自利

最大化，而企业追求利润最大化。这一假设也称为"理性人"或者"理性经济人"假设。国内有些经济学教授一开口就谈每个人是自利最大化者，每个企业是利润最大化者。这种说法实际上是移花接木、偷换概念。假设是假设，不能说这就是真实情况。这里所涉及的理性是假设理性，而非真实理性。难怪阿玛蒂亚·森认为，经济学应该关注现实中的人，"理性经济人"像"跛脚的驴"。

我们可以说人们倾向于追求自利最大化，这样容易被很多人接受。这样看问题，当然比假设理性又朝着真实理性进了一步。但是，这仍然不是真实理性。在现实世界中，人的行为动机是多元化的，自利、互利或者利他都有可能。而且这取决于不同的定义，可能你认为某个人的某一行动是出于互利的，但他也可能出于自利。你可能认为某个人的某一行动是自利的，也许他的这一行动却是利他的。

赫尔伯特·西蒙反对"经济人"假设，提出了"有限理性"假设，或称"有限理性经济人"假设。他认为人的理性是有限的，人在决策过程中并非寻求"最大"或"最优"的标准，而只是"满意"的标准。也就是说，人们追求实现满意目标。比如说，一位大学生想要确立的最高目标是能够进入排名前 10 位的美国大学，但他实际确立的满意目标是能够进入排名第 11～20 位的美国大学。只要能够进入排名第 11～20 位的某所美国大学，他就心满意足了。

很显然，西蒙的"有限理性经济人"假设比"经济人"或者"理性人"假设又朝着真实理性进了一步，但它仍然不是真实理性。无论是上述"理性经济人"假设还是"有限理性经济人"假设，都仅仅涉及一个人在何等程度上追求自利。前者假设自利最大化，认为这样的人才是理性人；后者假设只要追求自利到实现满意目标即为理性人。

无论如何，我们仍然得承认，利用"理性人"假设或者"有限理性人"假设，新古典经济学家确实演绎出众多的经济学定理和推论。只不过，新古典经济学中充斥着逻辑不一致的内容。比如，新古典经济学的创始人马歇尔采取不彻底的主观价值论，他所构造的供给曲线基于客观价值论，需求曲线则基于主观价值论，因此他所构造的供求曲线逻辑不一致。萨缪尔森所著的《经济学》教科书属于"新古典综合"，收录了凯恩斯主义宏观经济学的内容，在宏观层面放大了马歇尔在微观层面构筑的供求曲线（逻辑不一致）。怪不得哈耶克给我们留下了这样一句名言："过去一百年里，经济学的每一项重大进步，都是向着不断采用主观主义的方向前进了一步。"

奥地利学派经济学可以被视为经济学自利假设的终结者。该学派使得我们回归真实理性，而非停留于假设理性。米塞斯认为，并不需要预设人是自利的。他的分析框架被称为行动学分析框架。他认为，我们只需要聚焦于分析人的行动而非人的心理，人的行动没必要考虑各种动机，因而可以容纳各种动机——无论人是自利的、互利的还是利他的。行动的人，就是正常的人，也是真正的"理性人"，但这里的"理性人"不同于新古典经济学的定义：只要一个人能够根据其主观价值对其备选目的和手段进行排序（轻重缓急），然后能够根据这种排序选择其行动的目的，并能为其匹配某种手段，最后在此基础上采取行动，他就是"理性"的，他就是"理性人"，这与他所采取的行动是出于自利、互利还是利他的动机无关。根据米塞斯的行动学公理，人是有目的的人，人为了实现其目的而行动。米塞斯认为，人的行动总是出于某种意图，为了满足某种愿望，其最终目的在于减少不适，增加幸福。因此，他指出，对于行动的人来说，"'理性的行动'这个词属于同义反复，我们必须拒绝使用它"。而且，由于人不是神，不能排除其犯错的可能性。行动的人是理性的，但是也可能会犯错。也就是说，奥地利学派意义上的"理性"的人，不是不犯错的人。

很明显，学习了奥地利学派经济学，经济学人才能从假设理性的虚空回归真实理性的世界，回归真实的人、真实的行动，以及真实世界的经济学。

💰 思　考

1. 什么是"理性人"假设？

2. 什么是"有限理性"假设？

3. 米塞斯如何看理性？

💰 资　料

路德维希·冯·米塞斯. 人的行为. 夏道平，译. 上海：上海社会科学院出版社，2015.

课时 16

谈谈财货价值的来源和要素的贡献与回报

冯兴元

本课要点

· 一切财货（产品、服务、生产要素等）的价值，都不过是这些财货在满足我们的需要方面和在维持我们的生命与福利方面所具有的意义。

· 劳动、土地和资本这些要素（财货）对于企业家的价值取决于企业家决定组织生产经营时对其产品价值的预期（奥地利学派的要素价值归因理论）。

财货的价值有着不同的定义。奥地利学派创始人门格尔的价值定义可能是最精准、最有意义的。他认为，我们所支配的各种财货，不是其自身具有价值，而是因为这些财货在满足我们的需要上具有意义，而这种意义又取决于我们维持生命与福利所需倚重这些财货的程度。他指出，一切财货的价值，都不过是这些财货在满足我们的需要方面和在维持我们的生命与福利方面所具有的意义。

　　门格尔对低级财货和高级财货进行了区分。比如，面包作为消费品属于低级财货，被称为一级财货。面粉作为制作面包的原料属于二级财货，麦粒作为生产面粉的原料属于三级财货，麦种作为种植小麦的必备之物属于四级财货，以此类推。这些二级、三级、四级甚至更高级的，属于高级财货。为了生产低级财货，生产者不仅需要投入更高一级的财货，还需要投入必要的劳动力、土地和工具设备，即资本。比如为了制作面包，面包师需要投入面粉和劳动以及租用面包房。

　　门格尔指出："生产一种低级财货所耗费的高级财货的价值，绝不是该低级财货的价值的决定性因素。而高级财货的价值总是毫无例外地都由其所产出的低级财货的预期价值所决定的。"这里的预期价值是低级财货需求方的预期价值，不是低级财货生产者或其雇员的预期价值。

　　更准确地说，作为低级财货的面包对于我们消费者所具有的价值是预期价值，也就是面包在满足我们的需要上所具有的意义，它绝不是由面粉、面包师的劳动或者面包房的投入价值所决定的。面包的价值取决于我们每个消费者的主观评价。面粉的价值不取决于生产面粉的费用，而取决于面粉对于市场需求方的预期价值。刘德华的个人演唱会门票的预期价值取决于粉丝们和其他听众对他的演唱水平的主观评价。刘德华个人的报酬不取决于他接受了多少年的歌唱训练，也不取决于自己为这些演唱会曲目排练了多长时间，而取决于门票的预期价值。很多证券公司的金融工作者在经济景气时收入较高，但是当股市低迷时，证券公司往往通过裁员或者降薪来度过低迷期。证券公司的雇员完成的股票交易的预期价值决定了这些员工的价值，而不是为这些员工所投入的费用决定了他们完成的股票交易的价值。

需要注意的是，门格尔对财货的现在价值和预期价值进行区分是很有道理的：两者往往不同。他认为，低级财货要经过一定时间才会产出高级财货，而高级财货的价值尺度绝不是低级财货的现在价值，而只能是低级财货的预期价值。

门格尔所代表的奥地利学派经济学从消费品之类的低级财货的预期价值出发，倒推所投入高级财货的价值，从而合理解决了价值的归因问题。按此，低级财货的预期价值也许可分解为生产这一财货所投入的劳动力的工资、所投入的土地的租金、所投入的资本利息以及所投入的企业家才能的利润回报。一位企业家恰恰是根据低级财货的预期价值来组织生产，雇用劳动力，租赁土地，投入资本的。他对所投入的劳动力、土地和资本三要素的总体成本估算不会高于其产品的预期价值，对三者的预期投入费用也不能高于其产品的预期价值。否则企业家会放弃实施其生产计划。

古典经济学没有真正解决价值归因问题，古典经济学家本着直觉或者本能发展出生产费用价值论，把价值归因到生产费用。斯密在《国富论》里认为，在已经实现资本积累和土地私有的社会里，商品的价值由工资、利润与地租三种收入构成，这三种收入作为商品的生产费用决定了商品的价值。萨伊继承了斯密的观点，提出价值（这里指效用）是生产三要素——劳动、资本、土地（自然资源），在生产过程中各自提供"生产性服务"的结果。也就是这三种要素要为"生产性服务"收取"服务费"，即工资、利润和地租。

如果生产的费用能够决定生产要素和产品价值，那现实结果将是极其可笑的：如果在面包生产中劳动投入量大，劳动要素创造的价值就大，那么怠工就成了最好的生产方式。我们只考虑有效的劳动投入量，不算怠工的情况。假设两个面包师各自制作一个同样品质的面包，其他条件不变，第一个面包师需要投入的劳动量是第二个面包师的两倍。按照生产费用价值论，那么第一个面包师创造的价值要大于第二个。这是多么滑稽可笑！

这里之所以要批评古典经济学，是因为对它提出批评并没有过时。现在一些流行的甚至占据主导地位的理论仍然以生产费用价值论为基础。我们还是需要本着实事求是的精神继续扬弃和发展这种理论，不能自以为是，故步自封。

思　考

1. 什么是财货的价值？

2. 财货的价值是怎么决定的？

3. 为什么消费品的价值不取决于生产要素的投入费用？

资　料

1. 卡尔·门格尔. 经济学原理. 刘絜敖，译，上海：上海世纪出版集团，2013.

2. 约瑟夫·熊彼特. 经济发展理论. 叶华，译. 北京：九州出版社，2007.

课时 17

再谈生产要素的贡献与回报

冯兴元

本课要点

· 根据克拉克的边际生产率理论，在完全竞争市场，当其他要素数量不变，一个单位的某种生产要素离开生产过程时所引起的产品价值的减少量，就等于减少投入一个单位的该种生产要素的回报的减少量，反之亦然（要素的边际回报等于其边际贡献）。但是他的理论里缺乏企业家的作用。

· 根据熊彼特的要素分配说，企业家推行创新、投入和组合生产要素，将要素转换成产品，必须从赚入的收入中先支付劳动力工资和土地租金，剩下的属于企业家利润，但那实际上是毛利润。他还需要从这种毛利润里支付借入资本的利息，剩下的属于纯企业家利润，即对其企业家才能的回报。

· 熊彼特可视为半个奥地利学派经济学家，他的要素分配说可视为对奥地利学派要素价值归因理论的解说。

美国经济学家克拉克（John Bates Clark）属于新古典经济学家，也属于广义的奥地利学派经济学家。他坚守边际主义学派的思想，与奥地利学派经济学家交往较多，所以也会接受后者的一些思想和理论，也为奥地利学派经济学在美国的发展做出了一些贡献。有人说他是米塞斯最为赞赏的美国经济学家。

克拉克在 19 世纪末提出了边际生产率理论，该理论在国内往往被翻译为"边际生产力理论"。"边际生产力理论"的名称被一些国内教科书沿用至今，这一误译当然是需要修正的。克拉克还进一步把他的边际生产率理论用于分配论分析，即分析人们如何分配劳动力、土地、资本三大生产要素才能获得自己的那一份回报。

根据边际生产率理论，在完全竞争市场中，当其他要素数量不变时，一个单位的某种生产要素离开生产过程时所引起的产品价值的减少量，就等于减少投入一个单位的该种生产要素的回报的减少量。一个单位的某种生产要素加入生产过程时所引起的产品价值的增加量，就等于增加投入一个单位的该种生产要素的回报的增加量。

比如假定存在一个完全竞争的大米市场。根据边际生产率理论，当土地和资本这两大生产要素的投入数量不变，减少一个单位的劳动力投入所引起的大米的价值减少量，就是减少这个单位的劳动力投入所减少的回报。当土地和资本这两大生产要素的投入数量不变，新增一个单位的劳动力投入所引起的大米产品价值的增加量，就是新增这个单位的劳动力投入所获的回报。

边际生产率理论对于扼要说明和广泛传播生产要素的价值在

于其对产品价值理论的贡献是很大的。这种贡献的重大意义还在于它驳斥了生产费用价值论，从而支持市场分配论。可以这样来理解市场分配论：一是对要素的需求派生自对产品的需求；二是要素投入的价值取决于产品的价值；三是要素投入的回报不能超过要素投入对产品价值的贡献，否则会减少此种要素的投入。可以说，在新古典经济学中，最精巧、最有趣和最有意义的理论就是边际生产率理论。难怪米塞斯这么看重克拉克。

边际生产率理论可以与奥地利学派的理论对接。奥地利学派的很多思想在 20 世纪二三十年代被新古典经济学吸收。其吸收方式一般是变个样子。毕竟新古典经济学注重数学化、形式化和模型化。边际生产率理论与奥地利学派理论的对接体现在：首先，边际生产率理论是基于边际分析法的。而边际分析法的鼻祖之一为奥地利学派经济学创始人门格尔。门格尔、杰文斯和瓦尔拉斯在 19 世纪 70 年代初期分别独立提出边际理论，从而引发"边际主义革命"。其次，边际生产率理论承认生产要素的价值来源于需求者对产品的需求，供给者对需求的满足，产品对于需求者的价值，以及生产要素对于企业家用于生产产品的价值。而奥地利学派恰恰对这一价值来源说尤其是这一价值链逻辑做了最为系统明了的阐述。

可以把边际生产率理论视为奥地利学派经济学价值归因理论在新古典经济学完全竞争均衡理论框架下的特例。不过，他的边际生产率理论也存在着明显的缺陷，总体上不如熊彼特的真实世界要素分配说。

熊彼特属于半个奥地利学派经济学家。他在《经济发展理论》中完全接受了奥地利学派的价值归因理论。可以说，这本书是完全奥派的（熊彼特否认均衡理论，但他利用均衡理论来说明企业家创新的动态过程）。他的要素分配说是真实世界要素分配说，尽管这种学说将真实世界进行了简化。他认为企业家在推行创新，投入和组合生产要素，将要素转换成产品的过程中，必须先从赚取的收入中支付劳动力工资和土地租金，剩下的才属于企业家利润，那实际上是毛利润。企业家还需要从这种毛利润里支付借入资本的利息，剩下的才属于纯企业家利润，即对其企业家才能的回报。如果企业家在生产过程中投入了自己的资金，那就是他作为企业家从作为资本家的自己那里"借入"资金，因此对这笔资金所支付的回报属于利息支付。如果他承担了企业管理工作，那么他为自己的企业管理所支出的费用属于管理工资。熊彼特的逻辑框架是比较清晰和合理的。尤其是他设想从毛利润中支付借款利息也让人深受启发：如果毛利润太低或者为负，企业就付不了借款利息。

边际生产率理论没有考虑企业家的地位，没有考虑企业家承担不确定性的作用和回报索取权，也没有考虑企业亏损的情况。我们完全可以放宽边际生产率理论的完全竞争均衡假设，设想一个竞争程度很高的竞争性市场。这时，如果企业能够盈利，投入劳动力、土地和资本三大生产要素的边际回报（回报的增减变化量）确实接近于其边际贡献（贡献的增减变化量），企业家会获得一份纯利润，可以设想那是对企业家才能的回报。而在企业亏损时，要素的边际生产率贡献和回报是很难进行数学化处理的。往往是企业家先支付了劳动力工资和土地租金，这时从事生产的企业家拿不到利润，提供资金的资本家也拿不到本息支付。而企业行将亏损时，往往还会遇到资金链紧张的问题，企业家还会承诺对新的借款支付更高的利息，资金投入的贡献与回报两者之间更容易失衡。这种情况恰恰与中国众多难以继续支撑的民营企业的情况相似。

💰 思　考

1. 简述边际生产率理论的内容与问题。
2. 熊彼特如何解释要素分配？

💰 资　料

1. 约瑟夫·熊彼特. 经济发展理论. 何畏，易家详，等译. 北京：商务印书馆，1990.
2. 约翰·贝茨·克拉克. 财富的分配. 彭逸林，商金艳，王威辉，译. 北京：人民日报出版社，2010.

课时 18

机会成本与无差异曲线

黄春兴

本课要点

· 边际效用的提出是为了解决"水与钻石之矛盾"。

· 在分析两种商品的消费时,无差异曲线以优势取代边际效用。

· 无差异曲线的主要缺点在于它遮掩了消费者突破预算线的企图心。

我的课堂上有一位理工科研究生总习惯于从数理逻辑的角度去思考经济概念。当然,他也担心这样的思考方式有问题,只是他没有较适合的例子可供反思。今天,他似乎找到了一个。

这是关于效用数值的转换问题。他说:"老师,假设我对于自己喝水的效用给定一组符合边际效用递减的数列,如喝一杯水的效用是 10,喝了两杯水是 16,喝了三杯水是 19,喝了四杯水是 20，那么，它们的边际效用数列就是 10, 6, 3, 1，没问题吧？你说过，效用数值只代表相对大小的次序，不代表喝第二杯水的 6 是喝第三杯水的 3 的两倍。"我回答说："继续讲。"

他说："只代表大小次序的数列值可以经过单调增函数任意转换。利用单调增函数，我可以将原来的 10,16,19,20 之数列转换成：100,300,600,1000。可以吧？但是，转换后的边际效用数列就会变成：100,200,300,400。它们就变成递增的了，而不再递减了。"

这问题有意思吧？到底哪里出错了？我告诉他说："递减的边际效用数列不管利用单调增函数怎么去转换，依然是递减的数列。这是没错的。但是，这些边际效用可以用数字赋值，这些数字只代表相对大小的序数，是不能进行加减计算的，也就是不能用它们去加总出总效用（简称为效用）的数列来的。经济学只谈边际效用，而不谈效用，因为总效用本身就是一个效用加总的概念，是伪概念。"

同样，先设定一组效用数列值，或是以一个"效用函数"去表示这组效用数列的做法，从本质上讲就脱离了经济学的范畴。如果还要继续根据这组效用数列去计算"边际效用数列"，那就完全走进了数学游戏的范畴。

他已经习惯了微积分的思考方式——将边际值积分起来就可以获得总量，所以我不相信他当下那一刻能接受我的解释。

早期经济学家提出边际效用概念时，是为了解决"水与钻石之矛盾"。不论是水还是钻石，它们涉及的都是单一商品的消费。就单一商品的消费而言，其边际效用和边际效用递减都可以清楚地定义。而且，边际效用递减的数字排序和个人对商品数量之偏好的排序也是一致的。换句话说，喜爱采用边际效用的新古典学派经济理论和喜爱采用偏好排序的奥地利学派经济理论，在分析单一商品的消费时，虽然使用不完全一致的语言，但分析结果是相同的。

但是，当消费对象由单一商品变为两种商品时，边际效用这个概念就很难定义和操作了。想想，在比较装有 4 个苹果、4 个梨的"水果篮 A"和装有 2 个苹果、6 个梨的"水果篮 B"时，要讨论苹果的边际效用或梨的边际效用是多么不容易的事，更不用说以"一篮"作为单位的边际效用要如何去陈述了。

由于定义和操作困难，新古典学派并不直接使用边际效用的概念，而是借用"无差异组合"的概念。这里，"组合"就是"一篮"的意思。他们会问：消费者对水果篮 A 和水果篮 B 的偏好是否没有差异？如果没有，就假设苹果和梨都可以切成很小的丁，然后再以丁为单位重新衡量，比如水果篮 B 中有 2 000 个苹果丁和 6 000 个梨丁。他们就可以帮消费者找到与水果篮 B 在偏好上无差异的许多新组合，并在平面坐标图上画出可供数学分析的"无差异曲线"。

无差异曲线的存在是消费者选择和交易的基础，因为它容许消费者在重新调整消费组合时不损害自己的权益。新古典学者利用这个概念发展出不少关于选择的有价值的新概念，如替代关系、互补关系、替代弹性、最适配置条件等。

当然，边际效用在定义和操作上的困难不影响奥地利学派的分析，他们依旧采用消费者对这些水果篮的偏好排序。新古典经济学家在平面坐标图中建构（不是虚构）一条清晰的无差异曲线，的确有助于分析和操作，却也因此把眼光聚焦到这条曲线和它所面对的预算限制线，进而去寻找最合适的消费组合。相对地，因为图上没有这条抓眼球的无差异曲线，奥派学者更清楚消费者更想追求的是那些目前还不在预算范围内的消费组合。

无差异曲线是以水果丁为衡量单位画出来的。若是以颗粒去衡量水果，消费者在平面坐标图上的选择点只会是几个点，而不会是一条曲线。无差异曲线为新古典学者探讨替代关系带来了优势，但同时也带来一些劣势。劣势之一如前述，它遮掩了消费者突破预算限制线的企图心。另一个劣势就是无差异曲线理论很难把"机会成本"说清楚，以致新古典学者经常忽略"看不见的选择机会"的存在。

"机会成本"是早期奥派学者维塞尔提出的。他说，个人会根据偏好将水果篮排序，然后再根据预算限制线挑出"最佳水果篮"和"次佳水果篮"。没被选中的次佳组合能带给消费者之预估效用，就是这次选择的机会成本。

由于奥派经济学不会以水果丁为单位去衡量效用，因此在有限的选择点中他们可以很清楚地看到"最佳水果篮"和"次佳水果篮"，以及机会成本。对于新古典学派经济学来说，沿着预算限制线走都是可选择的组合。这时，我们会发现"次佳水果篮"是紧邻着"最佳水果篮"的，其差距就只有几个水果丁。换言之，机会成本几乎等于被选择之组合的预估效用。这也难怪新古典学者在陈述机会成本时，只会举几个组合来解释，而不是在黑板上画出他们热爱的无差异曲线。

🪙 思　考

1. 为什么物理学家能轻易地将汽车的加速度加总成速度，而经济学家却无法将边际效用加总成总效用？
2. 请陈述机会成本的定义。

🪙 资　料

1. 保罗·萨缪尔森，威廉·诺德豪斯. 萧琛，等译. 经济学. 北京：商务印书馆. 2012.
2. 黄春兴. 当代政治经济学. 杭州：浙江大学出版社，2015.

课时 19

用行动学原理解释塞勒眼里的一些"偏离行为"

冯兴元

<table>
<tr>
<td>本课要点</td>
<td>
· 根据行为经济学家塞勒的"禀赋效应"理论，一个人拥有的东西属于此人的一部分禀赋，而与一个人即将拥有的那些东西相比，他更看重自己已经拥有的东西。
· 米塞斯的行动学可用来解释"禀赋效应"。
</td>
</tr>
</table>

理查德·塞勒（Richard Thaler）是 2017 年的诺贝尔经济学奖得主，他的畅销书《"错误"的行为》英文版出版于 2015 年，中文版于 2016 年由中信出版社出版。这些"错误"的行为，实际上指的是一些"偏离"行为，即偏离一般经济学模型所展示的标准行为方式的一些行为。比如，在第一章"经济人与非理性的人"中，塞勒讲了一则故事，有关他自己任教课堂的学生对考试

成绩的反映：塞勒搞了一次特别的考试，在考卷当中加入了部分只有优等生才能答对的问题，于是整个班级的平均分较平时的考试分偏低。全班同学参加考试，试卷总分 100 分，全班平均分 72 分。所有学生的考试成绩以 A、B、C、D 划分等级，学校一般会将平均分作为等级 B 或 B+ 的划分依据，所以平均分分值对他们的成绩其实没有任何影响，得到 C 以下等级的学生仅占极少数。所以，这次考试最后的成绩与一般的考试没有什么差异。但是学生们的情绪很不好，他们很讨厌塞勒的考试，对塞勒也没什么好感。而作为年轻教授，若要保住饭碗，那么讨好学生、获得学生的好评也是很重要的。塞勒后来想到了一个好主意：在接下来的考试中，他把考试总分从 100 分提高到 137 分，而且考试难度略高于上次，学生一般只能答对其中 70% 的问题。结果考试的平均分达到 96 分（相当于百分制下的 70 分，比该制度下原来的 72 分还要低 2 分）。学生的成绩等级并没有改变，但是学生们都很开心，而且也没有学生抱怨考试难等问题。

　　其实上述有关学生对考试成绩的反映，类似于中国古代《庄子·齐物论》里的"朝三暮四"的寓言故事。宋国有一个养猴的老者，喜欢猴子，养了很多猴子，他可以理解猴子的想法，猴子也可以理解老者的心意。老者宁可减少家人的食物也要满足猴子的需要。不久，他家里的粮食见底了，他将限量提供猴子食物，但又怕猴子不顺从自己，就先欺骗猴子说："给你们橡实，早上三颗，晚上四颗，够吗？"猴子们都站了起来，并且十分恼怒。他又说："给你们橡实，早上四颗，晚上三颗，够了吧？"猴子们都非常高兴，然后一个个都趴在地上。

中国古代"朝三暮四"的寓言是一个笑话。不过，德国有个谚语是："一只麻雀在手，胜过一群麻雀在树。"意思就是到手的才是真正属于自己的。把"朝三暮四"换成"朝四暮三"，只不过是一天内发放顺序的改变，而一天内的食物总数并没有变化，后者的好处看不出来。如果时间长了，先得与后得差距大的话，先多得后少得的重要性就明显了。现在人们签订服务咨询合同时，一般尽量要求委托方先支付大部分费用，也是一样的道理。

塞勒还发现和提出了"禀赋效应（endowment effect）"：一个人拥有的东西属于此人的一部分禀赋，与一个人即将拥有的那些东西相比，他更看重自己已经拥有的东西。比如，一个人手里拥有一批此前进价 10 美元，但窖藏数年后能卖到 100 美元的葡萄酒，他宁可自己慢慢品味，也不愿意在市场上销售以获得现金收入。这与上述德国谚语的寓意逻辑一致。

如果从奥地利学派经济学的视角看，上述考试一例中的那些学生或者禀赋效应所体现的个人选择特征，符合该学派代表人物之一米塞斯意义上的"理性"。他的行动学其实是真正的行为经济学，而塞勒等行为经济学家的行为经济学更准确的学科名称其实是"心理经济学"。米塞斯认为，人是有目的的人，人的行动是有目的的；每个人对其自身的各种价值、目标和手段均有自己的主观评价，由此每个人对这些价值、目标和手段的主观评价会形成一个不同于他人的评价序列。每个人只要能够根据自己的评价序列选择自己的目标，并针对这些目标配置相应的手段，那么他在能够"配置以实现目标"这个意义上就是"理性"的人。这种"理性"既不意味着当事人一定是"自利最大化"的，也不意味着其选择或者行动不会犯错。而且米塞斯框架内的目标既可以是物质的或者货币的，也可以是精神的；既可以涉及自利、互利（互惠），也可以涉及利他。而且，无论最终的结果是行动还是不行动，都是人的一种选择。而且人的行动的最终目的是减少不适，实现个人的幸福。米塞斯把自己的行动学逻辑称为行动学公理。

在米塞斯的分析框架内，上述考试一例和禀赋效应一例均容易解决。在上述考试一例中，每个学生均对自己的目标和手段有着自己的主观评价，其行动在米塞斯的意义上是理性的。学生关注符号效应，就是以绝对值衡量的分数越高，正向符号效应就越大，正面的心理暗示也越大，减少不适的程度就越大。在学生们的主观评价中，符号效应产生了重要的影响。在禀赋效应一例中，一个人宁愿持有自己窖藏的葡萄酒而不是出售出去，也是因为他对持有、显摆和随意品尝的主观评价高于其本可通过出售而获得的货币收入。

总之，上述考试一例或者禀赋效应中所表现出来的"偏离行为"，并没有逃脱米塞斯行动学主观主义方法论的"如来佛掌"。学生考试也好，禀赋效应也好，都与有关经济主体对事件、过程、收支与损益的主观评价有关。

🪙 思　考

简述塞勒"禀赋效应"的具体内容，并用米塞斯的行动学解释该效应。

💰 资　料

1. 路德维希·冯·米塞斯. 人的行为. 夏道平, 译. 上海：上海社会科学院出版社, 2015 年.

2. 理查德·塞勒. "错误" 的行为：行为经济学的形成. 北京：中信出版社, 2016 年.

课时 20

如何阅读经济学的专业书籍？

黄春兴

本课要点

· 专业书籍的结构：核心见解、核心见解可以直接应用的领域、必须调整核心见解才能应用的领域。

· 阅读方式：先读懂核心见解，接着理解如何调整核心的范例，再回来掌握核心的直接应用。

经济学的专业书籍是指以严谨的逻辑论述经济理论的书籍，但我们不过多讨论入门的专业书籍，也不过多讨论学术期刊的单篇论文。

入门书籍的章节架构都会采取循序渐进的方式，入门者只要虚心地从第一章依序阅读下去，都能获得作者计划传授的知识。所以，我不谈论入门书的原因并不在于内容的深度，而是没有我可以挥洒的空间。另一个理由是，入门书大都涵盖所有的相关问题，以致章与章之间缺少连续性。连续性不足的书籍，真的很难谈阅读的方法。

学术期刊的单篇论文则是另一个极端，它仅探索特定问题的特定争议。由于阅读学术期刊的研究者比我还熟悉这些争议的来龙去脉，哪里可能有我置喙的空间？

我们要讨论的是介于这两者之间的专业书籍，可具体以三本书为例：布坎南和塔洛克的《同意的计算》、哈耶克的《通往奴役之路》以及米塞斯的《社会主义》。这些书籍的共同特色就是：作者们都只关注一个特定问题，然后利用一个特殊见解（分析角度）对这个问题进行全面的探讨。

就以米塞斯的书为例。早在1920年，他就发表了一篇备受重视的学术论文《社会主义公有制中的经济核算》。直到1951年，他才将这篇文章扩充成《社会主义》一书，全名为《社会主义——经济与社会学的分析》。这个例子说明了一篇学术论文发展成一本专业书籍的过程。

原则上，一篇学术论文只能聚焦在一个问题的特定争议上。当然，这个争议必然困扰过作者，直到他找到了可以解决争议的新见解，并发表了重要的论文才能消除这种困扰。然而，这新见解的"仙气"并未随论文消散，反而萦绕着他的生活。不论走到哪里，他总能感到新见解在"发功"：不自觉地以新见解去解释所看到的现象，尝试以新见解去重构旧有的定论，企图透过新见解去发现新现象。逐渐地，他发现新见解并未让他失望。

于是，他开始记下每一次观察到的现象和以新见解解释它的推演过程。为了能够解释新发现的现象，他有时必须调整原先的新见解，有时则需要略加扩充它。在这个过程中，他兴奋地将这些调整和扩充以小文章或通信短文的形式发表。幸运的话，这些小文章会越来越多，而其触须也会伸向四方。他逐渐意识到新见解的生命力，并不断提升它的解释能力以扩大它的解释范围。直到某一时刻，可能是小文章累积的数量已经足够多了，或一个崭新的问题领域已然成形，他会回过头来把发展成果整理成一本专业书籍。

概括地说，新出版的专业书籍大致会呈现这样的结构：一个严谨地陈述核心见解的理论，三个可能直接应用核心见解的领域，八个必须重新调整核心见解才能应用的领域。其实，不只是经济学的专业书籍，管理学界对于如何书写通俗管理书籍也有类似的看法：必须先有一个核心见解，然后思考三个该见解可以应用的领域，最后再搜索八个相关的个案或经营典故。近年来畅销的管理书籍，如《蓝海策略》和《房间里的大象》等，都有这种书写结构。

我并没离题，而是让读者先了解一本专业书籍的书写过程，然后他们自然也就知道应该如何有效率地阅读它们了。不过，我还是简单地陈述于下：

首先，看看书籍的目录，找出属于核心见解的章节。接着去寻找核心见解被应用的三个领域的章节，最后才是去寻找那八个必须重新调整核心见解才能应用的领域的章节。如果书籍目录编辑得好的话，这三部分会被分割成三篇。

其次就是阅读了。核心见解必须先读，一定要把它弄懂。弄懂之后，先跳过第二篇，直接去读一两章属于第三篇的章节。这种阅读方式，可以让我们马上掌握作者是如何应用其核心见解的。

跳过第二篇去读应用，自然只会一知半解。没关系，只要能从应用中略知核心见解的价值，再回到第二篇时就能理解这些见解是如何被应用的了。

读完第二篇之后，我们应该已掌握简述新见解的能力和特性。掌握这些能力和特性后，就开始阅读第三篇的每个章节。每读完一个章节，思索一下这些能力和特性被应用到该领域的切入口。八篇读完，"不会作诗也会吟"，我们应该能够将这些能力和特性应用到第九个或第十个领域。

大家只要依此办法阅读，就不必再花时间去读导读或介绍了。

💰 思　考

1. 请简述一位学者将他的一篇出色的论文发展成一本专业书籍的过程。
2. 哈耶克在写《通往奴役之路》前是否也出版过相关的学术论文？若没有，如何修正本文的断言？

💰 资　料

1. 路德维希·冯·米塞斯. 社会主义——经济与社会学的分析. 王建民，冯克利，崔树义，译. 北京：中国社会科学出版社，2008.
2. 金伟灿，莫伯尼. 蓝海策略：再创无人竞争的全新市场（增订版）. 黄秀媛，周晓琪，译. 中国台北：天下文化出版社，2015.
3. 苏珊·克瑞拉. 房间里的大象. 林敏雅，译，中国台北：小天下出版社，2014 年.

写文章如何用好"奥卡姆剃刀"?

冯兴元

本课要点

- 奥卡姆剃刀原理也称"简单有效原理",是指如无必要,勿增实体(内容),也就是用较少的东西可以做好的事情,切勿浪费较多东西去做。
- 奥卡姆剃刀原理可适用于"正题—反题—合题"三段论证法。在应用三段论证法时,需要区分真假辩证法。

奥卡姆剃刀原理是由 14 世纪英格兰的逻辑学家、圣方济各会修士奥卡姆提出的。根据该原理,如无必要,勿增实体。因而该原理也被称为"简单有效原理"。该修士在其《箴言书注》2 卷中写道:"用较少的东西可以做好的事情,切勿浪费较多东西去做。"

在写文章方面,古今中外学者遵循着同样的奥卡姆剃刀原理，都崇尚简明扼要，去繁从简。虽然古代中国大儒没听说过该原理，但不影响其遵循这种要求。

古人写文章，强调"有物有序"和"起承转合"。"有物"就是内容言之有物，不落空洞。"有序"是指有条有理。有条有理的表现形式就是起承转合。"起"是指开篇立论，"承"是指承接上文加以申述，"转"是指转折，"合"是指收尾定论。"起承转合"既泛指文章的写法，也比喻固定呆板的写作模式。不过，一篇文章有了起承转合四个环节，确实能使文章文采洋溢，是保证充实文章必要内容的最经济的写作方式。清代金圣叹在《读六才子〈西厢记〉法》一文中写道："有此许多起承转合，便令题目透出文字。"

用"起承转合"短短四个字，就可归纳出一篇文章的基本写法。这也足以佐证中华文化之博大精深，尤其是汉字的精妙绝伦！古代男性文人的胡子很长，但是写文章却往往惜墨如金。比如《陋室铭》是唐代诗人刘禹锡所创作的一篇托物言志的骈体铭文，全文一共只有短短八十一字，可谓字字珠玑、妙笔生花。就在这篇短短的铭文当中，我们也能清晰辨认"起承转合"四个环节。最后的落脚点就是"合"，整篇铭文的收尾定论："何陋之有？"

古人著文强调"起承转合"，实际上与黑格尔辩证法中强调的"正题—反题—合题"三段论证法暗合。"起"对应提出"正题"，即一个肯定命题；"承"对应阐述和论证该命题；"转"对应提出一个"反题"，即一个否定命题；"合"对应"合题"，即对"正题"和"反题"的综合。不过，黑格尔的三段论证法发展自康德的哲学。有些朋友不喜欢黑格尔，喜欢康德。在这里，当这些朋友听说黑格尔的三段论证法源自康德时，心里可能又欣欣然了。

至于"正题—反题—合题"三段论证法如何使用，在此可以举个例子。比如，有人提出，一位地方政府官员为本地老百姓做了很多好事，并做了论证，这就是正题。另外一人则提出，该官员所做的某些事情不算是为本地老百姓所做的好事，而是坏事，并陈述了理由，这就是反题。将正题和反题加以综合，就得出一个结论：该官员为本地老百姓做了一些好事，也做了一些坏事。这里，好事是好事，坏事是坏事，两者不可相互抵消。

"正题—反题—合题"三段论证法的优点在于，可以将其进行动态化处理：在第一阶段进行了"正题—反题—合题"推演，由此得到的合题可以成为第二阶段的正题，由此出现第二阶段的"正题—反题—合题"推演。以此类推，人的认识可以不断得到升华。由此形成演化的、试错的三段论证法，实际上体现了波普尔的演化试错论。按照波普尔的观点，真理难以完全把握，只能通过试错不断趋近。

从经济学视角来看，演化的、试错的三段论证法是逼近"什么是真"这样一种认识的最短路线。选择这一最短路线，意味着成本收益比最高，因而也符合奥卡姆剃刀原理。

总之，我们需要磨快"奥卡姆剃刀"。但是，要防止一种伪三段论证法，即伪辩证法。比如说一位地方政府官员有"六分成绩"，将其视为"正题"；又说他还有"四分过失"，将其视为"反题"；然后得出似是而非的结论，作为一个伪"合题"；结果说这个地方官员功大于过，可以功过相抵；所以最终的结果只剩下"功"，无视其曾有"过"，结论是那人是"好官"。这种伪辩证法是有害的和错误的：一个地方官员的功就是功，过就是过，两者不能相互抵消。如果他为本地做了很多很多的好事，甚至操劳得身心疲惫、重病缠身，但是害死了几位老百姓。这种过失或者说罪行是不能被其功劳所抵消的。现代法治国家也不允许这种功过相抵的事件发生。

💰 思 考

1. 什么叫"奥卡姆剃刀"？

2. 试举例说明"正题—反题—合题"三段论证法中容易出现的伪辩证法问题。

💰 资 料

卡尔·波普尔. 历史主义贫困论. 何琳，赵平，等译. 北京：中国社会科学出版社，1998.

第二部分

产权、竞争与企业家精神

课时 22

斯密的"看不见的手"

冯兴元

本课要点

· 斯密"看不见的手"的原理是指在市场中，个体追求自利，无形当中促进了社会的利益。这个非意图的结果，就像受到一只看不见的手的引导。"看不见的手"往往用来说明看不见的市场的巨大建设性力量。

· 斯密在表述"看不见的手"原理的时候，是有一些隐含的前提条件的。其中一个隐含前提条件是诚信。

经济学之父亚当·斯密的《道德情操论》出版于 1759 年，而其《国富论》的问世则在 1776 年，比前者要晚得多。他在《道德情操论》中所关注的人类伦理目标是人的幸福生活。他在书中写道："人类以及所有其他理性生物的幸福，似乎一直是大自然的造物主创造它们时的初心。"经济学家米塞斯相对于斯密属于后来者，其在人生意义上的伦理观与斯密一致。他认为，人的行动的最终目标是增进幸福。不过米塞斯并不认为存在造物主。米塞斯强调每个人会根据其主观价值对其可选目标和手段进行（轻重缓急、高低上下）排序，自主选择其目标，根据目标匹配手段，然后采取行动。其背后的逻辑则是从个人的权利出发，做出自由选择，减少不适，最终是为了增进幸福。维护权利、创造财富、实现繁荣是米塞斯认定的自然逻辑。斯密在《道德情操论》和《国富论》中的逻辑也是如此。他崇尚维护一种"自然的自由体系"，坚信分工可以增进劳动生产力，贸易可以增进财富创造，财富可以增进幸福。

斯密在这两部巨著中均强调：如果每个人只崇尚自己和他人的友善心，只期待相互之间的友善心，不屑于追求自利，那么一个社会中的国民财富增加不了多少。如果每个人不纠结于自己和他人的友善心，放手追求自利，一个社会中的国民财富将大大增加。

斯密在两部巨著里均提到"看不见的手"，表述有异，实质相同。我们称之为"看不见的手"的原理。

在《道德情操论》中，斯密认为，一个骄傲而冷酷的地主的胃容量同无底欲壑不相适应，而且地主的胃所能容纳的东西绝不会超过一个普通农民的胃。地主不得不把自己消费不了的东西分给能用最好的方法来帮他做事的人。所有这些人由于地主的奢华生活和"怪癖行为"而分得生活必需品，如果他们期待他的友善心和公平待人，是不可能得到这些东西的。斯密指出："富人只是从大量的产品中选用了最贵重和最中意的东西。他们的消费量只是略微多于穷人；尽管他们的天性是自私和贪婪的，而且他们只图自己方便，他们雇用千百人为自己劳动的唯一目的是满足自己无聊而又不可餍足的欲望，但是他们还是同穷人分享他们所作一切改良的成果。一只'看不见的手'引导他们对生活必需品做出几乎与为全体居民平均分配土地一样的分配，从而不知不觉地增进了社会利益，并为不断增多的人口提供生活资料。"有人认为，这只"看不见的手"就是"自私和贪婪的"天性，或者说是追求财富的欲望，而其实现手段是市场。这种理解是不对的。如果"看不见的手"是指这种天性或者欲望，那就是指无数人的天性或者欲望，那就不是一只"看不见的手"，而是无数只"看不见的手"。斯密确实没有直接道明这只"看不见的手"指的是什么。其实它就是指市场。市场作为一只"看不见的手"引导着无数个体追求自利，但作为这些个体非意图的结果，这些个体的行动无形中增进了人类的共同福祉。

在《国富论》中，斯密谈到，生产者一般考虑做大其产品的价值，通常既不打算促进公共利益，也不知道自己能在什么程度上促进这种利益；他所盘算的只是自己的利益，而在这个场合，"像在其他许多场合一样，他受一只看不见的手的指引，去尽力达到一个并非他本意想要达到的目的，但这并不意味着，这件事不是出于其本意，就会对社会有害。他追求自己的利益，往往使他能比真正出于其本意的行为能更有效地促进社会的利益"。在这里，这只"看不见的手"仍然指的是市场。也就是说，在《道德情操论》和《国富论》这两本书中，斯密所说的"看不见的手"是一回事，都是指市场。

当然我们可以看到，斯密在表述"看不见的手"的原理的时候，是有一些隐含的前提条件的。首先要以诚立本，不坑蒙拐骗。坑蒙拐骗不是真正的商业行为，而是借助商业的幌子偷取他人财物。其次承认和接受《道德情操论》中的"通情"——一般译为"同情"，但"通情"更为准确。它意味着人与人之间会互通情感，会推己及人，会换位思考，会要求"己所不欲，勿施于人"。最后是从该书所提出的"无偏倚的旁观者"视角看什么是公正，什么是不公正。

不过，我们从字里行间可以看出，斯密没有充分阐述企业家以及企业家精神的性质与作用。企业家是敢于承担不确定性、执着追求利润的机会主义者。这些人的动机不能单纯用"贪婪"这类词语来描述。

💰 思　考

1. 举例说明"看不见的手"的原理。
2. "看不见的手"的运作有何隐含前提？

💰 资　料

1. 亚当·斯密. 道德情操论. 蒋自强，钦北愚，朱钟棣，等译. 北京：商务印书馆，1997.

2. 亚当·斯密. 国富论. 郭大力，王亚南，译. 北京：商务印书馆，2015.

3. 路德维希·冯·米塞斯. 人的行为. 夏道平，译. 上海：上海社会科学院出版社，2015.

产权：一个主观主义的解释

朱海就

本课要点

· 稀缺才产生了界定产权的必要。但经济学上的稀缺性不是物理意义上的稀少。

· 对个体而言，"自我所有权"是最基本，也是最为重要的产权。

在传统的产权理论中，产权是与"物"或"资源"的使用、占有、处置和收益等联系在一起的。比如阿尔钦说"产权是一个社会所强制实施的选择一种经济品的权利"，他还说"在假定为完全是私有产权的情况下，我对我的资源所采取的行动，不会对其他人的私产的物质属性产生影响"。在这两句话中，都包含"经济品"和"资源"等概念。我们可以说，主流的产权理论与古典经济学家一开始就把"财富"作为经济学的研究对象。假如我们认识到经济学是关于"人的行动"的科学，那么对"产权"也会有不同的认识，会发现产权也是一个与主观主义相关的概念。下面从两个方面做一些解读。

首先，如17世纪荷兰思想家格劳秀斯所指出的，一切不稀缺或者不会由于使用而稀缺的资源和物品不必建立产权。换句话说，对于没有稀缺性的物品而言，人们是不会去建立产权的。要注意的是，经济学上的稀缺性不是物理意义上的稀少，只有当一种物品具有满足欲望的功能，并且人们为了获得它要付出代价时，我们才说它是稀缺的。这种稀缺性是需要被发现的，不是物体本身的属性。比如古董和名画会被收藏，而普通的报纸则会被当成废纸卖掉，原因就在于收藏家发现了前者的价值。

其次，对个体而言，他的所有产权中最基本的也是最为重要的，是他的"自我所有权"。这种权利虽然被认为是与生俱来的，但也是需要被认识的。个体要认识到自己拥有自我所有权，政府也要认识到每个个体都拥有自我所有权，要尊重这种权利。前者也是后者存在的前提，即假如个体自己都认识不到自己拥有这种权利，那么要求政府去尊重他的权利也是难以实现的。实际上，这里有个"程度"问题，即个体越是认识到这种权利的重要性，越是重视这种权利，那么政府就越尊重他的这种权利。在一个集体主义传统比较悠久的国家，个体的这种权利意识往往比较淡薄，相应地，这种权利受侵犯的可能性也越大。

从"认识自我"的角度看，"私有"就是追求自我，实现自我价值之意。这与苏格拉底所说的"认识你自己"是一个意思。如果你没有认识你自己，你不是"私有的"，即"你不是你自己的", 或 "你自己不是你的"。苏格拉底的另外一句话 "未经审视的人生是不值得过的" 则更为清晰地表达了私有不仅是对 "身体和头脑" 而言的, 更是对 "人生" 而言的。拥有经过审视的人生, 才算是拥有 "自我所有权"。

"自我所有" 意义上的私有产权, 不仅需要政府保护, 而且需要个体的这种自我认识, 尤其是对人生的审视。很大程度上, 企业家精神、财富和良好的制度都是这种 "审视" 的一个自然而然的结果。如果说三流的企业家追逐他们发现的 "利润机会", 那么一流的企业家就追逐他们发现的 "生命意义"。前者所迸发出来的能量显然是无法与后者相比的。比如苏格拉底当然是人类历史上最为杰出的 "思想企业家" 之一, 还有把 "活着就是要改变世界" 作为信念的乔布斯。

韦伯所指的理性资本主义首先出现在基督教中, 尤其是在新教改革之后的文化圈, 这与基督徒对人生的审视有直接关系。当他们把创造财富视为荣耀上帝的事业时, 自然就出现了金钱、科技和艺术等的 "附属产品"。著名经济学家麦克洛斯基撰写的《企业家的尊严》一书为这种观点提供了佐证。在该书中, 作者赞赏以韦伯为代表的社会学派, 建立了经济增长的 "意识形态论", 认为导致经济飞跃的创新源于社会对企业家的观念和评价的改变。

长期以来, 人们把私有或追求自己的利益视为 "不道德", 这是一种陈旧的、有害的 "修辞"。持有这种观念的人没有理解市场合作的原理, 以为一个人赚多了, 另外的人就赚少了。在这种言论占据主导的国家, 个体的创造性才能受到压制, 那么经济、科技和艺术的发展停滞不前也就不足为奇了。

实际上，正如安兰德说"思考是最基本的美德"一样，正当地追求自己的利益不仅是基本的善，也是善的起点，即这种善会带来其他的善。推崇个体主义的国家大多是文明国家，因为它拥有产生道德的不竭源泉，而推崇集体主义的国家大多是野蛮国家，因为集体主义在起点上扼杀了产生善的可能性，剩下的或许只有伪善。

相比之下，计划体制下的"公有"的含义则可以从"不允许个体追求自我"的角度理解，该体制要求个体服从统一标准，只允许个体追求这个给定标准下的最大利益，这样平庸就成了平庸的通行证。所以在计划体制的公有下也没有什么美德可言。

💰 思　考

1. 怎么理解"私有"？什么是最为重要的"私有"？三流企业家与一流企业家有什么区别？

2. 为什么说"认识自我"是"善"的源泉？

💰 资　料

迪尔德丽. N. 麦克洛斯基. 企业家的尊严. 沈路，陈舒扬，孙一梁，译. 北京：中国社会科学出版社，2018.

课时 24

科斯与巴泽尔的产权观

朱海就

本课要点

· 由于成本是主观概念，科斯推崇的"成本计算法"是不切实际的。

· 巴泽尔的"能力"产权观与奥地利学派的主观主义思想更为符合。

产权理论是现代经济学的一个重要理论分支。科斯发表《厂商的性质》之后，产权理论沉寂了近 30 年的时间，终于在 20 世纪 60 年代，随着科斯的《社会成本问题》的发表以及阿尔钦、张五常、德姆塞茨、巴泽尔等众多产权理论家的不懈努力，又再次进入经济学家们的视野。

在传统零交易费用的经济世界中，产权是一个不需要讨论的话题，因为产权不影响最终的均衡交易，或者说它被提前视为一个已经被完美界定的状态。科斯在批评庇古的福利经济学结论的同时，提出了自己对产权界定的看法。他认为传统的思维方式是在 A 侵犯 B 的时候，考虑怎么阻止 A 的侵犯。但是问题具有两面性：我们在强制 A 不能侵犯 B 时，实际上已经侵犯了 A。所以科斯认为，产权界定的原则是判断"防止伤害的收益是否大于为了防止伤害而在其他方面遭受的损失"。简而言之，就是要判断让伤害继续维持下去的收益和消除这一伤害的收益哪个更高。

科斯对于产权配置的观点让我们十分不满意。首先，虽然科斯看到了庇古税的弊端，认为经济活动中的外部性问题并不一定需要政府部门的介入。但是，科斯和庇古一样将第三方角色的作用"神圣化"。这个第三方在庇古的福利经济学中是政府，而在科斯的叙述中则是判决案件的法官。从奥地利学派的主观主义视角来看，成本和收益都是行动者的主观概念和判断，其他个体无法准确了解和获取这些主观信息，更无法对这些信息进行比较和计算。因此，科斯推崇的"成本计算法"是不切实际的。法官无法知道污染的水对渔夫造成了多少损失（成本），禁止工厂污染水源会对工厂主造成多少损失（成本）。很难想象，强调交易费用之重要性的经济学家竟然没有意识到法官在计算成本过程中面临的高昂的交易费用。

其次，即便法官能够计算当事双方的成本，科斯的产权配置方式与其说是保护和重视产权，不如说是忽视和破坏产权。布洛克曾在他的《私有产权、错误的理解、道德和经济学：对德姆塞茨的回应》一文中用男性罪犯强奸一名妇女的极端案例说明了侵犯行为并不是一个双向的侵害问题。科斯的产权配置方法会导致在低交易费用状态下，法官放弃对妇女的保护，以及在高交易费用状态下，法官将不得不去判断应该把强奸的"权利"交给男性还是把保护和反抗的权利赋予女性。

我们可以看到，科斯的产权理论并没有给企业家精神留有太多余地。产权的配置是静态的。他认为只要有一个信息充沛的、正义的法官就能够解决这样的外部性问题和产权模糊问题，而个体的判断能力或企业家精神无足轻重，即便有，要解决这些问题也只能依靠法官的作用。

从科斯的观点来看，产权是一种"人与物"之间的关系，即谁占有或有权利占有什么事物。如前所述，这个占有的状态则是由高明的法官按照双方的成本计算确定的。继科斯之后，又有许多经济学家对产权做出了自己的阐述和解释。哈罗德·德姆塞茨认为，产权是"一个人或其他人受益或受损的权利"。德姆塞茨对产权的定义使得产权研究从单纯的人占有物扩展到了人与人之间的关系问题。不同于科斯将产权视为一个整体，德姆塞茨将产权视为由一组不同的权利组成的权利束。当市场中的一项交易被议定时，实际上发生的不只是两种商品之间的交换，而是"两束权利的交换"。德姆塞茨还阐述了"权利的价值决定了所交换的物品的价值"。

巴泽尔对科斯的产权理论做了重要的完善，他把产权定义为一种"能力"，他说"个人对商品（或资产）拥有的经济产权就是指通过交易，个人直接或间接地消费商品（或资产的价值）的能力"。巴泽尔认为产权就是个体判断自己在交换之后所享有的消费的能力——这和米塞斯所说的"所有权实际上体现为消费它们的可能性"极为相似。很明显，这个定义更加贴近"主观主义"的视角。

巴泽尔看到了，产权界定不清晰是一种常态，世界上不可能存在绝对的产权。他放弃了传统产权的"两分法"，即假定产权要么完全界定清楚，要么完全没有界定。巴泽尔除了从更加贴近主观主义的视角定义产权以及阐明产权界定不清晰是常态以外，另一个重要的贡献在于他认识到了不同商品或者同一商品具有多种属性，并且这些属性不是给定的，而是被企业家发现的。企业家发现资产的新属性就意味着发现一种新的获利机会，如竹子可以做竹椅、牙签和竹席，等等。有的企业家把竹子做成竹地板，做成竹炭等，这样就提升了竹子的附加值，再比如水果除了直接吃还可以制作成果汁，这都属于发现新属性。

（屠禹潇对本文有贡献）

思　考

1. 科斯的产权理论有什么不足？
2. 为什么说巴泽尔的产权理论具有主观主义的特征？

资　料

科斯，等. 财产权利与制度变迁. 刘守英，等译. 上海：格致出版社，上海三联书店，上海人民出版社，2014.

课时 25

怎么理解"产权明晰"

朱海就

<table>
<tr>
<td>本课要点</td>
<td>
·产权可以分为有关"物"的产权与"发挥企业家才能"的产权。
·发生交易的条件是"发现机会",而不是"物"的产权界定清晰。
</td>
</tr>
</table>

产权明晰通常被理解为"归属很明确,你的是你的,我的是我的",产权明晰也被认为是解决外部性问题的主要途径。以科斯为代表的新制度经济学家所关注的主要问题就是,如何界定产权才能"最优地"解决外部性问题,并把产权界定过程中所产生的各种费用称为"交易费用"。这种解释预设了"物"或"交易对象"已经给定,相关的成本收益等都已经为经济学家所知。这是一种很强的假设,但在现实中这一条件并不成立。在本文中,我

们认为可以从"企业家"的角度重新理解"产权明晰"的含义。

我们把产权分为"物"的产权与"发挥企业家才能"的产权。前者容易理解，通常指的就是财产权，后者是指从行动中获得正当收益的权利。物的产权边界模糊没有关系，只要个体有发挥企业家才能的产权，有选择的自由，他就会"经济地"应对他所遇到的外部性问题。比如一个人出门前已经预料到会堵车，那么堵车对他来说就不是外部性问题。因为他已经把堵车的成本考虑在内，接受堵车对他来说已经是"最经济"的出行方式，否则他完全可以通过乘坐地铁或不出门等方式回避这种外部性问题。

从外部性问题永远存在这个意义上说，物的产权总是有一定的模糊性。当一个人可以获得发挥其创造性才能所获得的回报时，我们就可以说其产权是清晰的，换句话说，产权清晰的含义应该是指对"发挥企业家才能"的权利的保障，而不能仅仅从物的产权边界是否明晰的角度去认识。创造性产品的回报可以有多种形式，比如在微信公众号上发表文章，回报可以有稿费、点赞、打赏，等等。

区分这两种产权意味着在解决外部性问题上存在两个不同的视角。科斯等新制度经济学家是从"物"的产权的角度去理解这一问题的，而我们是从"发挥企业家才能"的产权这一角度去理解的。我们并不是说无须保护物的产权，只要保护发挥企业家才能的产权就够了。这种"物的产权"的方法，即把物的产权界定作为解决外部性问题的办法，把外部性问题变成经济学家如何最优地界定产权，或在产权界定成本高的情况下如何最优地进行干预以使社会成本最低或社会收益最高的问题，属于静态分析。

　　与两种产权相对应,"产权明晰"可以有两种不同的理解。一是"作为正当规则"意义上的产权清晰,当存在正当规则时,我们可以根据这种规则判断究竟是谁侵犯了谁,它与发挥企业家才能的权利相关,同时,正当规则也规范了企业家行动的边界;二是在出现外部性问题时,政府或经济学家把"产权明晰"作为一种"解决外部性问题的手段"意义上的产权清晰,它对应的是"物的产权"。前面那种"产权明晰"没有问题,但后面这种"产权清晰"则不成立,因为这意味着人们可以脱离现有的规则,完全根据政府或经济学家自己的"成本计算"来确立产权,这样,就把正当性问题变成了一个与当事人的成本无关的问题了。

　　当个体能够发挥其自身的企业家才能时,就意味着个体有机会对他所遇到的外部性问题进行评价,并采取相应的行动,这时就出现了市场秩序的扩展。所以,市场不是在物的产权都界定清楚之后才出现的,同时,市场出现外部性问题(个体的权利被侵犯)时并非必然需要政府的介入。重要的是个体有没有发挥其企业家才能的权利。如有的话,个体之间可以自己协商解决。可见,外部性问题并不意味着市场失灵,相反,市场是个体解决外部性问题的主要场所。

　　在市场中,一些权利不断地被界定清楚,但同时也有很多权利处于模糊状态。权利是否需要被界定,以及在多大程度上需要被界定,也只能由当事人自己决定。如果当事人觉得权利界定对他来说是"经济的"或有利可图的,那么他就有可能去界定那些之前难以界定的权利,如使用防伪标识码来防伪等。

　　个体的权利边界是个体在行动中自发产生的,也是不断得到调适的。将产权保持在何种状态，在很大程度上取决于产权主体的意图，比如微信公众号上的很多文章被人们随意阅读和转发，"外部性问题"很大，但这正是作者所希望的，所以，这样的外部性问题并不意味着作者的权利受到了侵犯。但这不是说他人可以任意处置他的文章，他对产权边界有一个预期范围，超出这个边界的行为会被他视为侵权。比如他人引用他的文章但没有署名，也没有支付报酬，这会被他视为侵权。

思　考

1. 为什么说"物"的产权总有一定的模糊性？
2. 如何从企业家精神的角度理解产权明晰的含义？

资　料

科斯，等. 财产权利与制度变迁. 刘守英，等译. 上海：格致出版社，上海三联书店，上海人民出版社，2014.

课时 26

私有的含义

朱海就

本课要点

· 产权概念与企业家有关，产权边界是企业家在行动过程中逐步确立并演变而来的，产权过程就是企业家行动的过程。

· 私有的反义词是破坏合作的强制。

当我们说"私有"这两个字时，我们究竟想表达什么意思？这是长期以来困扰我的一个问题。通常，"私有"是指个人所有，也即个体对事物拥有支配、占有和处置等权利。一般人们也认为"私有"与"公有"相对应。在这些共识的基础上，我认为奥派和主流经济学对"私有"概念的认识还是有一定分歧的。

在"私有"问题上，主流经济学关心产权边界的确定。比如，科斯的产权理论主要是用比较社会总成本的大小来确定产权边界。一个例子是俄罗斯和东欧的产权改革，这些国家采用"休克疗法"，把国企资产的产权界定给个人。在某种程度上，这意味着经济学家或政府事先知道怎么界定产权是最优的，同时也意味着政府需要有界定产权的权力。

相比之下，奥派并未把对产权边界的确定作为需要考虑的首要问题，而是强调需要什么条件，才能使资产得到更好的使用。资产的价值并不在于资产本身的边界如何，而在于它能否为企业家所利用，从而创造价值。如果说新古典的产权观是在"界定者"与"资产"之间建立联系，那么奥派的产权观就是在"企业家"与"资产"之间建立联系。

在奥派看来，产权边界不是特定主体界定的，而是在企业家发挥才能的过程中逐步确定的。允许个体发挥企业家才能是产权边界确定的前提。产权界定的相关成本与收益是主观的，存在于采取特定行动的企业家的头脑中，与他的行动计划相关，即它不是由第三方，比如经济学家决定的，而是在市场的形成过程中逐步确定的。产权边界的确定过程也是各种规则的形成过程。与俄罗斯和东欧相比，中国自1978年以来的产权改革先解放人的创造性，然后再确定资产的产权，这倒是符合奥派的特征。

奥派把私有产权放在"市场"的背景下认识，它不是孤立地看某个资产的产权边界是否明晰，而是看不同个体在利用他们的资产时能否达成有效的合作，如果能够达成有效合作，那么就可以认定这种社会中的产权制度是"私有的"。由于合作是一个可以不断改善或不断恶化的过程，因此私有也是这样一个"过程"概念。

　　这样，我们就可以把那些促进合作的制度，以及这些制度所确定的产权结构和行为视为"私有的"，比如自然法则，比如斯密所说的道德伦理，还有哈耶克所强调的法律等。当我们谈到"私有"的时候，我们意指上述规则，而不是资产本身，这样说或许更为恰当。除了上述规则之外，或许我们也要把勇气、信仰与个体主义价值观等包含在"私有"的概念中，因为它们无疑是人类实现合作以及打破阻碍合作的强权的重要条件。

　　相反，我们可以把那些破坏合作的行为和规则视为对私有的"反动"。比如不允许企业家进入某些领域，这当然是损害合作的。只有这种限制企业家进入的"公共"才是与"私有"对立的。与这种"公共"相比，那种在上述规则基础上自发形成的"公共"是合作的产物，因此也不能视为"私有"的反面。同样，政府提供的有助于合作的公共服务，比如执行正当的规则，也可以视为"私有的"。

　　这也为我们提供了区分"名义上的私有"和"实质上的私有"的依据。比如有的企业在名义上是私有的，但却是受政府扶持而壮大的，那么这样的企业实质上并不是私有的。

　　这里，或许还要区分勾结与合作。经济学上，当我们说合作时，是把它与"消费者主权"联系在一起的，即合作意味着企业要满足消费者需求，为他们创造价值，而自己也获得了相应的回报。同时，通过购买要素和知识外溢等方式，供应商和其他主体也能获利。而企业与政府的"勾结"行为虽然看上去也像一种合作，但实际上损害了消费者、纳税人及其他各方的利益。

　　如前所述，主流的产权理论关注产权边界的界定问题。根据这种理论，当界定成本很高，即出现他们所说的"市场失灵"时，不如不去界定，把产权留在公共领域，变成公共物品是合适的。相反，我们基于"企业家—资产"或"合作"的产权观，根据产权界定的成本高低确定产权的性质是不成立的，政府把某些领域设定为"公共"，不允许企业家进入，这是一种垄断。换句话说，"私有"的反义词不是"公有"，而是破坏合作的"强制"。

这里还需要区分"利益"与"盈利"。私有意味着一个人可以追求自己的利益，但这并不意味着私有和盈利有必然的联系。斯密认识到，如果一个人的利益与他人的评价相关，那么他会在乎他人的评价，因为他人的评价涉及他的利益。一般来说，个体会努力把事情做好，尽管这件事情本身不能盈利。私有就是让这种自然的本性发挥作用。相反，反对私有就是扭曲这种自然的本性，不让这种本性发挥作用。

💰 思　考

1. 主流经济学与奥派经济学对"私有"的认识有什么共同点和差异？
2. "私有"的反义词是"公有"吗？为什么？

💰 资　料

路德维希·冯·米塞斯. 人的行为. 夏道平，译. 上海：上海社会科学院出版社，2015.

产权的核心：剩余索取权

朱海就

本课要点

· 对产权概念来说，重要的不是法律意义上的占有或边界的界定，而是企业家是否享有剩余索取权。

· 保障企业家和投资者的剩余索取权是经济发展的重要条件。

产权的意义在于它能给所有者带来收益，没有收益的产权是没有意义的。这里的"收益"可理解为资产所有者扣除使用资产的各项费用之后的剩余收益，简称"剩余索取权"，它也是"所有权"最为充分的体现，在经济学上具有十分重要的意义。

我国的改革开放从联产承包责任制开始。实行联产承包责任制之后，生产力水平在短期内迅速提升，堪称奇迹，这是有史以来我国最为成功的一次产权改革。其原因就是实行"大包干"之后，农民拥有了剩余索取权，用他们的话说，就是"交足国家的，留足集体的，剩下都是自己的"。之前在生产队时，农民是没有剩余索取权的，他的劳动成果都归生产队所有，这样，农民就缺少发挥创造性才能的激励。

剩余索取权的关键又在于对要素的"支配权"。比如生产队的农民虽然名义上拥有自己的"劳动力"，但他没有对自己劳动力的支配权，如他不能自主决定生产什么，只能生产给定任务下的产品，他也不能到其他地方去出卖自己的劳动力。在这种情况下，他倾向于减少劳动力的供给，也即"偷懒"，这是他唯一可以为自己赚取利益的方式。这一行为被称为"投机取巧"，当然这也会降低整个生产队的效率。

剩余索取权更常见于企业。在企业中，监督者拥有支配企业财产使用的权利，团队成员让渡剩余索取权给监督者以换取监督者支付的工资。团队的生产效率取决于监督者能否承担起监督的职责，尽可能地防止团队成员"偷懒"和其他形式的投机取巧。这样，就必须把剩余索取权赋予监督者，只有这样他才会被激励着去监督生产。当然，这里的"监督"是广义的，它包含计量员工的边际产出，指挥员工的生产活动，等等。可见企业家才能的发挥包括监督。事实上，门格尔把监督视为企业家活动的重要内容之一。这样，企业家的收益就来自两个方面，一是对市场机会的准确判断，二是对企业内部各项活动的监督。当然，监督本身其实也包含了判断。

明确界定产权边界固然重要，但明确界定产权边界并不意味着生产力的提高——假如被明确界定边界的资产不能为企业家所用的话。事实上，产权边界明确的意义正是在于它是产权流动的前提条件。当资产的产权边界明确后，在市场机制的作用下，资产会流动到更能发挥其潜在价值的企业家手中，比如资产的流动使资产能够以股份的形式集中起来，变成公司的法人财产。产权的边界也在企业家使用资产的过程中不断得到重新界定。

　　资产的所有者往往没有能力将资产予以有效使用，他需要发现能够将他的资产予以有效使用的个体或组织，这时，市场就扮演了十分关键的角色。比如某人拥有一套可供出租的房子，但不知道租给谁才能获得更高的租金，这时他就需要中介的帮助：他转让房屋的使用权，也要付给中介一定的费用，他可以获取扣除中介费之后的"剩余"房租。这些费用也就是经济学上所说的"交易费用"。不难发现，房屋中介市场对于房屋租赁或买卖的达成，即房东剩余索取权的实现是至关重要的。设想一下，假如没有中介市场，那么大量房屋会被空置，同时还有很多人找不到房子住，这就降低了社会的福利水平。

　　资本市场也有同样的功能。资本市场为投资者提供有关公司优劣的信息，其中最为重要的就是股价。假如在资本市场中存在欺诈，投资者的收益不能得到保障，那么他只是在名义上拥有剩余索取权，即事实上他并没有拥有这种权利。这样投资者就不敢投资资本市场，如有报道称中国家庭投在股市中的资金只占家庭资产的百分之一。当投资者不敢投资时，企业家扩大生产活动也就难以获得资金，消费者也就不能得到他们本来可以得到的商品，或者以更低的价格得到他们可以得到的商品，这使得投资者、企业家和消费者等各方利益都会受到损害。

另外，假如投资者的资产没有被企业家有效利用，那么他的资产不能实现其价值，他的剩余索取权同样是虚置的。换句话说，当保护了企业家的剩余索取权时，也就是保护了投资者的剩余索取权。当然，企业家自己一般也是投资者。资本市场是一个筛选机制，为投资者发现和挑选优秀的公司，从而为更好地保障投资者的剩余索取权提供了可能性。

以上论述表明，当企业家和投资者的剩余索取权得到保障时，资产将得到有效利用，经济发展也就有了不竭的动力。中国不缺乏需求，也不缺乏资金，更不缺乏有企业家才能的人，缺乏的是一个能够充分保障投资者和企业家剩余索取权的市场。对经济发展而言，市场比货币政策和财政政策重要得多。

💰 思　考

1. 为什么企业要把"剩余索取权"赋予监督者？

2. 市场在剩余索取权的保障问题上发挥什么作用？为什么说市场是促进经济发展的关键？

💰 资　料

哈罗德·德姆塞茨. 所有权、控制与企业. 段毅才，等译. 北京：经济科学出版社，1999.

也谈竞争作为发现程序

冯兴元

本课要点

· 竞争作为一种发现程序，有助于个体发现一些关于事实、技术、方法、产品、看法、观念和制度的知识。

· 许多分散的知识是在竞争过程中产生的。没有竞争，这些相关的知识就不会产生。

· 竞争也是让社会事务有序化的手段。

哈耶克强调，在竞争能够发挥作用的地方，尽量让竞争发挥主导作用。在市场领域，这一点自不待言。通常来说，一般由政府负责公共服务领域，哈耶克强调不能只规定由政府提供公共服务，应该确保私人机构也能平等进入，参与竞争。哈耶克提到的这些公共服务，首先是指公用事业或者基础设施建设，其次是教育，再次是社会保障（他强调社会保障不同于国家保障，不应该由政府统一组织。智利的法定私人养老保险应该可以满足他的设想，市场主体或者非政府组织搞的大病统筹也符合他的理念）。从欧美国家的具体实践看，警察、国防、军工产品、监狱管理均可以按照一定的标准和程序由私人负责提供，政府可以采取政府采购的形式委托私人生产商品或提供服务。这些做法被称为"公私合作伙伴关系"，属于"新公共管理"的内容，旨在吸纳一些市场因素，提升政府的运作效率。

在一般由政府负责的公共服务领域，政府与私人之间如何更好地划分权限、如何形成分工与合作，实际上是需要发现的。上述新公共管理体制被认为是较好的制度安排，也是发现的结果。人类不断参悟新的观念，从而放弃旧的观念。最初的悟道者总是少数，但不能说因为他们是少数，其观点就是错误的。这种参悟就是发现，就是发现新的观念。参悟也是竞争，是新旧观念之间的竞争。将这种新公共管理理念落实到具体的领域，要求用新的制度替代旧的制度，实际上就是推进制度竞争。按照哈耶克的观点，上述这些市场竞争、观念竞争和制度竞争，都是竞争，都是一种发现程序，即发现新的知识，尤其是一些有关事实、技术、方法、产品、看法、观念和制度的知识。这里，有待发现的知识不是现成的知识，很多知识是在竞争过程当中形成的，是此前不存在的。在这个意义上，我们可以说竞争不仅发现知识，而且创造知识。此外，很多知识是主观知识，而非客观知识。比如，一位生产平板电脑的企业家，其有关市场机会、产品预期价格和预期成本的知识均是主观知识。这些主观知识在他未进入某个时点的竞争之前是不存在的。这些主观知识是他根据市场具体的情势所主观感知的，并成为其进一步决策的依据。我最近调查苍南县农村商业银行时发现，该行对全县农户信用调查基本上做到了极致。这些信用调查包括很多主观的农户信用评估结果，包括村干部集体评估，个别干部或者邻居的背对背评估，银行客户经理对农户资产和经营状况的标准化归类和评估，最终通过评级模型得出农户属于几级信用户，以及可以获得多大的授信额度。大多数指标都涉及主观知识，它们是被创造和发现的。

哈耶克在 1968 年以《竞争作为发现程序》为题做了一次演讲，阐明竞争作为发现程序的意义。他指出，无论在什么地方，竞争之所以具有合理性，都是因为我们不能事先知道决定竞争行为的那些事实，也不知道竞争导致的具体结果。1973 年，哈耶克在为意大利《新世纪百科全书》撰写的一个词条中说："竞争是人类找出追求各种目标的更佳方式的最有效发现程序。只有在能够对许多做事方式加以检验时，才会出现各种各样的个人经验、知识和技能，对其中最成功者的不断选择和取舍会带来稳定的改进。"

在《竞争作为发现程序》的演讲稿中，哈耶克认为，竞争既是发现程序，也是让社会事务有序化的手段。他指出，在选择了竞争这种使社会事务有序化的手段时，我们能够追求的唯一共同目标，只能是一种自发形成的秩序的普遍模式或抽象特征。在自发形成的秩序中尤为明显的是市场秩序。确实，我们崇尚市场秩序，是因为看重其普遍模式或抽象特征，而不是其具体的表现形式。我们所崇尚和维护的抽象市场秩序立足于以诚立本、公平交换，而具体的市场秩序可能存在尔虞我诈、缺斤少两。

哈耶克认为，对于每个特意设立的组织来说，只有组织者（所掌握）的知识能够进入该组织，并由这个组织特意设计和控制经济，全体成员的行为必须受该组织所确立的一系列目标的约束。计划经济就是一个典型的例子。

哈耶克指出，自发的市场秩序或者交换系统有两个优点：在交换系统中得到利用的知识是全体成员的知识；它所服务的目标是个人分散的、五花八门的、相互对立的目标。也就是说，市场秩序最能容纳和利用市场社会全体成员的知识，最能为每个人的自身发展提供自由选择的空间。

哈耶克在《法律、立法与自由》这一鸿篇巨制里，把这些分散在社会无数个体中的有特定时间和地点的特定情势的知识称为分散知识或局部知识。他认为："正是由于个人有对其活动的目的进行选择的自由，那些分散于整个社会当中的有关特定事实的知识才有可能得到运用。因此，这种分散知识还有可能通过这样一个事实而得到运用，即机会对于不同的个人来说是不尽相同的。正是由于不同的个体在某一特定时刻置身于其间的情势不尽相同，又由于这些特定情势中有许多情况只为他们本人所知道，这才产生了运用如此之多的分散知识的机会——而这正是自生自发的市场秩序所发挥的一种功能。"其结论是："政府可以通过强制人们遵守那些从以往的经验来看最有助于形塑自生自发秩序的抽象行为规则，去增加不确定的人成功地追求同样不确定的目的的机会。"

🛍 思　考

举例说明竞争作为发现程序，是如何发现甚至创造知识的。

🛍 资　料

1. 弗里德利希·冯·哈耶克. 法律、立法与自由. 邓正来，张守东，李静冰，译. 北京：中国大百科全书出版社，2000.

2. 弗里德里希·冯·哈耶克. 哈耶克文选. 冯克利，译. 郑州：河南大学出版社，2015.

竞争是通往繁荣的必由之路

冯兴元

本课要点

· 根据弗赖堡学派创始人欧肯的竞争秩序理论，政府应该建立和维持一个竞争秩序，并且在法治框架内运作。

· 构成竞争秩序的原则包括：一个有运作能力的价格体系、币值稳定、私人产权、开放市场、契约自由、承担责任，以及稳定与连续的经济政策。

· 竞争是通往繁荣的必由之路，是创造财富和实现"共同富裕"的基础。

德国西部地区在第二次世界大战后，本来可能选择计划经济，但是，当时的联邦德国经济部长（首任）路德维希·艾哈德顶住社会压力，力排众议，竭力推行"社会市场经济"，大举清除纳粹德国留下的中央统制主义经济。他一度到了孤注一掷、壮士断腕的地步：宁为玉碎，不为瓦全。如果他当时奉行哪里的呼声最高，政策就转向哪里的民粹主义做法，那么他就会放弃坚持与市场兼容的经济政策原则，德国就可能没有 20 世纪 50 年代的"经济奇迹"。

艾哈德在 1957 年撰写了享誉世界的德文版名著《共同富裕》（*Wohlstand für Alle*）。德文书名也是其著名的政治口号，其中文意思就是"全民富裕"，或者"共同富裕"。可惜一些中文译者把它错误地翻译成了"大众福利"或者"大众的福利"，而且现在成为约定俗成的用语。

艾哈德是德国著名的弗赖堡学派即秩序自由主义学派思想的信奉者，他坚信竞争是通往繁荣的必由之路，竞争可以带来"共同富裕"。他反对福利国家理念意义上的"大众福利"。邓小平作为中国改革开放的总设计师，提出了"共同富裕"的目标，初期的改革路径选择也是引入竞争。在此意义上，邓小平的理念与艾哈德是一致的。

艾哈德作为首任经济部长，竟然是德国弗赖堡学派的拥趸，这确实是德国人的福气。该学派创始人瓦尔特·欧肯的竞争秩序观最有利于推进经济增长。欧肯认为，政府应该建立和维持一个竞争秩序，并且在法治框架内运作。构成竞争秩序的原则包括：一个有运作能力的价格体系、币值稳定、私人产权、开放市场、契约自由、承担责任，以及稳定与连续的经济政策。除了构成竞争秩序的原则之外，还有一些辅助性的、可调节竞争秩序的原则，包括反限制竞争、有限的社会政策、经济过程稳定政策，专门针对不正常供给情形的补救政策（比如在萧条时期推行最低工资政策），以及经济核算。经济核算指的是使个人成本与社会成本保持均等化，或者说让社会成本的内部化由造成这一成本的责任人负责，成为责任人的个人成本。这里，个人成本属于个人承担的成本，社会成本则是整个社会所承担的成本。

调节竞争秩序的原则容易为一些自由至上主义者所诟病。不过，构成竞争秩序的原则是根本性的，而调节竞争秩序的原则是辅助性的。这两个原则的结合成就了艾哈德所力推的社会市场经济，这一经济体制注重将经济效率和社会平衡相结合，而且以经济效率为主，社会平衡为辅。

艾哈德在建设德国社会市场经济过程中厉行构成竞争秩序的诸项原则，把产权和竞争并重。纳粹时期德国的工业并没有被国有化，这也为推行构成竞争秩序的诸项原则创造了条件。在实际运作中，弗赖堡学派、社会主义思想和基督教社会伦理均对德国社会市场经济产生了影响，其中影响最大的是弗赖堡学派。其结果是，随着时间的流逝，德国政府的社会政策日益偏离弗赖堡学派的理念，朝着福利国家方向发展。这一发展也是艾哈德所一贯反对的。

艾哈德在书中否认存在所谓"德国奇迹"的说法。他认为，战后德国经济的发展并不是什么"奇迹"，而是"实践了使得西方各国有了发展的现代经济学原理，把毫无限制的自由与残酷无情的政府管制两者之间长期存在的矛盾予以解决，从而在绝对自由与极权之间寻找一条健全的中间道路"。他还认为，德国的成功也是德国人民在经济自由的原则下，充分发挥其创业精神和智慧才能，辛勤劳动的结果。他指出，自由竞争是实现基本经济目标的最好手段，是社会市场经济制度的主要支柱。只有通过自由竞争和自由定价，才能保证经济体系顺利地运行。凡是没有竞争的地方，就没有进步，久而久之，社会就会停滞不前。竞争是获得繁荣和保证繁荣的最有效手段。只有竞争才能使作为消费者的个人从经济发展中得到实惠。它可以保证随着生产力的提高而来的种种利益终归人们享受。

在书中，艾哈德不无自豪地说："我一贯的主张成了一种（民众的）信念。这种信念是经过几年的努力得来的，即促进普遍的繁荣，而经济竞争是达到这个目标的唯一途径。"

德国早期的社会市场经济是很符合市场经济特征的。可惜的是，德国在实现了市场经济所带来的"经济奇迹"之后，逐步走上了福利国家的道路：社会福利开支负担沉重，劳动力市场刚性化。德国当前的社会市场经济已经完全走向了最初社会市场经济设想之反面。市场经济被穿上了福利国家的紧身衣，原来的"小国家，大社会"设想被抛弃。

德国目前主要采取控制社会保障网的扩张与劳动力市场灵活化并行的政策，以维持德国经济的活力。这部分归功于由社会民主党和绿党组成的联合政府在总理施罗德的领导下于 2003 年开始推行劳动力市场灵活化政策。

有幸的是，德国迄今为止仍然推行竞争优先的理念。这可能是德国经济持续保持竞争力的一大原因。遗憾的是，现在很少有德国民众还记得弗赖堡学派，但是该学派的竞争秩序理念在中国最值得普及。

思　考

请列举欧肯在其竞争秩序理论中所提出的构成竞争秩序的七项原则，谈谈你对这七项原则的体会。

资　料

1. 瓦尔特·欧肯. 经济政策的原则. 冯兴元，李道斌，史世伟，译. 北京：中国社会科学出版社，2014.

2. 路德维希·艾哈德. 来自竞争的繁荣. 祝世康，等译. 北京：商务印书馆，1983.

课时 30

产业政策必须与竞争一致

冯兴元

本课要点

· 市场经济的运行，需要维持一个竞争秩序，需要奉行"竞争优先"的原则。

· 经济政策，包括产业政策，需要遵循"与竞争一致"的原则。

朝圣山学社前主席、德国著名经济学家克里斯蒂安·瓦特林教授多年前提出了"竞争一致性"的概念。此概念如今为德国主要党派所接受，它指的是，经济政策需要遵循"与竞争一致"的原则。这一"竞争一致性"原则与当前中国的产业政策之争关系很大。如果以竞争一致性原则作为衡量尺度的话，就不是很简单的要不要制定产业政策的问题，而是如何框定产业政策，使其保持"与竞争一致"。

德国弗赖堡学派强调竞争优先，由国家建立和维持一个竞争秩序，但是国家必须在法治框架之内运作。这种竞争秩序观成为联邦德国成立后最初20年里德国经济部的运作理念。最初路德维希·艾哈德担任经济部长，他是这种竞争秩序观的坚定维护者。当时的经济部国务秘书奥托·施莱希特，也就是副部长，负责坚守和推行一种建立和维护一个竞争秩序的"秩序政策"，秉持竞争优先理念，限制产业补贴和区域补贴。这里，区域补贴就是对区域的补贴支持，比如德国的州和市镇均属于区域补贴的范围。

德国经济部在建国之后长期秉承弗赖堡学派的竞争原则。正因如此，德国这个经济部跟中国的商务部是不一样的，中国的商务部鼓励做生意，可能反垄断，也可能反竞争，搞保护主义。德国的经济部以建立和维持竞争秩序为己任，以维持竞争秩序为准则，而且这是该部门的本职工作。该部门在接纳新的经济学家成为顾问时还需要考试，就是看看参加考试的人到底能不能理解这个学派。经济部的这种竞争文化一直保留到现在。

既然讲到产业政策，就要先了解什么是产业政策。产业政策一般是指政府对一个产业进行特别的支持，不是指对某些特定企业的支持，而是对整个产业。为企业提供特定的支持在德国是特别少的，虽然发生过，但是特别少。如果德意志银行对默克尔总理说想要点救援资金补贴，默克尔总理是拒绝的。政府无法获得信息去辨别哪一个企业是值得赞助、值得补贴的。

德国的学者们总体上坚信产业政策必须与竞争相一致，比如他们会支持一些应用研究和应用科学研究。举例来说，德国政府认为要发展电动汽车，德国有应用大学、应用科学体系，政府就向应用大学、应用科学体系机构提供科研补贴，但是科研补贴背后也会对应一些企业，它们也会受益。政府支持的是科学研究和应用研究，所以这些应用研究成果是要公开发表的，让所有企业和所有人都能接触到。这种做法与美国不一样，美国的法律鼓励大学和具体创新者获得专利，但是专利有时候是反竞争的，是垄断性的。德国则是反其道而行之，鼓励竞争，促进竞争，不鼓励大学去持有专利。

刚才讲的政府支持某一个产业，实际上是要求政府推行一种基于竞争政策的产业政策。比如说 Google（谷歌）公司在美国有很多专利，竞争法可能判定其实际上强化了垄断，一家独大。当然奥地利学派对"垄断"的定义比较严格，这种现象在奥地利学派看来也算是竞争。但是，如果在德国的话，竞争法就强调无论是公权还是私权，都不能被滥用。据此，如果一家德国企业足够大、足够强，政府就可能采取措施促进竞争，等于是推行一种与一般的产业政策相反的产业政策，以便更加有利于产业内部的平等竞争。现代竞争法是这样的，只要企业不滥用市场支配地位，那么它还可以保持这一地位或者私人权力，但是，一旦企业滥用市场支配地位，竞争当局就要采取措施加以阻止。最初在德国，私人企业形成市场支配地位都不被允许，1957 年，德国通过《反限制竞争法》的时候就是如此，而现在的政策在慢慢放宽。全世界基本上适用同类规则：企业只要不滥用市场支配地位，政府就放它一马。

回到一般的观察，我们要考虑的是所谓政治经济学，就是政企关系和生产关系。主要的考虑就是政府不能去干预市场过程，尤其是通过产业政策支持某些企业，这扭曲了整个经济过程。如果政府大搞产业政策，必然会扭曲政企关系，也必然会跟一些企业强化关系，形成一种勾结，而这种勾结当中又产生很多私人权力，一旦这些私人权力被滥用，会不利于整个经济的良性发展。

德国的政策不是首先强调效率，而是首先强调公平竞争。政府要有政府的样子，企业要有企业的样子，企业强了，形成私人权力以后影响政府作为公权力的运作；政府通过产业政策会造成与私人权力的勾结，政企关系会扭曲，市场关系会扭曲。所以在中国，如果片面强调效率，搞产业政策，会出现很多问题。不要为了强调效率而大搞产业政策，事实证明，理论上的、设想中的、假想出来的产业政策很多都不会成功。

💰 思　考

1. 什么叫产业政策？
2. 产业政策可能存在哪些问题？如何保持与竞争一致？

💰 资　料

瓦尔特·欧肯. 经济政策的原则. 冯兴元，李道斌，史世伟，译. 北京：中国社会科学出版社，2014.

竞争不是登顶比赛

朱海就

本课要点	·竞赛有给定目标，而市场竞争则没有给定目标。 ·地方政府的竞赛与市场经济的要求不相符。

在中国经济界，"地方政府竞争"被普遍视为"中国奇迹"的重要因素，这一观点由张五常教授首次提出，后来也被很多经济学家接受，其中包括复旦大学的张军教授。他与另外两位学者合著的《登顶比赛：中国经济发展的体制》就全面阐述了他在这方面的看法。

他们认为，"地方政府发展为一个利益集团，争相从本地企业中攫取更多的资源"，这样就损害了经济发展。那么，怎么解决这一问题呢？他们提出了"胡萝卜加大棒"的模式，即上级政府对表现不力的官员进行惩罚，同时对表现优异的官员在政治上进行奖励，通俗地说就是对地方政府进行"奖优罚劣"，他们称之为"登顶比赛"。

张军教授等人提出的"胡萝卜加大棒"政策隐含了上级政府能够对"地方政府的行为是否有利于经济增长"做出一个判断。但我们说，任何个体都无法用他自己掌握的信息判断他人的行为是否有效地配置了资源，因为那是用他自己的判断代替当事人的判断。比如，看到资本家把牛奶倒掉，你能做出"资本家没有有效配置资源"的结论吗？显然不能，因为在那个资本家看来，存放牛奶比倒掉牛奶的成本更高。在市场经济中，价格和利润引导企业实现资源配置。但拥有权力的地方政府可以不遵循市场价格信号，这样也就无法用利润或 GDP 指标去判断地方政府是否有效地配置了资源。

更为重要的是，遵循市场价格信号的引导是资源有效配置的重要条件，但是，在"胡萝卜加大棒"政策之下，地方政府究竟是按照市场价格信号配置资源，还是服从上级的目标来配置资源，这时地方政府就会陷入困境。地方政府作为行政机构，一般会选择后者，但这也就意味着对市场的扭曲，比如有的地方政府为完成招商引资的任务，给企业提供各种补贴。指引资源配置的信号应当来自市场，而不是来自上级政府。更何况，当地方政府用权力配置资源时，这种信号本身就是扭曲的。

张军教授等人设想的"登顶比赛"其实是"竞赛"而不是"竞争"。他们想当然地把政府视为企业家，但政府不是企业家，因为企业家必须在企业中投入自己的财产，用财产来承担风险，地方政府官员并没有投入自己的财产。如果参与者不承担风险，他们的行为就不叫竞争。"竞赛"是对给定目标和给定获胜者数量而言的，比如体育比赛是竞赛。官员升迁也可以说是竞赛，它和市场中的"竞争"完全是两回事。对于竞赛，由于目标是给定的，合约激励的方式是有效的，但市场竞争并没有给定目标。实际上，资源的优化配置就是要求每个企业家去发现他们认为有利的机会和目标，而不是追逐给定的目标。所以，市场对应的是"竞争"而不是"竞赛"。但张军教授等人没有很好地对二者予以区分，没有认识到人为设计的竞赛不可能取得与竞争相同的效果。

张军教授等人做了大量的实证研究，但没有在理论上阐明地方政府参与资源配置的不正当性，忽视了"政府不能既当裁判员又当运动员"这一基本常识。把政府配置资源作为预设的前提，相当于隐含地认为中国的"经验"可以推翻这一常识。张军教授等人的研究不谈私有产权，也不谈正义的规则，用"最大化目标的实现"代替"正当性"问题，似乎经济学的问题就是研究如何实现"最大化"目标。

我们说，资源的有效配置，取决于无数人的行动能否协调或实现分工合作，也就是市场能否有效运转。地方政府实现了某个特定目标，不等于社会整体效率的改善，换句话说，地方政府的最大化不等于社会利益的最大化。要区分"特定主体的最大化"和"社会福利的改善"。地方政府最大化了，有可能意味着社会福利的减少，因为地方政府可能会通过不正当方式实现自己的最大化。

只有在政府行为满足一般性原则的时候，地方政府的最大化才是与社会福利相容的。注意，这里是"一般性原则"而不是

"上级的目标"。在地方政府可以用权力支配资源的情况下，让地方政府满足一般性原则的要求很难实现，理由是地方政府可以把资源用于满足自己的利益。可见，地方政府的"自利"和企业的"自利"是完全不同的，前者不会有"看不见的手"的效果。

张军教授等人隐含地认为只要上级政府足够聪明，监管足够有效，那么资源就会得到有效配置，这是一种"计划经济"的思维。正确的做法应该是把权力配置资源的职能从地方政府手中剥离出来，使其独立运行，同时让地方政府回归公共服务，更好地发挥其维护秩序的作用。

思 考

1. 竞争与竞赛有什么不同？
2. 为什么说地方政府应该退出资源配置活动？

资 料

张军，范子英，方红生. 登顶比赛：理解中国经济发展的机制. 北京：北京大学出版社，2015.

课时 32

要区分竞争秩序主义与经济干预主义

冯兴元

本课要点

· 一些学者认为，只要政府过问经济事务，就是干预经济。这个观点是偏狭的。

· 政府过问经济事务，需要区分两类不同性质的行为：一是推行旨在建立和维持竞争秩序的行为（秩序政策）；二是与建立和维持竞争秩序无关的、干预具体经济过程的行为（过程政策）。

目前国内外对 1974 年诺贝尔经济学奖得主哈耶克的误读较多，这里可以举一些例子。有人认为哈耶克是新自由主义者，其实他既是古典自由主义者又是政治保守主义者。哈耶克反对自由放任主义，认为自由企业制度应该与竞争秩序相结合，他反对政府超越建立和维护竞争秩序之界限的干预政策。这里的竞争秩序的内核是指私人产权和开放市场应该在经济中占据主导地位，这种立场基本上属于古典自由主义。哈耶克在《自由宪章》这一鸿篇巨制中附有《为什么我不是保守主义者？》一文，他认为现代保守主义者没有原则，随着时间的推移，其立场往往是不断在过去和当前的状态之间取中。而哈耶克是原则主义者，其原则就是保守和发展最初在英国产生和发展的市场文明和法治文明。哈耶克反对现代保守主义者的立场，其实是要求政治保守主义者要保持原则底线。

很多人从米塞斯和罗斯巴德的立场出发，批评哈耶克为干预主义者，其实哈耶克是竞争秩序主义者，接近德国的弗赖堡学派，也就是秩序自由主义学派。他反对米塞斯和罗斯巴德的经济自由放任主义，也反对政府的经济干预主义。很多人对建立和维护一个竞争秩序与对经济的直接干预不进行区分。人们有必要对竞争秩序主义者和经济干预主义者进行区分。德国弗赖堡学派就对两者进行了区分：维护竞争秩序的政策属于"秩序政策"，而推行经济干预、扭曲经济过程的政策属于"过程政策"。在经济政策立场光谱中，哈耶克处在米塞斯和罗斯巴德的左侧，处在弗赖堡学派的右侧，再往左数，先是弗里德曼，然后是凯恩斯。奥地利学派和德国弗赖堡学派都反对宏观调控，弗里德曼的货币数量论本身就属于凯恩斯总量经济学的范畴：把一定的通货膨胀内生化于货币政策，主张每年基于预期的经济增长率加上一定的通胀率，外加一个较小的上下波动幅度来供给货币。这仍然是一种凯恩斯主义的宏观调控，但弗里德曼的理论比凯恩斯的理论所主张的宏观调控更为节制，属于用一种"小恶"来替代"大恶"，最终弗里德曼的理论与凯恩斯的理论一样，会导致法币的不断贬值，以及对私人产权的不断稀释和重新分配。

在社会政策上，米塞斯是最小政府主义者，罗斯巴德属于无政府资本主义者，而哈耶克是有限度保障论者。哈耶克的有限度保障论体现在他的如下观点：如果你的温饱问题没有解决，政府可以提供救济让你吃饱穿暖，但条件是有工作创收能力者还得先自食其力。同时，哈耶克认为，民主社会由于物质条件的改善，稍微超出这种必需水平的公共救济是经常发生的，是挡不住的，其原因是民主政体里存在"多数暴政"的可能性。在政党竞争中，各党派不断增加竞选承诺，不断推动一个政体走向福利国家，而且越走越远。哈耶克还同意通过法律规定，社会成员可以根据保险原则和个人责任原则来自己组织社会保险，反对政府以垄断的方式统一组织社会保险。这里哈耶克区分了"社会保险"和"国家保险"，并反对"国家保险"。比如智利推行的义务私人养老保险就比较符合哈耶克的理念，但是很多罗斯巴德思想的支持者一听"义务"或者"法定"就会"脑袋大"。总体上，哈耶克提出一种有限度保障方案，反对"绝对的保障"，非常接近真正古典自由主义的思想，而距离福利国家那端则很远。他实际上是在提议，在这样一个政策立场上打桩立定，以免整个国家朝着福利国家方向移动，甚至走上"通往奴役之路"，即通往全权主义之路。哈耶克的社会政策观基本上就是这一套理论，其积极意义一目了然。与哈耶克不同，罗斯巴德坚决反对政府救济政策和任何法定社会保障政策，米塞斯基本上也如此，后两者强调社会自组织一些救济。对于社会自组织救济，哈耶克是不反对的。但是，这是哈耶克在面对欧美福利国家越来越庞大、几近积重难返这一情势时提出的一种有利于维护个人自由的止损方案。较之于高高在上、超然物外的态度，这种入世态度更能够维护个人自由。当然，这两种立场都有很大的借鉴意义，不宜采取非此即彼的态度。其实社会保障的范围很大，如何把哈耶克机制与米塞斯和罗斯巴德机制结合在一起，是一门治理的艺术。

非常奇怪的是，国内外有一种声音，认为哈耶克赞成最低工资制。我所看到的哈耶克著作里，还没发现这一观点。哈耶克在《自由宪章》和《通往奴役之路》等书里，明确反对最低工资制。可能有些读者把哈耶克不得已接受由国家提供的让人能够达到或者稍微超过温饱线的最低限度的收入与他所反对的最低工资制混淆在一起。

💰 思　考

1. 为什么要区分竞争秩序主义者和经济干预主义者？

2. 据说美国与加拿大和墨西哥签订的新的自由贸易协定中写入了最低工资制的内容，最低工资制意味着什么？

💰 资　料

1. 弗里德里希·奥古斯特·冯·哈耶克. 通往奴役之路. 王明毅，马雪芹，冯兴元，等译. 北京：中国社会科学出版社，1997.

2. 弗里德里希·奥古斯特·冯·哈耶克. 自由宪章. 杨玉生，冯兴元，陈茅，等译. 北京：中国社会科学出版社，1999.

课时 33

去杠杆与产权改革

朱海就

<table>
<tr><td>本课要点</td><td>· 用政府信用作担保是产生高杠杆的原因。
· 杠杆是结构性的，应该以市场化的方式去杠杆，避免采用行政化的手段。</td></tr>
</table>

过去一段时间以来，政府在大力推行去杠杆，以降低发生系统性风险的可能性。那么，怎么看这一政策？为了说明这一问题，本文将首先指出高杠杆率产生的原因，然后说明该如何去杠杆。

高杠杆率产生的原因

我们首先承认作为个体的人具有理性，会判断多高的杠杆适合自己。假如个体具有较强的风险承担能力，并预期自己今后的收入有保障，那么他会接受较高的借款利率，或者会借更多钱去投资、消费。

因此，让个体自己去判断风险才符合市场经济的要求。不同的金融企业提供不同的借贷服务，以满足不同人的需求。如同不同的商品有不同的价格，这些不同的借贷服务自然也有不同的价格，即借贷利率。要允许高风险的借贷服务和低风险的借贷服务同时存在，就像允许价格高低不同的商品同时存在一样。

杠杆率本身虽然不是价格，但允许不同的杠杆率存在是让"利率"这一价格机制发挥作用的重要条件。假如用行政命令的方式降杠杆，那也意味着利率机制失去了作用。行政化的去杠杆追求的是"社会平均杠杆率"，有人认为把这个杠杆率降下来，金融就安全了，但这是没有意义的。把不同人的负债率进行累加后求平均值不能说明什么问题，因为它无法反映不同的人对不同杠杆的接受程度。而且也没有人可以事先说明多高的社会平均杠杆率是"合适"的。

由于人们一般不会随便加杠杆，因此一般情况下也不太可能出现普遍的高杠杆。如果真的出现普遍的高杠杆，那要从产权制度上寻找原因。与私人相比，国有部门更容易出现主动加杠杆的情况。这一方面是因为国有部门借贷的资金成本低，另一方面是因为它有政府信用做担保，银行愿意借钱给它。这里顺便要说的是，与国有部门的高杠杆相伴的是产能过剩和低效率等问题，其原因在于当国有部门可以用加杠杆的方式来解决问题时，就失去了创新和削减成本的动力。换句话说，廉价的信贷使国有部门可以继续维持低效率的生产模式，如冗员问题。

国有部门的高杠杆会推升整个社会杠杆率。当国有部门通过大量借贷来实现自己的目标，解决自己的问题时，也制造了通货膨胀，推高了资产价格，尤其是住房价格的上涨。而普通大众看到住房价格上涨后，出于避免货币贬值或追求收益等目标，也会去买房，这就提高了他们的杠杆率。可见，国有部门的高杠杆率会传递到私人部门，推升私人部门的杠杆率。不难发现，国企和地方政府是主动加杠杆的部门，而私人部门是被动加杠杆的部门。

个体在借贷时，一般来说会对风险因素进行评估，如果风险因素在他的评估范围之内，那就不构成风险，而超出他预期范围的才构成风险。一般而言，市场不可能自己制造出超出自己承受能力的杠杆水平。如果市场风险普遍地超出个体评估的范围，那也意味着个体普遍判断错误，从而触发系统性的金融风险。这种情况的出现源于投资者普遍被通货膨胀制造的信号所误导。通货膨胀使加杠杆变成了"高收益、低风险"的赢利方式，即这种"杠杆红利"促使投资者加杠杆。那么通货膨胀又是谁制造的呢？哈耶克说："通货膨胀是由政府及其工作人员造成的，除此之外的任何人都不可能造成通货膨胀。"哈耶克的这句话同样适用于"杠杆"，即一个社会普遍的高杠杆率只能是政府制造的，是政府为了实现自己的宏观政策目标或维持低效率部门而出现的结果。

以市场化方式去杠杆

目前政府用一种行政化的方式去杠杆，这种方式的特点是一刀切。我们知道杠杆是结构性的，无论是豪赌未来的赌徒，还是具备还款能力并且愿意承担高风险的企业家，他们都可能受到高杠杆的影响。政府一刀切地去杠杆将扼杀后者，使创新活动受到压制。此外，行政化的去杠杆使利率这一价格机制失去作用，不利于资金的市场化配置。更为严重的是，用这种方式去杠杆，其结果是国进民退和经济结构的恶化，因为民企在"去杠杆"中首当其冲地被"去除了"，而国企则往往毫发无损。

与行政化去杠杆的方式相比，市场化去杠杆不把降低社会平均杠杆率作为目标，而是通过产权改革让借款主体自己承担风险责任，政府不再为低效率的国有部门提供信贷支持。有了"债务硬约束"，将会在源头上消除产生高杠杆的因素。同时政府也不再干预经济，制造通货膨胀。

加杠杆是大众在通货膨胀下采取的一种"理性"行为。假如没有产权改革，那么投资者会预期政府将继续通过通货膨胀的方式"解决问题"，加杠杆会继续成为大众的一种"理性"选择。概而言之，去杠杆应该是产权改革自然而然的产物，如不进行产权改革，那么"去杠杆"只会治标不治本，高杠杆率会重来，金融风险也不会被根除。

💰 思　考

1. 为什么说"去杠杆"和其他宏观经济目标一样，都是不可取的？
2. 说明通货膨胀和杠杆的关系。

💰 资　料

哈耶克. 哈耶克文选. 冯克利，译. 南京：江苏人民出版社，2007.

课时 34

再谈"竞争中性"原则

冯兴元

<table>
<tr>
<td>本课要点</td>
<td>
·需要强调"与竞争一致"的原则，也就是某种意义上的"竞争中性"原则。
·实现"竞争中性"的前提：私人产权与竞争均应该发挥主导作用。这是"竞争中性"原则背后的基本原则。
</td>
</tr>
</table>

按照奥地利学派经济学家哈耶克的观点，在一个经济体中，私人产权应该占据支配地位，而且在凡是竞争能够发挥作用的地方，应尽量让竞争发挥主导作用。哈耶克实际上强调，私人产权与竞争应该同时发挥主导作用。在这种情形下，市场过程才不至于扭曲，价格才能在资源配置中发挥引导作用。而政府需要时刻关注经济政策是否能够维护这样一种不侵害私人产权、不扭曲竞

争的格局。

与此类似，德国弗赖堡学派的创始人瓦尔特·欧肯认为，政府应该建立和维持一个竞争秩序，让私人产权与竞争并重。他强调，政府应该反对公共权力和私人权力的滥用。维护私人产权与竞争的"秩序政策"必须居于优先地位，而影响经济过程顺利运行的"过程政策"则必须处于从属地位，而且"过程政策"必须"与竞争一致"。这意味着，过程政策应遵循三条原则：一是政府必须限制利益集团的权力；二是所有的过程政策必须面向维护竞争秩序，而不是面向某个具体市场过程，过程政策必须是系统性的（改进整个系统的运行），而不能是特定性的、可选择性的或者临时性的（不能扶持特定的某个经济主体）；三是反对各种宏观调控政策。欧肯所能接受的过程政策必须从属于秩序政策，在经济领域包括：反垄断，保护竞争，而非保护特定的竞争者；推行中小企业支持政策，作为对竞争法的豁免，允许为中小企业提供一定的政策支持，以改进竞争格局。

不同学派的学者对过程政策会有不同的看法，比如奥地利学派经济学家除了反对宏观调控政策之外，还反对行政垄断，但是他们对由高效率带来的所谓"经济垄断"则持容忍态度：只要私人产权占据主导地位，市场准入与退出实现自由，所谓"经济垄断"虽会带来暂时的不便，但属于可容忍的范围。奥地利学派经济学家罗斯巴德甚至认为，在市场开放的前提下，由高效率带来的所谓"经济垄断"不是"垄断"，而是"竞争"。这也容易理解，因为这种状态是竞争的结果，而且仍然存在潜在的市场进入者。从长远视角看，这种所谓"经济垄断"也只在较短时期内存在，不会永远"一花独放"。

我们可以看到，无论是奥地利学派，还是欧肯所代表的弗赖堡学派，均强调"与竞争一致"的原则，也就是某种意义上的"竞争中性"原则。当然，奥地利学派和弗赖堡学派经济学家对"竞争中性"原则的理解与把握是有差别的，但如果放宽一点来看，两者也存在很大的共性。

无论各种学派如何看待"竞争中性"原则，但都强调实现"竞争中性"的前提是：私人产权与竞争均应该发挥主导作用。这是"竞争中性"原则背后的基本原则。

很显然，如果行政部门和国有企业占据主导地位，而且行政垄断严重，那么民营企业必然处于被歧视地位，容易被挤出，其产权也容易被侵犯。这个时候，谈"竞争中性"没有任何意义。对于民企而言，应该适用"法无禁止即可为"原则；对于国企而言，应该适用"法无授权即禁止"原则。这符合"竞争中性"原则。政府需要严格保护私人产权，同时政府与其企业（包括国有银行）应严格依照辅助性原则行事，即在市场上不与民争利，只对市场的运行提供辅助性支持。这也符合"竞争中性"原则。

总而言之，离开了"竞争中性"原则背后的基本原则，"竞争中性"容易流于一种奢谈。

💰 思　考

1. 什么样的体制才符合"竞争中性"原则？

2. 为什么私人产权与竞争均发挥主导作用的原则是实现"竞争中性"原

则的基本原则？

3. 举例说明什么样的政策措施不符合"竞争中性"原则。

💰 资　料

1. 路德维希·冯·米塞斯. 人的行为. 夏道平，译. 上海：上海社会科学院出版社，2015.

2. 弗里德里希·冯·哈耶克. 通往奴役之路. 王明毅，冯兴元，马雪芹，等译. 北京：中国社会科学出版社，1997.

课时 35

企业家如何变出"万花筒般的世界"？

冯兴元

本课要点

- 市场过程是由企业家驱动的。企业家可能犯错，也可能因此而失败。一些企业家犯错就是其他企业家的机会。

- 对市场上的利润机会保持警觉，能够先于他人发现市场机会，敢于承担不确定性，追求实现市场机会的行动者叫作"企业家"，企业家体现出的这种精神就是"企业家精神"，企业家拥有的这些才能就是"企业家才能"。

在现实世界中，企业家需要面向消费者的需求组织生产，供给产品。消费者根据其需求购买产品，这决定了生产者的兴衰。这里，我们可以看看手机市场的情况。

我们以诺基亚公司和苹果公司为例。这两家公司都努力面向消费者的需求来组织生产与供给，但是所采取的方法不一样。诺基亚公司过去的设计理念是以"需求跟进"或以"迎合需求"为主导，也就是重视消费者所直接表露的需求。诺基亚公司过去有许多设计人员，分布在全球各地，他们会深入观察，了解不同人群对手机的现实需求，然后将这些现实需求体现在手机设计上。

与此相反，苹果公司则更加重视"供给先行"，也就是发现潜在的需求，通过"兜售"全新理念、供给全新产品激活这种潜在的需求，顺理成章地"创造需求"。苹果公司利用富有革命性、创造性的产品发明，比如在 iPhone 上首先采用多点接触技术，使得原来手机上的物理键盘一夜之间成为多余，从而颠覆了手机行业，重新定义了智能手机。苹果公司所激活的潜在需求是消费者自身根本没有意识到自己会需要的东西。由此，苹果公司让冷冰冰的手机从单纯的通信工具变成了手持式综合通信娱乐社交工具，甚至可以说变成了手持式电脑。它也推动整个世界从基于桌面电脑的一般互联网时代进入移动互联时代。苹果手机的崛起也使诺基亚手机帝国遭遇灭顶之灾。有鉴于此，可以说乔布斯是一位改变了世界的伟人。这一点，怎么强调也不为过。

上述诺基亚公司和苹果公司的例子说明，市场过程是由企业家驱动的。企业家可能犯错，可能失败——诺基亚公司的那些企业家就是如此。一些企业家犯错就是其他企业家的机会。在手机行业，诺基亚公司的企业家犯错就是苹果公司乔布斯的机会。苹果公司的企业家拥有一种别的公司的企业家所没有的警觉，这种警觉叫作"企业家警觉"，这种警觉让企业家发现和利用了当时存在的未曾利用的手机市场机会，这种发现叫作"企业家发现"。苹果公司随后抓住了这些市场机会，敢于承担不确定性，并组织和投入资源，把最新的技术创新成果转化为 iPhone 产品，最终实现这些市场机会，颠覆了手机行业，重新定义了智能手机。这样一个过程，叫作"企业家过程"。这种对市场上的利润机会保持警觉，能够先于他人发现市场机会，敢于承担不确定性，追求实现市场机会的行动者叫作"企业家"；企业家体现出的这种精神，就是"企业家精神"；企业家拥有的这些才能，就是"企业家才能"。

这里我们可以看到像乔布斯这样的企业家的伟大，也可以看到"市场作为一个过程"之伟大。一连串的企业家发现造就一连串的变化，而市场过程就是由这样的一连串企业家发现及其所带来的一连串变化构成的。企业家创新为企业家套利创造了条件。当企业家有了新产品之后，会想方设法扩大产品的市场份额，寻找和实现价格套利的机会，这也是企业家扩大供给、更多消费者购买产品、供求两两相配的过程，这个过程也是从市场不协调走向更协调的过程（除非整个行业从成熟期走向衰退期）。

市场竞争作为强大的优胜劣汰力量，激励着企业家做出真正有价值的发现。部分企业家发现市场机会而获得利润，另一部分企业家误识市场机会，或者虽然发现了市场机会，但没有利用好，导致亏损、失败。苹果异军突起，诺基亚帝国近乎倒塌，黑莓公司已经停止自己生产手机（只授权第三方生产），华为公司过去多款智能手机热销英伦和巴黎，这些都是活生生的例子。

在上述手机行业的例子中，"企业家发现"导致"企业家创新"和"企业家套利"。这里"企业家创新"最终涉及推出新产品或者差别产品，而"企业家套利"则涉及企业家发现不同市场之间、不同供应环节之间或者不同供应渠道之间的价差、通过低买高卖方式赚取价差。"企业家创新"和"企业家套利"降低了众多经济主体对市场的无知程度，企业家通过供给创新产品获得"企业家利润"。当这个企业家获得最初的巨额"企业家利润"之后，该企业家就成为一个市场领先者，他会忙于扩大生产，而很多中间企业和零售企业都会去忙着低买高卖该企业家的产品，实现"价格套利"。苹果公司最早售卖 iPhone 时就是这样一种局面。其他企业家也纷纷跟进，他们通过模仿和局部创新，生产一些差别产品，比如"山寨手机"，来分享本行业潜在的"企业家利润"。苹果公司也不甘落后，会推出自己的升级产品。这是个千帆并进、万舸争流的壮观场景，是一种惊心动魄、振奋人心的场面。这种场面使得智能手机市场供求两两相配的程度越来越高，整个市场过程从不协调走向越来越协调。市场过程从不协调走向协调，可视为经济效率得到了实现：可以把取得协调本身视为一种经济效率。

正因如此，有位经济学家把不断展开和翻新的市场过程称为"万花筒般的世界"。确实，是企业家依靠企业家警觉、企业家发现、企业家才能和企业家精神，像"变戏法"一样变出一个"万花筒般的世界"！

💰 思　考

如何理解市场过程，请举例说明。

💰 资　料

伊斯雷尔·柯兹纳. 市场过程的含义. 冯兴元，朱海就，景朝亮，等译. 北京：中国社会科学出版社，2012.

发展一套能实践企业家才能的经营理论

黄春兴

本课要点

· 金融危机发生时，市场论者缺少积极性建议，在思想市场处于劣势。

· 企业家才能是推动社会的力量，但市场论者过分宣扬"企业家才能无法通过教育获取"的观念。

· 唯有有利于企业家才能发展的教材，才能够抵挡政府论者的竞争。

只有两种力量能够推动经济的发展，一是来自政府计划与政策，二是来自企业家的企业家才能（经营和投资），此外没有第三种。当然，这不排除政府与市场各自划清适用范围的主张，也不排除允许政府强势干预市场的主张。这两种主张和本文的呼吁并不冲突。

我们把主张经济发展依靠政府权力的学者称为"政府论者"，而把主张经济发展依靠企业家才能的学者称为"市场论者"。这篇文章要讨论的是：为何当政府论者绞尽脑汁给政府构想各种计划与政策时，市场论者却只是满怀激愤地呼吁政府退出市场？难道市场论者无法提供一套可以辅助企业家实践企业家才能的教材吗？如果审视这两派学者长期的思想竞争，那么我们会因这种极端不对称的现象而感到后背发凉。

我最初认识到这个问题的严重性是在 2008 年。当年全球面临通货紧缩的潜在威胁。那时，社会各界几乎同声指责并将责任归咎于新自由主义，要求各国政府合作救市。有意思的是，即使是市场论者，当时也要求各国政府介入市场、救济市场、指导市场，而非接收市场。市场论者普遍失去了社会的支持，只剩下自己的小圈子。在这种情形下，某家报社向我约稿，希望我能谈谈奥派除了呼吁"让市场自我清算"外，是否还有其他可行的政策建议。他们说："已经没有读者愿意听那些自我清算的话了。"

思想也是一个市场，充斥着不同观点的竞争。自以为是的商品无法获得消费者的青睐，终会在遭嫌弃后退出市场，自以为是的思想也是如此。我们相信市场竞争，那不只是平时的竞争，也是萧条下的竞争。我们不怕竞争，不会闭关在自己的象牙塔内"自嗨"。当晚，我给他们写了篇文章，呼吁政府可以利用这段时间清理过去留下的各种垃圾，包括：拆除因为错误投资而没人使用的公共建筑，修建下水道，清理道路两旁的废电线和店铺生意失败后留下来的没人处理的废弃招牌等。

的确，我当时能想到的仍然离不开政府的施政。因为长期以来，我也和其他市场论者一样，从未思考过给企业家提建议，尤其是在萧条时期。原因是我们一直相信企业家才能是无法通过教育获得的。我清楚地记得米塞斯说过类似的话。

遗憾的是，我们至今仍未完全理解企业家才能，但却很快就接受了企业家才能无法通过教育获得的观念。事实上，不只是企业家才能无法通过教育获得，其他才能也无法通过教育获得，如数学家的才能和舞蹈家的才能。太高超的才能最终只能诉之于天分。米塞斯甚至明确地说"创造不算是劳动"，而是属于天赋的一种。这点没错，只是所有的才能都无法"隔空抓药"，都必须依靠个人学习各种知识、积累经验和开拓视野。这些知识、经验和视野只是增长才能的必要条件，而不是充分条件。

我们的确不知道天赋要如何发挥，但我们知道手艺出神入化的达人也是因为他所拥有的某种无法表达出来甚至不自知拥有的知识，我们称其为"默会知识"。默会知识可采用师徒制去传授，方式是将其投射到弟子心中。"名师出高徒"，即出自此，如数学家黎曼师承高斯。在经济学界也是如此，哈耶克在经济研究所受到了米塞斯的启发，布坎南听了奈特的课而从民粹主义转到自由主义。

学者的任务之一就是将隐性知识发掘出来，然后利用符号和文法去编码，使其成为能传播的"显性知识"，或称"编码知识"。这些已经被编码的知识都是已经被发现的知识。我们无法从这些编码知识中学到创新的能力，但是，从累积的知识所推出的创新，占了创新的绝大比例。

在米塞斯的理论中，企业家才能是每个人都具备的。但是，大部分人却都不拥有能帮助企业家才能取得成功的知识。诚如管理学书籍《蓝海策略》的作者所说的,"人们都知道只有创新才有希望,可是不知道要如何起步,人们也常劝别人要创新,可是鲜有人能够提供具体的建议"。如果市场论者想要同政府论者竞争,唯有发展些能实现企业家才能的教材和方案。

💰 思　考

1. 哪两种力量能够推动经济的发展?

2. 企业家才能能否经由教育而取得? 为什么?

💰 资　料

1. 路德维希·冯·米塞斯. 人的行为. 夏道平,译. 上海:上海社会科学院出版社,2015.

2. W.钱·金,勒妮·莫博涅. 蓝海战略. 吉宓,译. 北京:商务印书馆,2005.

第三部分

财税与租

课时 37

美国征收关税能达到目的吗？

朱海就

<table>
<tr>
<td rowspan="2">本课要点</td>
<td>·关税从长期看是"损人不利己"的行为。美国政府征收关税，使美国的厂家享有特权，短期内获利，但从长期看是没有人会受益的。</td>
</tr>
<tr>
<td>·关税归根结底是一种"税"，从关税中得到好处的只有政府，但从长期来看，政府也会受损。</td>
</tr>
</table>

2018 年，美国对中国价值 500 亿美元的高科技产品征收 25% 的关税。美国政府的这一举动会达到自己的目的，即保护美国本土企业以及让美国消费者受益吗？答案是：未必。关税从长期看是"损人不利己"的行为。下面我将通过一个例子来说明。

假如某产品的世界价格为 100 美元，关税为 25%，征收关税后的价格是 125 美元。在 100 美元的价格下，该产品在美国的消费量为 1000 件，美国本土的产量是 500 件，需进口 500 件。美国对该产品征收关税后，假如美国消费者愿意花 125 美元购买这种商品，那么美国商人可以把价格提高到 125 美元，并且扩大生产——因为价格提高了。中国商人也可以进入这个市场，与美国企业竞争，共同瓜分 1000 件的市场份额，这时美国消费者为关税买单。

如果价格提高到 125 美元后美国消费者减少消费至 800 件，上述分析仍然有效。这意味着有的消费者退出了对该产品的消费，选择消费其他替代性商品，当然替代性商品也会有相应的涨价。如果中国企业要扩大在美国的销售，那么在这种情况下，它们会降低其商品进入美国市场的价格，比如从 100 美元降低到 90 美元，商品进入美国后的销售价格是：90+25=115 美元。这时美国市场上的销量还是 1000 件，但中国企业要承担 10 美元的损失，如果它们在 90 美元这个价格水平上还有盈利，它们可能会采取这种降低价格的策略。如果中国政府给予其出口补贴，中国企业可能会把价格降得更低，这相当于让中国纳税人为这些企业买单，纳税人受到了损失。只要征收关税后的价格仍然高于 100 美元，那么美国消费者也会遭受损失。如果美国本土的产量达到 1500 件，超过美国的消费量 1000 件，那么关税是无效的。美国还是以 100 美元的世界价格出售该产品，很明显，125 美元的价格没有人会买。

关税使美国企业结成垄断同盟或合谋有了可能。征收关税后，美国企业可以联合起来，把价格提高到 100 美元以上但低于 125 美元的水平，比如 120 美元。为什么不能高于 125 美元呢？因为高于这个水平，美国消费者就从国外购买了。这时美国消费者受损，美国企业受益。假设中国企业不愿意把价格降到 100 美元以下，如加收关税后的价格不高于 120 美元，那么中国企业将无法与美国本土企业竞争，它们将失去美国市场，利益受损。

这里要防止的一种情况是，中国政府为了让中国企业的产品进入美国而给予企业大量补贴，使之能够与美国企业竞争，比如使产品在美国的售价达到或低于 120 美元，那么这时美国企业就不得不减少产量，它们的利润要减少。在这种情况下，中国企业也得到利益，但中国的纳税人则明显受损。如果中国企业让其商品价格低于 120 美元，相当于打破了美国企业的合谋，这时美国消费者获得了利益。所以，我们鼓励企业"走出去"，但千万不要采取"补贴"的方式，这样做得不偿失。通过补贴产生的"顺差"，不仅损害了美国企业的利益，更损害了中国纳税人的利益。我们现在尚不清楚，中国顺差中有多少是通过补贴实现的。

所以，美国征收关税，我们不能相应地采取补贴政策来应对，这样只会损害我国纳税人的利益。在不补贴的情况下，美国征收关税或许会对中国企业产生一种积极效应：这些企业如果仍想进入美国市场，那么就必须努力降低生产成本，改善管理水平，这样坏事将变成好事。还是要强调一下其前提是"没有补贴"。

美国拿出关税大棒，是从生产者的角度看问题，没有看到消费者的利益将受损——他们要支付更高的价格。实际上，生产者也是消费者，比如他们要使用中国企业生产的配件，当关税提高了这些产品的价格时，这些生产企业也受损了。这些生产企业为避免关税导致的高成本，将会进行产业转移，这样就减少了美国的就业。

所以，关税只是在短期内维护了部分人的利益，比如美国企业的利益，使其享有特权，但从长期来看没有人会受益，取消关税有利于每个人，包括原来受特殊保护的人。关税归根结底是一种"税"，会落到本国消费者头上，也会加在本国企业头上。从关税中得到好处的只有政府，但从长期来看，政府也会受损，因为如果企业效益下降，它们能够缴纳的税金也会减少。

💰 思　考

1. 为什么说美国征收关税不能达到保护本国企业的目的？

2. 为什么中国不能以补贴的方式应对美国加收关税？

💰 资　料

路德维希·冯·米塞斯. 人的行为. 夏道平, 译. 上海：上海社会科学院出版社，2015.

课时 38

理解"租"的含义

朱海就

本课要点

· "租"是个体拥有要素带来的回报，这与企业家利润不同。在日常生活中，租有时被视为高于"原来可得到的最高收入"的那部分。

· "租"的来源是垄断。

"租"的概念源于土地，但租的理论同样适用于其他生产要素。对所有生产要素来说，都可能存在"租"。米塞斯早就指出，租在劳动和资本方面与在土地方面发生同样的作用。租是"价格"概念，准确地说，"租"是生产要素服务的价格。比如房租和打出租车支付的租金，分别是租房子和租出租车的价格。租既然是价格，那也是一般的交换现象，这是李嘉图没有认识到的，他把租视为"分配"问题。

租也指一种超额利润，而如果一个生产要素处在边际的位置上，那是没有租的。这里的"边际"是指满足全部需求的最后一单位生产要素。米塞斯说："使用一个较好的工具与使用一个较差的工具比较，前者就有租的收获。"如简单的劳动力替代性强，属于边际劳动力，他们的工资不属于租的范畴。相反，一些具有独特技能的劳动力，如比较专业的电焊工，他们的技能具有不可替代性或垄断性，这时他们的收入就有租的成分。

租也被认为是"垄断"的回报，属于"非劳动"收入。如明星的收入中部分甚至大部分是租，这是明星的品牌效应带来的。明星的出场费与广告费是典型的租的回报，而不是劳动的回报。当然明星要赚取租金，也要投入，通俗地说，就是"包装"。明星中有的是"偶像派"，有的是"实力派"，这两派获取租金的方式不同。前者主要靠包装和先天的禀赋，比如容貌，而后者依靠的是演技。

那么租金的高低取决于什么呢？我们说，租金的高低取决于生产要素提供的服务的价值，也就是市场对该生产要素提供的服务的"需求"，需求越大，租金越高。对土地和劳动力来说，都是这样，比如地段好、需求大的房子租金高。现实中拥有某种技能的人工资高或者说租金高，比如区块链的技术人员，年薪可达百万元，就是因为市场对拥有该技能的人有需求，而且这种技能具有不可替代性。产品的价格决定租金（要素的价格），而不是反过来。这也意味着租不是固定的，是随着市场对产品需求的变化而变化的。如市场对区块链相关产品的需求上升，那么区块链技术人员的工资（租金）会上涨，反之则下降。

市场对生产要素的需求决定了生产要素有没有租金，以及租金存在时间的长短。比如，只要城市不像底特律那样衰退，只要市场对土地的需求一直持续存在，那么土地的租金也会一直存在。但明星就不一样了，明星有因年老色衰而需求下降的问题，那样的话明星的租金也就消失了。这是某些明星力图保持"年轻态"的原因。运动员也类似，有些运动员在奥运夺金之后拍了大量广告，趁热打铁，获取了不少租金。当然也有的行业是从业者越老越值钱，如中医。

租也可以视为高于"原来可得到的最高收入"的那部分。比如一个人给甲打工，可以得到六千元，如他不给甲打工，在市场上最多只能得到五千元，这高出的一千元就是租。这一千元也被称为"经济租金"。又如互联网公司之间往往相互挖人，若挖到一个人，就要支付给该员工高于目前薪资水平的报酬，这高出的部分也是"经济租金"。足球俱乐部之间也相互挖人，球员的工资中有很大一部分是"经济租金"。"原来可得到的最高收入"是一个机会成本概念，因为它体现的是"愿意接受的最高收入"。可见，租是主观的概念。

垄断的权力也会带来"租金"，比如人们把腐败称为"寻租"或"设租"。我们可以把权力带来的租金称为"权力租"，把生产要素的回报称为"市场租"。市场租体现的是该生产要素需求的变化，而权力租在一定程度上与权力的大小有关。官员和影星都可以获得"租金"，其区别在于前者变现的是权力，后者变现的是名气。权力租以市场租的减少甚至消失为代价，权力租越大，要素所有者的"市场租"就越少。在权力完全垄断的部门，没有市场价格，也没有市场租，这时市场租都变成了权力租。

要说明的是，利息不属于租，因为利息本身不是"价格"，而是贷款的利率。此外，我们还要区分原始利息与市场利息。原始利息源于"时间偏好"，不是资金用途的回报，原始利息和资金有没有需求无关，支付原始利息不是使用资金的回报。但市场利息有部分是租，比如借款方对资金需求很迫切，愿意付出高额利息以获得资金，这时高于原始利息的部分属于租。假如是边际上的市场利息，其利息水平等于原始利息，那就没有租。

💰 思　考

1. 什么情况下才可能产生租的回报？试举例说明。
2. 为什么说"租"是一个主观概念？

💰 资　料

路德维希·冯·米塞斯. 人的行为. 夏道平，译. 上海：上海社会科学院出版社，2015.

课时 39

也谈谈经济学里的"租"

黄春兴

<table>
<tr><td rowspan="3">本课要点</td><td>·租就是向他人借来生产要素，并于使用后原封不动地归还；租金是借用物品的使用价格。</td></tr>
<tr><td>·所有生产要素都只能租，其价格不论叫地租、报酬或薪资都是租金的异名。</td></tr>
<tr><td>·竞租行为是向政府借来管制权力以决定资源的用途，而贪腐所得为其租金。</td></tr>
</table>

　　相对于哲学或社会学，经济学的用语偏向日常化和生活化。每个人都可以凭借其生活经验，对经济学的概念与问题发表自己的观点。人们谈论的是世俗生活的语言，若要人们严谨地去遵循各种定义，那是某些经济学家的误解。经济学家不必去垄断这些日常生活的词语，因为他们可以另创新名词，如"流动性陷阱"。

经济学里的"租"就是一个例子。当朋友把他的店铺借给我，并按月向我索取使用费时，这种关系就叫"租"，而我付给他的钱叫作"租金"。我租店铺是为了开个小店。很幸运，在我的辛苦经营下，每个月能赚到一点钱，甚至比过去上班时的工资还多。这多出来的部分，叫作"利润"。

我的朋友把店铺租给我以后，除了收租金，什么工作都不做。我每天辛苦工作，赚了一些利润。古典经济学虽没有明讲，但文献内容总给人这类感觉：同样是获得金钱，租金是不劳而获，而利润才是正当的。我并不同意这种看法，只是利用这"感觉"来破题写作而已。

最初，只有从出借土地获得的收益才被称作"租"。所以，"地主"就是收租的人。后来出现了另一个名词"准租"，指的是"供给固定且不存在其他用途的生产要素的报酬"。很明显，这个定义指的就是资本财，因为只有资本财是在短期内供给固定且不存在其他用途的。有人说"准租"也叫"经济租"。于是，社会上又多了一类只会收租的"不劳而获"的人，他们被称作"资本家"。

除了土地和资本财外，还有一种叫作"劳动"的生产要素，但使用劳动的报酬叫作"薪资"，不叫租。不巧的是，偏偏就有一位新古典经济学的大师贝克尔认为，劳动其实是出自劳动者自身拥有的人力资本（也就是一种资本财）。那么，来自人力资本的报酬是否也要叫作租，如"人租"呢？好像没人这样用，因为没人会认为劳动者是不劳而获的人。于是，"租"也就在经济学中造成了不少词语上的混乱。我希望今天的课能厘清这些混乱。

首先，"租"就是租，就是人们向他人借来生产要素，使用后再原封不动地归还给他人。"租金"就是人们为了借用生产要素而支付的价格。生产要素如果有损坏，还涉及赔偿问题。由于借用生产要素是有期限的，因此，租金必须按时间计算。

租金是按时间计算的，这和商品的价格是有差别的。"价格"在日常生活中通常是指银货两讫，也就是买断。面包的价格意味着人们买了面包之后可以吃掉。房屋的价格意味着人们买了房屋后不必归还，但人们付了租金在租期到了以后是要归还生产要素的。

企业家在生产时必须投入原物料和生产要素。原物料是指金属、木头、水、能源等。它们在生产中会被转换成其他东西，无法原封不动地被归还给卖家，因此，原物料必须以价格买断，而不是以租金租借。生产要素是指土地、资本财、劳动力。它们在生产过程中只提供服务，也就是土地生产力、资本生产力、劳动生产力，而在生产之后，企业家必须原封不动地归还土地、资本财、劳动力。所以，生产要素只能租，租的概念是很明确的。所有生产要素都只能租，其报酬不论叫作地租、资本报酬、薪资，都是租金的异名。（当然，生产要素也能买断，但那已经不是生产意义上的，这里暂不讨论）

接着，我们可以用这个简单的概念去回顾文献上跟"租"有关的几个词。

先说"租值消散"。这个词的英文是"租"，而不是"租值"。不知为何经济学中会出现这个令人联想到价值的值，用大家熟悉的例子来进行说明。有一块美丽的海滩，如果财产权能界定清晰，我会愿意租来使用——自用或开个海滩餐厅。但如果财产权界定不明确，就不会有人愿意花钱去租它。既然无人租，它的美景就无人能享受，也许只能远远观赏。所以，这里的租就只是租借土地的租，没什么奥义。租值消散是说，如果财产权界定不明确，就租不出去。

再说"竞租行为"。这里的租，也是租借。竞租行为是说，由于政府的管制权力可以决定资源的用途，因而拥有资源的人愿意向官员租借管制的权力，以便充分利用他的资源。没错，管制权力并非生产要素。但在政府管制之下，企业家必须先租到管制权力，才可以善用其生产要素。

简单地说，租就是租用一段时间的生产要素，而租金就是承租人在这段期间所支付的金钱。

💰 思　考

1. 一部汽车可以租用，也可以买断，请说明两者的不同。

2. 请陈述竞租行为的现象。

💰 资　料

张维迎. 经济学原理. 西安：西北大学出版社，2015.

课时 40

财政政策容易累积债务

黄春兴

本课要点

· 凯恩斯财政政策的乘数效果相当诱人，但政府得借款去推动政策实行。

· 布坎南认为英美政府只会累积债务，不会偿还债务。

· 唯有每年都要求预算平衡，才能避免政府累积债务。

最近几年，新加坡政府将年度预算盈余以"国家红利"的名义分配给每位公民。中国台湾地区也曾想效仿，打算将接近四百亿新台币的预算盈余分配给中低收入户。这个构想引来媒体的广泛讨论。赞成者并不是没有意见，主要的关注点在于"谁是中低收入户"，因为他们质疑有太多的富人都在合法避税。有些赞成者则认为"红利"属于公司法的概念，其分配对象是"公民"而与个人的贫富无关。

反对者则称，红利既然出自公司法，那么，公司法必须要求公司的盈余应先用于还债，若有剩余再以红利的形式进行分配。如果政府还有累积的债务未偿，就应该先偿还债务。有意思的是，财政部门给他们的答复是：今年的盈余主要来自间接税的超收，与所得税没有关系。这个答复让我想起布坎南拒绝凯恩斯政策的理由。

套用乘数效果，凯恩斯财政政策的效果是相当诱人的。财政政策能展现出乘数效果的前提是，所有经济单位的事前计划都能如期实现。布坎南所持的反对理由是：政府在做预算时，真的会偿还所积欠的债务吗？他的回答是：一般而言，英美政府只会累积债务，不会偿还债务。

以美国经济为例，20世纪美国至少经历过十个较显著的景气循环期。也就是说，经济会在萧条之后重新复苏。那么，政府在每一次借款之后，都有一次景气复苏机会可以还钱。如果美国政府坚守这种"有借有还"的规则，就不会累积出今日那么庞大的政府债务。

布坎南认为凯恩斯并没真正理解英美国家的政治运作。英美国家各级政府的执政者都要定期接受全民的审评，若没通过，就得下台走人。当经济萧条时，人民通常不会反对政府借款去推动各种建设或实施救济方案，也相信经济好转后，政府就有钱还债了。但事与愿违。假若新政府刚上任就遇到经济萧条，辛苦地借到一些钱，也辛苦地投入建设，三年后经济好转，财政收入大增，正是有钱还债的时候。不巧的是，新的选举就快来到，这时，他们会想先还债吗？

公司法要求先还债，但所有的政府都会这样说：国家不是公司，政府也不是公司，政府不必受制于公司法，而是要考虑人民的最大福利。既然他们让经济好转，不就表示他们有能力带领国家进步吗？那么，与其将这些盈余拿去还债，还不如用于扩大建设。

当然，他们还有其他理由，比如他们会说："政府欠债的对象以富人居多，而他们并不急着要这些钱。再说，经济刚刚好转，贫穷人家更需要政府扩大投资所带来的就业机会。"其实，这种说法的潜台词是："选举快到了，我必须把这些钱用在人民感受得到的地方。"还债是人民感受不到的，但把马路铺平则是人民感受得到的。对某些族群来说，政府若是直接把钱发给他们，会是较基础建设更能让他们切身感受到的。

还有更加倒霉的新政府，就是在经济刚好转时上任。这时，他们有许多预算收入，但也有前任政府留下的许多债务。他们如果把钱用于偿还债务，就没钱去实现自己的竞选诺言。没有任何一任政府会心甘情愿地去还他人所欠下的债务，他们都有自己的建设蓝图在等待实现。他们内心想的是：前任留下的债务跟我无关，我不必去为他们擦屁股！于是，他们会发行新债去还旧债，但不会用预算收入还债。

那么，哪些约束才能让英美政府去清偿债务？逻辑上只有两种可能：第一，不允许任何一任政府留下债务。为了避免即将卸任者"一走了之"，唯一的做法就是要求每一年都要做到预算平衡。换言之，这个约束就是不允许政府实行"赤字财政"——政府以举债施政。第二，不让政府在做预算时面临人民审评的压力。这等于是废除了人民对政府施政的审评权力，也等于免除了政府的连任压力。

由于第二个约束等于是否定了英美的政治传统，因此，布坎南认为，我们如果要维护传统，又不愿意看到政府债务的持续累积，就必须以预算平衡去约束政府预算。

💰 思　考

1. 为何英美政府会累积出巨大的债务？

2. 布坎南认为英美政府要如何做才能避免政府累积巨大债务，同时又能维系政治传统？

💰 资　料

1. 格里高利·N.曼昆. 经济学原理. 梁小民，译. 北京：机械工业出版社，2003.

2. 布坎南，瓦格纳. 赤字中的民主. 刘廷安，罗光，译. 北京：北京经济学院出版社，1988.

课时 41

个税改革应来点真改革

冯兴元

<table>
<tr><td rowspan="3">本课要点</td><td>· 工薪所得的高累进税制违背了孔子"己所不欲，勿施于人"的古训。</td></tr>
<tr><td>· 按照同工同酬原则，哈耶克在《自由宪章》里进一步推导出另一项重要原则，那就是不扭曲相对净报酬结构的原则。</td></tr>
<tr><td>· 同工同酬原则也意味着"不同工即不同酬"的原则。后一原则也容易受到高累进税制的破坏。</td></tr>
</table>

　　大多数人不愿意承担过多的税负，这是由人性的自利方面决定的。我很少见到人们在纳税方面表现得"大公无私"。我曾在中国人民大学和一个杭州经济思想夏令营中就个人对缴纳个税的态度进行了简单实验，共计 30 名参会人员接受了实验。结

果发现，假设个人收入在 10 万元至 30 万元，多数人最多愿意缴纳占其个人收入 10% 或 15% 的税收；5 个人一分钱也不愿意缴纳；只有 3 个人愿意承担 20% 或以上的税收。不愿缴纳者认为，纳税人权利的缺失这么严重，不能强加给他们纳税义务。确实，征税的基础是纳税人的同意。不过，鉴于我们一出门就要使用马路，还需要有人无时无刻守卫疆域，所以如果是低税模式，很多纳税人对交税一事就忍了，也就勉强同意了。

大多数人都希望别人承担更多的税负，而不是自己。我国的个人所得税法确定工薪所得税最高边际税率为 45%，奉行纳税能力原则。工薪所得的高累进税制违背了孔子的"己所不欲，勿施于人"的古训。很多国人错误地认为，收入越多，纳税能力就越强，纳税就应越多，就越应适用高累进税率。但是，按照诺贝尔经济学奖得主哈耶克在《自由宪章》一书中的观点，这种纳税能力原则违背了更为根本的、几乎是唯一被公认的经济公正原则，即同工同酬原则。

按照同工同酬原则，哈耶克在《自由宪章》里进一步推导出另一项重要原则，那就是不扭曲相对净报酬结构的原则。根据该项原则，在征税之后，相较于征税之前，每项计酬工作之间形成的相对净报酬结构不应该发生扭曲。这里的每件计酬工作指的是各项计酬的工作，比如律师每一场官司的收费，不是指一个人的年收入。而且，这里不是单指一个人的所有计酬工作，而是指所有人的所有计酬工作。我国这样的高累进税会大大改变各项计酬工作的相对净报酬结构。不能说一个人工作能力强，完成的工作件数多，累计的所得多，就应该加征更高的税收，这会导致各项工作之间的净报酬结构相对于税前发生严重的扭曲。我们可以用这样一个例子来理解哈耶克的观点：一个勤勉能干的律师一个月获得 10 笔 5000 元的报酬，一个懒惰平庸的律师一个月获得 2 笔 5000 元的报酬。如果对于两者适用比例税率，即相同的单一税率，比如 20%，那么税后的相对净报酬结构不发生变化；但如果采取高累进税制，外加按年合并计算收入，那么可能导致税后出现严重的相对净报酬结构扭曲。前一个律师年收入 60 万元，如果适用的综合税率为 30%，那么他纳税 18 万元，税后年收入为 42 万元，每笔税后净报酬为 3500 元；后一位律师合计年收入 12 万元，如果适用的综合税率为 15%，那么他纳税 1.8 万元，税后年收入为 10.2 万元，每笔税后净报酬为 4250 元，高于前者。

同工同酬原则也意味着"不同工即不同酬"，后一原则也容易受到高累进税制的破坏。我们仍然举例来说明。一个名牌医院外科大夫每个月的薪水为 10000 元，一年下来收入 12 万元；一个机关单位司机每个月的工资为 5000 元，一年下来收入 6 万元。如果采用比例税率，比如 20%，那么外科大夫和司机在税后的相对净报酬结构不会发生变化。但如果采用高累进税制并按年合并计算收入，对 12 万元收入适用的综合税率为 55%，而对 6 万元年收入适用的综合税率为 10%，那么外科大夫纳税 6.6 万元，征税后外科大夫的年净收入为 5.4 万元，每月 4500 元；司机纳税 6000 元，税后年收入净额也为 5.4 万元，每月也为 4500 元。这就大大扭曲了相对净报酬结构。

高累进税制违背同工同酬原则，扭曲相对净报酬结构，打击工作积极性，容易造成一种"奖懒罚勤"的体制，也容易造成"劣币驱逐良币",也就是工作能力差者安于现状,工作能力强者减量逃避部分工作。这也容易造成高收入群体寻求逃税和避税,让其部分收入不以自身的个人所得的形式出现。这也是为什么高累进的所得税制度最终不能如愿以偿地收获大量个人所得税收的原因。2012年法国总统奥朗德推出针对年收入100万欧元以上的人士征以75%的超级富人税,为期两年。在实施这项税收政策的两年间,法国的足球俱乐部因此罢工抗议,著名演员"大鼻子情圣"德帕迪约也因此落户俄罗斯。据报道,还有其他富人用更隐蔽的办法"出逃"。一些高收入者去了卢森堡或者英国,但大部分人与所在公司达成协议,在税法实施的两年期间减薪,并在之后寻求解决办法。其实法国的这些政策增加不了多少个人所得税。据当时法国财政部预测,政府在2013年及2014年对高收入人群征收的超级富人税或将在2014年及2015年给法国政府带去2.6亿欧元的个税收入。

采取单一税率的比例税制或者较低累进税制有助于维护同工同酬原则,同时不扭曲或者少扭曲相对净报酬结构,维持较高的工作积极性。这里的比例税制其实也是单一税制,也就是有人所言的"平税"。而且让人惊奇的是,这样一种低税模式可能带来更多的个税收入,而非更少。如果对个税适用一种较低的单一税率,那么经济主体就没有必要把自己的经济活动转入影子经济,以逃避政府监管并且偷逃税收或者避税。比如说保加利亚个人所得税和经营所得税均为10%,保加利亚转变为单一税率税制之后,原来两税口径的税收总额不仅没有因税率下降而下降,反而大幅上升。在低税模式下,逃税或者避税变得多此一举。

　　哈耶克强调遵循同工同酬原则和不扭曲相对净报酬结构的原则意义重大，我们从这两大原则还可以做出进一步的推论：高累进税外加按全年合并申报个人收入，这种组合对个人产权的"掠夺"就会更大，因为合并后的个人收入更容易进入高收入的档次，从而适用更高档次的税率；如果是低累进税或者比例税，那么全年合并申报个人收入与不合并申报在税率适用上差别不大，从而倾向于保护个人产权。我国的最高税率档次是45%，属于高累进税国家。合并申报之后，对个人产权的"掠夺"会增强。而且，合并申报给税制和计税带来更大的复杂性和不透明性，会大大提高纳税人的遵从成本。所有这些负面因素均值得关注和纠正，可能当前按照每笔报酬申报纳税的制度更为合理。而且在信息化时代，这种纳税更为便捷，成本较低。因此，几年前的个税改革虽然已经是过去时，但是我们还可以推进新的个税改革。在改革中我们应当更多考虑哈耶克提出的原则，这样去推进个税改革，才像真改革。

💰 思　考

1. 请解释为什么要遵循不扭曲相对净报酬的原则。
2. 在个人所得税法中，应该如何体现同工同酬原则和不扭曲相对净报酬的原则？

💰 资　料

弗里德里希·冯·哈耶克. 自由宪章. 杨玉生，冯兴元，陈茅，等译. 北京：中国社会科学出版社，1999.

颜值的估算

黄春兴

本课要点

· 容颜不可能卖断，所以颜值是租金的一种。

· 容颜是模特产业的主要生产要素，其租金可以从市场经验中估算。

· 容颜在一般产业只扮演辅助性角色，其租金不高，常被忽略。

颜值是从市场交易的角度去估算个人容颜的价格，这个词有两个含义。首先，容颜不可能卖断，所以颜值必然是租金的一种，也就是容颜的租值。其次，在大多数情况下，租借容颜以利用其所提供之生产力的交易并未实际发生，因此租金的价格只是一种猜测。那么，当有人称赞我颜值高时，我会不会想知道它有多值钱？让我们试着来估算一下。

既然颜值是一种租金，就不包括损坏赔偿。但是在生产过程中，任何以实物为材质的生产要素多少都会有些折损，或称之为"折旧"。就如一把刀子用久了就不再锋利。它从外表看不到任何折损的痕迹，但再继续折旧一段时间后，就无法使用了。这并不是因为它已经折损到无法使用，而是因为它无法再生产符合质量要求的产品。进一步说，这也包括该产品已经过时而不再有市场需求。不过，生产要素拥有者关心的只是产品的质量是否符合要求，企业家才会关心产品是否已经过时。

就一般资本财来说，如果折旧期为10年，而每年的折旧率都差不多时，我们可以这样计算折旧值：将该资本财的买断价格扣除它在10年后的残余值，再除以10得到的数即为每年的折旧值。如果每年的折旧率差别很大，这种平均法就不适用。此时，各行业会以其经验法则订立各种生产要素的折算公式。所以，完整地说，租借资本财的收入应该包括租金和折旧成本。不过，在一般交易中，折旧成本已经被并入租金中。

同样，颜值也会包括这两部分。那么，要怎么去估算颜值呢？

先说折旧吧。前述资本财的折旧方式是否适用于容颜？我们先就把容颜作为最主要生产要素的行业来谈一下。这些行业包括车展、时装秀、摄影展、商业广告等，而模特儿是主要内嵌颜值的劳动力。这些行业会根据经验法则，就劳动力的年龄画出一条必须退出生产活动的界线。由于容颜是主要的生产要素，这些行业便能从经验中摸索出评定容颜的指标、不同指标的边际产值及容颜的折旧值。这些估算虽然未必准确，却能顺利地支撑这些行业的运作。

除了依靠模特儿的行业外，在一般的行业中，容颜并非重要的生产要素。当然，容颜就如同亲和力，不论在哪种行业都能发挥它的作用。只是，容颜只能扮演与其他生产要素互补的角色。以化妆品行业为例。它们除了雇用少数的模特儿外，还会雇用许多美容师并分派到百货公司的专柜。读者不妨走一趟百货公司的化妆品区，就会发现这些美容师除了具备化妆和化妆品的专业知识外，也都拥有相当高的颜值——有些甜美，有些艳丽。除了美容师外，我们也会发现演艺厅张贴出来的独奏音乐会海报，不论是钢琴、长笛，还是竖琴，好像每位演奏家也都是美女。其他行业也有这种现象，如航空公司的空中小姐或集团公司的秘书等。当然，这些现象也常引来争议。

就以美容师为例。互补的含义是：她们专业知识的边际生产力会因拥有高颜值而提高。的确，她们靠专业知识就能够卖化妆品，但只靠容颜却不行。由于容颜只是辅助专业知识的生产要素，这使得颜值很难估算。难以估算的理由并不在于缺少能够客观衡量容颜的指标，否则任何选美比赛都无法举行。理由在于，个人的意愿和能力完全决定了个人容颜的利用和效率。

个人利用内嵌在身上的生产要素是有成本的，负效用就是其中之一。如果个人身上同时内嵌两种不同的生产要素，个人在配置它们时就会比较它们的相对负效用。如果在某些行业，容颜对于该行业所需的专业知识的互补效果不是很大，个人可能就会减少对容颜的利用。类似地，如果个人对利用容颜的负效用很敏感，便会选择与容颜的互补效果较小的行业。这些行业包括学术界、文化界、设计师、会计师、医生和公务员等。

当然，这并不是说我们很难在这些行业中遇到美女，而是她们并不认为应该把容颜当作该行业的生产要素。于是，这个行业便会形成两种现象：一是她们不会花费太多的时间和精力去打扮自己；二是她们在容颜方面的差异并不会影响她们的报酬。换言之，容颜在这些行业的租值是很低的。

💰 思　考

1. 就文章中提到的各种行业，比较相同容颜之租值在其间的高低次序。
2. 为何容颜在学术界与文化界的租值很低？

💰 资　料

路德维希·冯·米塞斯. 人的行为. 夏道平，译. 上海：上海社会科学院出版社，2015.

美女的"租值"与"颜值"

黄春兴

本课要点	· 容颜既然和资本都是生产要素,美女和富人的合作就存在契约关系。 · 颜值取决于特定市场和特定的合作方式。

近日看到一位网友提到"美女的租值",当下以为他写错了,不应该是"颜值"吗?仔细看,是"租值"没错。那么,租值和颜值是一样的意思吗?

让我先从颜值说起吧,因为最近刚好出现了两则与颜值相关的新闻。

第一件事是,有一年美国小姐选美比赛计划取消泳装单元。大赛主席卡尔森说:"我们将不再以外在样貌评判参赛者。"评审标准将只关注选手的学历、才能及社会影响力等。

第二件是，有人爆料，"虎妈"蔡美儿在替美国最高法院大法官候选人卡瓦诺选择法律助理时，以女孩的长相甜美作为应征标准。该爆料指出，她告诉女学生穿着"大胆"才有机会获选。（虎妈公开否认此爆料内容）

这两件新闻事件的重点都在隐约表示：颜值好的女孩在许多的人生场合都占有相对优势。她们较容易争取到就业机会，也可能拥有较好的人际关系。我记得张五常曾在一篇文章中提过，在婚姻契约中，一位美丽的女子往往可以得到较高的报酬。他的解释是：女孩若拥有较高颜值，就如男子拥有较多财富，自然有权利分享到较高的合作产出。

我们再看看张五常是怎么看猫王的才能的？他说："当年老师教租值，起笔永远是歌星猫王的例子。"他在陈述这个例子时并没有给"租值"下定义，只是说："天才被发现后，过了不久，年收入以千万美元算。"又说："租值是从不变的角度看收入或价格的变动。"这些句子的表达并不是很清晰，但仍可确认猫王因拥有天赋才拥有租值。所以，一个美丽的女子拥有颜值，也同样拥有租值。租值就是颜值，说颜值，好听；说租值，好分析。

我们再回来谈谈美女的"租值"。美女因拥有颜值而自然拥有租值。但，租值是多少？任何资源的价格都只能在市场交易中实现。在交易前，我们并不知道该租值是多少，但只要租值能变现，租值的存在就可以确认。问题是，在变现前，租值真的"存在"吗？

想想，我们不是常听到房屋租赁中介说"没有租不出去的房屋，只有租不出去的租金"。只要房子不是坐落在深山荒野，同时也没遇到经济大恐慌，房子的租值是普遍存在的。在这类市场的语境下，租值的起因可归于猫王、美女或房子所拥有的某些客观属性，而其租值则是这些客观属性在特定时空之市场下的交易价格。

这是不是很熟悉的一段论述？我们是不是可以说，水和钻石都存在某种属于它们的客观属性，而这些客观属性在特定时空之市场中的交易价格就是它们的价格。于是，在沙漠中，水的价格就比钻石贵；但在河边，水的价格却远远低于钻石。古典经济学家是这样说的，当水在沙漠中的价格比钻石贵时，正好说明了水的那些客观属性对于人的价值是高过钻石的那些客观属性的。这些客观属性是不会改变的，即使是在河边，水的客观属性对于人的价值依旧是高过钻石的那些客观属性的。既然如此，为何到了河边，水的价格就远远低于钻石？这就是有名的"水与钻石的悖论"。

我们知道，主观边际效用理论的出现解决了"水与钻石的悖论"。我们可以想象当时的情景。当主观边际效用理论创始人之一的门格尔听到"水与钻石的悖论"时，笑了笑，说："我刚好带了一个西瓜路过沙漠，您还会认为水的价格比钻石贵吗？您还会非要买水来止渴吗？还是只想买水来洗脸？因为西瓜汁可以喝，但不能用来洗脸，"所以，水拥有的客观属性是什么并不重要，重要的是我需要它的主观目的是什么？

是的，在主观边际效用理论出现后，经济学家在讨论价格时已经不再关心交易物的客观属性，取而代之的是交易双方对该交易物的主观需要。同样，当我们看到美女或一个池塘，如果还是从她（它）所具有的客观属性去讨论其价格，这无异于又退回到了"水与钻石的悖论"的古典时代。

💰 思 考

1. 何为"水与钻石的悖论"？
2. 如果我们还是从一个池塘所具有的客观属性去讨论其价格，为何无异于又退回到了"水与钻石的悖论"的古典时代？

💰 资 料

张五常. 经济解释——张五常经济论文选. 北京：商务印书馆，2000.

课时 44

凯恩斯财政政策的乘数效果

黄春兴

<table>
<tr>
<td>本课要点</td>
<td>
·"Y=C+I+G"是民间和政府都完成消费和投资计划的会计式。
·会计式不代表统计关系或因果关系，故无法操作、计划或控制。
·凯恩斯对消费给出了行为假设并将其纳入会计式，故消费乘数假设预期行为都会实现。
</td>
</tr>
</table>

在介绍了 GDP 的统计概念及三种衡量方式后，我们接着来讨论凯恩斯是如何操作这些概念以实现降低失业率的目标的。

这里，我必须利用简单的数学公式来表达，初中程度的数学公式即可。首先，以 Y 来表示在生产面所衡量出来的 GDP。如果资本和劳动力的生产关系在短期内没有改变的话，GDP 就会和就业程度成正比。换句话说，降低失业率的目标就等于是提高 GDP。那么，凯恩斯的理论要解决的问题就是如何有效地提升 Y。

再从支出面来看，GDP 可分为五项：民间消费支出、民间投资支出、政府消费支出、政府投资支出、进出口净值。现在，以 C 表示民间消费支出，以 I 表示民间投资支出，以 G 表示政府支出——政府消费支出和政府投资支出的总和，并以 X-M 表示进出口净值。为简化分析，我们假设对外贸易是均衡的，也就是 X-M 的值为零。于是，用数学表示就是：GDP=C+I+G。

之所以用 G 表示政府的两类支出，是因为凯恩斯并不认可国营企业。对他而言，不论是公路建设还是下水道工程都与政府行政工作一样，它们对经济的影响没什么差别。在拥有国营企业的国家，我们可以另设变量，如 GI，或将之纳入民间投资支出，然后再适当地加以调整即可。这些变动不会影响我们对于乘数效果的论述。

回到数学关系式，式中的 GDP 指的是已经实现的生产总值，而 Y 也是这个意思。所以用 Y 替代 GDP，公式就可改写成 Y=C+I+G。但要记住，这个公式中的 Y 是指商品生产出来，并且民间部门和政府部门都已经完成了它们各自的消费和投资计划之后的等式，或称为会计式。

我们知道，会计式只是事后的记录。它不代表统计关系，也不代表因果关系，但这不等于说它和统计关系或因果关系完全无关。我们知道，唯有两个变量之间存在因果关系时，人们才能利用这种因果关系去操作政策。如果两个变量之间只存在统计关系，那么人们只能利用这种统计关系去做预测，而无法实际操作，更无法进行计划或控制。

凯恩斯对于这三项支出变量给出了他认为恰当的行为假设。他知道这些总合变量都只是加总的变量，但即便如此，他仍然认为这些变量能反映出人的基本行为模式。

首先，他假设民间在经济萧条时已经无力再增加投资，于是，I 就只剩下资本财因折旧而须重置的固定数量。至于政府支出，那是政策变量，也没什么可谈的。唯一可以讨论的是民间消费。他认为即使个人没有收入，也依旧需要最基本的消费，其数量就以 A 表示。在这些基本需要之外，个人的消费支出与他的收入成正比。他假设此比例为 b，并称此为"消费倾向"。换言之，他提出一个消费函数：$C = A + b \times Y$。

如前所述，凯恩斯认为消费函数是总合下的因果关系，并非统计关系。至于 b，则是社会总合下的数值，介于 0 和 1 之间。如果我们将此式代入上一式，就成为：$Y = A + b \times Y + I + G$。接着，将等号右边的 $b \times Y$ 移到等号左边，就可计算出：$Y = (A + I + G) \div (1 - b)$。

因为 A 和 I 都已经是固定值，能提高 Y 的手段就只有调整 G 的值。也就是 G 越大，则 Y 越大。当 G 增加 1 元时，Y 可增加 $1 \div (1 - b)$ 元。凯恩斯称此为"消费乘数"，他说，如果消费倾向为 0.8，则消费乘数为 5。于是，只要政府能增加 1 元支出，社会所得就能提高 5 元。按照这个"乘数理论"，政府必须承担救市的责任和义务，否则就是无知和没有担当的政府。他强调，这是有理论根据的财政政策。

凯恩斯的乘数理论的确给萧条中的社会带来了希望，也影响了各国政府的财政政策。事实上，时至今日，凯恩斯的政策被各国政府执行了半个世纪以上。但是，今日依旧存在着严重的经济萧条和失业问题。那么，这看似完全合乎运算逻辑的理论，是否存在着陷阱？

问题就出在两个公式的合并过程中。$C=A+b \times Y$，这个行为方程式的具体含义是：只要增加收入，就可以提高消费。但是，这个公式在合并时纳入了会计式，而会计式只记录已实现的个人行为，这等于是假定了乘数理论中的预期行为都会实现。换言之，人们预期政府的政策能有效提高他们的收入，因而敢于在预期所得还未实现之前，就先提高消费。同时，厂商也因预期政府的政策能有效提高人们的消费，所以敢于在政府拍胸脯保证之前提高他们的投资并扩大招工。当然，不论消费者还是生产者，都必须先支用自己的储蓄，等所有的期待都落实后，再填补回去。

这是宏大的理论，但只有在消费者和生产者都毫无保留地信任政府的知识、能力和操守时，政府的政策目标才会实现。凯恩斯自诩为英国精英传统下的政府策士，遗憾的是，一般人并不像他所期待的那样信任他的政策。

💰 思　考

1. 请陈述凯恩斯的消费乘数和乘数理论。

2. 为何在实际运作上，凯恩斯的乘数理论并不如预期的好？

📠 资　料

1. 格里高利·N. 曼昆. 经济学原理. 梁小民，译. 北京：机械工业出版社，2003.

2. 张维迎. 经济学原理. 西安：西北大学出版社，2015.

第四部分

金融发展

传统乡村的钱会与姻缘

冯兴元

本课要点

· 民间金融是未纳入政府金融监管范围的金融活动。

· 民间金融在传统乡村发挥着重要的融资作用。

· 传统的钱会不以营利为目标，本质上是一种合作金融组织，体现了"一人一票"的决策机制。只不过它们是短期性的，每个成员得会一次之后即告终结。

民间金融是未纳入政府金融监管范围的金融活动。从金融史的发展来看，民间金融是金融之"祖辈"。"正规"金融反而是民间金融的"晚辈"。即便是当代中国，从总体上看，农民大约一半以上的借款资金来自民间金融。

浙东地区的农村小伙子如果要娶妻，需要先到姑娘家下聘金。姑娘的父母收下聘金和其他聘礼就表示婚事已定，称为订婚。等到办了酒宴，迎娶新娘子到家，经过洞房花烛夜，婚事才告完成。

过去结婚也不需要办理什么结婚证书，上述仪式才是首要的，代表一种体统。

很有意思的是，娶新媳妇上门的聘金来源是多种多样的。比如我父亲到我母亲家下聘金时，资金来源主要是我父亲从他参加的一个本地钱会所得的会钱。这个钱会的成员主要是本地手工业者、工商局官员、教师和村民。

在我的老家浙东宁海县，钱会有着很悠久的历史。它由一位在当地比较有声望的人发起并负责管理，此人也称会首。成员们按照固定的时间间隔分轮认缴一笔固定的会钱，并根据一定规则依次轮流得到会钱。

有的钱会属于标会，内嵌利息投标机制，每轮所出利息标的最高者得会钱。但是所有会员只能得会一次。这种标会的利息一般比较高。到了最后一轮，只剩一个会员没有得会，他不需要出标即可得会。

还有一种钱会不采用利息招标的方法，而是抽签或者约定得会者的得会轮次，同时约定得会者应支付的固定利息额。这种钱会叫"帮会"或者"互助会"。这种帮会的利息一般很低，个别互助会甚至不收利息。等到每个参加者均已经轮到一次，均得到过一次成员们所认缴的会钱，互助会即行解散。

在传统社会，无论是标会还是帮会，这些钱会本质上是一种合作金融组织，体现了"一人一票"的决策机制。只不过它们是短期性的，每个成员得一次之后即告终结。而一般的信用合作社也奉行"一人一票"的决策规则，但它们是一种长期持续经营的合作金融组织。

我父亲参加的钱会是一种"帮会"，共有 11 个成员，其中一位也是会首，每个人每个月交 10 元钱。会首负责组织、协调钱会，他先得第一轮大家认缴的 100 元会钱。从第二轮开始，他每轮必须支付 10 元会钱，但不需要支付利息。从第二轮开始，其他会员按照约定顺序依次取得大家认缴的会钱。第二轮得会的会员会收到大家认缴的 100 元会钱。他从第三轮开始除了需要向每轮得会者付出 10 元会钱之外，还需要向其支付 0.5 元左右的利息（很可惜，我父亲已经记不清具体的利息金额了，只知道大致额度）。接下去各轮有资格得会者（最后一轮除外）均限于此前未得会者，他们的收支规则与第二轮得会者相同。最后一轮得会者会获得其他成员所认缴的 100 元会钱，以及从第二轮得会者到倒数第二轮得会者支付的大约每人 0.5 元的利息，合计得到利息 4.5 元。

我父亲参加的钱会，根据上述描述的收支安排，最初的那些得会者像是借入贷款者，除了会首之外，都需要付出利息。后来的得会者更像是借出贷款者或者储蓄者。会首虽然不支付任何利息，但是他需要发起互助会，组织大家每期认缴会款，维护互助会的运行，万一在某轮出现某一会员违约，不如期认缴会款，会首有责任代为支付会款。然后，就违约额而言，该违约会员与会首发生债务债权关系，而与整个钱会无关。这样看来，会首不是真的不需要支付利息，而是相当于这种利息与他所承担的管理责任和资金责任相抵。

我父亲当时在宁海桥头胡工商局当会计兼烧火工，他从钱会拿到 100 多元钱，再添上自己攒下的钱，凑成 158 元。他拿着这笔聘金到距离冯家村大约 3 公里外的应家村外公外婆家里下了聘礼。那年大概是 1961 年，我母亲当时虚岁 15 岁。平常人家下聘礼，一般是 108 元，而我父亲的 158 元聘礼属于重礼。其原因是我外公当时身体有病，急需资金医治。可见，民间金融对于传统社会的运转有着重大贡献，没有民间金融也没有我辈的今天。

思　考

1. 什么叫钱会?

2. 标会和帮会有何区别和联系?

3. 钱会作为一种民间金融形式，对农村社会的稳定和发展有何贡献?

4. 为什么说在传统社会里标会和帮会都在某种意义上属于合作金融组织?

资　料

1. 冯兴元，李莉莉，何广文. 钱会. 北京：经济科学出版社，2012.

2. 费孝通. 江村经济——中国农民的生活. 北京：商务印书馆，2002.

课时 46

社会信用环境越差，
区块链金融越有实施的必要

冯兴元

<table>
<tr>
<td>本课要点</td>
<td>
• 一个国家的社会信用环境越恶劣，区块链技术的用处就越大。
• 如果一个国家采取区块链技术，推行基于区块链技术的金融安排，就不会出现上述企业主携款潜逃的情况。
</td>
</tr>
</table>

当前全球最激动人心的科技之一就是区块链技术。如果说互联网属于信息互联网，那么区块链则可称为价值互联网。比如比特币就是最早的数字货币应用，属于基于区块链的价值载体，其本身就是一个分布式、多节点的价值互联网。

业界用"区块链 1.0"指称被用于比特币等数字加密货币的区块链技术。中本聪 2009 年初创造比特币是为了解决金融机构作为第三方促成互联网上的贸易所存在的信任问题。这些问题有：买主可能退货，但有些产品与服务不能退货；金融机构作为交易第三方的收费比较高，时间比较长；少数客户会有欺诈行为。不过，较之于中国的不良社会信用环境所带来的问题，中本聪提到的信任问题可能是小巫见大巫。我国的不良社会信用环境所带来的问题要大得多。我国的一些企业明明已经资不抵债，还会继续向银行、小贷公司和亲友隐瞒债务情况，继续举债。在大规模举债之后，还本付息负担沉重，企业管理者意识到最终难以清偿债务，便索性选择"逃废债"，携款潜逃，也就是"跑路"。

一个国家的社会信用环境越差，区块链技术的用处就越大。如果一个国家采取区块链技术，推行基于区块链技术的金融体系，就不会出现上述企业主携款潜逃的情况。大家可能多少听说过区块链和区块链技术。一般的人对于区块链和区块链技术没有必要过分涉猎，只要知道其大概运作方式、有什么用和大概怎么用即可。就像我们无须知道电视机的具体电路图，只需要知道电视机的基本运作方式、有什么用和大概怎么用即可。

区块链属于一种分布式的、多节点的电子记账网络，该记账网络把各节点之间的交易，即价值记入标准格式的"账本"，而每次交易形成的新账记录则被记入一个区块，该区块被附加在此前最新附加的区块后面。每个区块均是经过加密的，由此形成区块链。因此，区块链其实是一个不断加长的列表记录，但它以分布式的方式存储在网络的节点上。它是一种按照时间顺序将数据区块相连并组合成一种链式数据结构，以密码的方式进行保护的、不可篡改和不可伪造的分布式账本。人类历史上最早的区块就是中本聪 2009 年初创造的第一个比特币区块，也称"创世区块（genesis block）"。

区块链技术就是在技术上实现对区块链的应用。它综合了分布式数据存储、点对点传输、共识机制、加密算法和智能合约等计算机技术，由此构成一种新型交易，即互联网上点对点价值转移应用模式。这里的共识机制就是指借助计算技术实现多个节点甚至所有节点参与确认交易，即价值转移为真。只有达成共识之后，新的交易才会被写入新的区块。由于所有这些均是基于对技术的信任，而非对人际交往的信任，这一技术规避和超越了过去的交易由于依赖人际信任所带来的种种弊端，比如欺诈、反悔、抢钱、高中介交易成本。因此，区块链技术的特点意味着，如果把它运用到具体的经济或者金融场景，它既有利于产权保护，也有利于市场拓展，也就是经济学家哈耶克所强调的人类合作的"扩展秩序"。

区块链技术的应用场景（领域）比较广泛，适合于参与者众多、交易频度较大的场景。可能的场景应用包括数字货币、支付清算、数字票据、银行征信管理、权益证明、交易所证券交易、供应链管理、保险管理、金融审计、公民投票、图书管理等领域。

我们以银行信贷为例说明区块链技术是如何被应用到日常生活中的。有一些借款人借了银行的钱，然后想方设法"逃废债"。如果把区块链技术应用到银行放贷，那么"逃废债"就很难实行。比如，银行通过区块链技术发行与人民币的金额保持1：1 比例的代币（如腾讯 Q 币），然后向借款人放贷；借款人把资金花出去，接受资金者随即成为区块链上的一个新的节点，由于银行通过智能合约规定了借款人的借款项目用途，借款人是否遵守贷款协议也容易得到验证。借款人即便心术不正，也无法携带代币"跑路"。

再举一个基于区块链的供应链金融场景的例子。据报道，几年前美国康奈尔大学在科技园区准备修建大量太阳能发电装置，最后由一家中标的工程承包商建造。承包商为此需要向银行进行贷款。为了节约贷款成本，工程承包商希望银行能根据康奈尔大学的信用，给工程公司提供低息贷款。过去，银行一般不愿意这样做，因为项目信息不透明，风险太大。但一家在硅谷的区块链服务开发公司针对该贷款项目设计了区块链技术应用，解决了工程承包商的银行贷款需求。这种方法使各方的合同可以通过区块链管理起来，并且授权银行有权查看上下游各方签署的全部合同。以前银行只能看到自己的合同，并不知道某太阳能公司生产的太阳能板的最终买家是康奈尔大学。当他们知道了最终的买主是康奈尔大学时，银行就敢于以低利息向各方贷款了。

上述将区块链技术运用到金融场景属于区块链2.0的应用，尤其涉及对智能合约的应用。未来将实现区块链3.0，体现区块链技术在互联网上的全面应用，它能够对互联网中每一个代表价值的信息进行产权确认、计量和存储，从而实现资产在区块链上可被追踪、控制和交易。

总之，社会信用环境越差，区块链金融越有实施的必要。

（肖永泉对本文有贡献）

💰 思　考

1. 区块链技术为什么有利于产权保护？

2. 为什么社会信用环境越差，区块链金融越有实施的必要？

💰 资　料

哈耶克. 致命的自负. 冯克利，胡晋华，等译. 北京：中国社会科学出版社，2000.

课时 47

金融发展适用"局部知识范式"

冯兴元

> - 局部知识或分散知识是指分散在无数个体当中的、涉及特定时间和地点的关于特定情势的知识。
> - 金融发展需要依托市场的作用。可以通过发展金融市场来充分利用局部知识，改善金融市场的运作；不能把知识的碎片化简单贬斥为"不完全信息"，也不能把有活力的真实市场贬为"不完全市场"。

本课要点

早在 20 世纪 70 年代后期，尤努斯在孟加拉国的商业小额信贷模式中看到，除了对农村贫困者发放商业性小额信贷之外，这些贫困者更需要走出自我封闭，重建自尊和自信，参与社区贷款小组和贷款中心活动，发展和利用自己的创收能力。这里涉及一些社会性的非市场因素支持信贷市场运作的重要性，其中包括关注贫困者的社会资本和社会网络，以及促进贫困者脱贫的自组织。部分金融实践者认为，为培育有效率的金融市场，需要一些社会性的非市场要素去支持它。斯蒂格利茨的"不完全市场范式"为这种看法提供了一定的理论支持。这种范式有一些合理的内容，但更多的是错误的观念，需要澄清。

根据不完全市场范式，金融市场是一个不完全竞争市场，尤其是放贷的金融机构对借款方的情况根本无法充分掌握（只能获得不完全信息）。这样，金融市场上往往存在信贷配给，也就是只满足部分而非全部金融服务需求。该范式进而强调，较之发达国家，发展中国家的金融市场"不完全竞争"程度更高，如果完全依靠市场机制，发展中国家就无法培育出一个社会所需要的金融市场。其政策蕴意是：发展中国家有必要采用借款人的组织化等私人"非市场"机制作为补充性机制；而且这些国家的私人"非市场"机制也不如发达国家的运作有效，因而需要政府适当介入金融市场。

斯蒂格利茨提出的发展中国家有必要采用借款人的组织化等私人"非市场"机制作为补充性机制，这本身并没有问题。但是不完全市场范式存在很多问题：

第一，斯蒂格利茨错误地把分散在无数个体当中的、涉及特定时间和地点的关于特定情势的信息或知识当作一种障碍，而非资源。这类信息或知识就是哈耶克所指的分散知识或者局部知识。

第二，斯蒂格利茨把无数个体掌握各自的局部知识的这种状况视为"信息不完全"，但没有强调从动态视角拓展和利用市场机制的相关知识或信息。

第三，斯蒂格利茨把存在竞争和企业家的正常市场过程视为"不完全市场"（其英文原意为"不完美市场"），并斥之为"市场失灵"。把这种通常存在的正常现象称为"市场失灵"是没有意义的，这相当于把一个不能听清所有分贝声音的正常人称为"不完美的人"或者"残缺的人"或者"失灵者"。这种指称的反面意义就是它无形中会鼓动更多人进入反市场的行列。而按照柯兹纳的市场过程理论，只要存在竞争和企业家（市场过程由企业家驱动，企业家对市场机会保持警觉，发现市场机会，承担不确定性，利用局部知识，组织资源以实现市场机会，以此不断满足需求者的需求），市场过程总体上会让作为供给者和需求者的许多个体的计划不断两两相配，使得市场从不协调走向协调。这种协调就代表一种经济效率标准。

第四，斯蒂格利茨错误地理解了市场的运作机制，把企业组织创新和私人非市场机制与市场或者市场过程割裂开来，实际上市场过程的拓展自然包括这些机制的创新或者新机制萌发。

第五，斯蒂格利茨错误地把政府提供一般性框架条件并对市场提供辅助性支持与直接干预市场过程相混淆，将两者一概视为"政府干预"，而这两者是截然不同的。

斯蒂格利茨"不完全市场范式"强调政府干预金融市场，采取结果导向而非规则导向的进路。该范式不能有效利用金融企业家的积极作用，不考虑充分利用局部知识，忽视拓展和利用市场机制本身的潜能，其结果会造成金融市场扭曲和金融市场发育不足。

与此相反，哈耶克的"局部知识范式"承认人的无知，他认识到无数个体当中散布着大量的局部知识或分散知识，认为市场作为自发秩序可以大量利用这些知识，市场过程作为竞争过程，也是创造和发现知识的过程。在市场过程中，企业家利用其局部知识推行创新，利用其创新获得企业家利润。在出现企业家创新之后，其他企业家则模仿创新产品，推出类似的差别化产品，参与追逐企业家利润；即便是同种产品，由于在不同市场之间存在差价，企业家也可以对价格套利机会保持警觉，去发现这些机会，并甘愿承担不确定性，努力去把握这些机会。而且"局部知识范式"也意味着，企业家需要努力发现或者建立一些机制去接近需求方，了解需求方或者让需求方了解供给。由于"局部知识范式"与市场过程理论密不可分，我们也可以把它称为"市场过程范式"。这一范式的分析思路完全适用于金融市场：金融企业家需要一个开放竞争的环境，需要善于利用局部知识，下沉其业务或者分支，贴近金融服务的需求者，以此更好地满足这些需求者的金融服务需求。当前金融机构直接利用互联网提供金融服务，就是一种下沉或者贴近行为。这一范式也鼓励金融服务需求方形成一些组织，主动与供给方对接。甚至金融监管者也需要改善金融监管机制与手段，接近金融服务的供给者和需求者，充分利用局部知识来改善监管。

"局部知识范式"从知识论和市场过程角度更加明确了金融市场的发展途径，那就是利用竞争和金融企业家的积极作用，强调拓展和利用市场过程，由此充分利用局部知识，以开放试错的方式推进金融组织、活动与产品的多元化，营造一种金融多元竞争生态。只有这样，才能让金融市场中的众多金融机构展开绩效竞争，优胜劣汰，总体上更好地发挥其金融功能，更好地满足金融服务需求。这就要求我们的金融界、经济学界和决策者更加重视"局部知识范式"或"市场过程范式"，将其作为金融发展的主导范式。

🛍 思　考

1. 简述"不完全市场范式"的主要内容，并分析其错误之处。
2. 简述"局部知识范式"的主要内容，并举例说明其重要性。

🛍 资　料

1. 伊斯雷尔·柯兹纳. 市场过程的含义. 冯兴元，朱海就，景朝亮，等译. 北京：中国社会科学出版社，2012.
2. 弗里德里希·冯·哈耶克. 法律、立法和自由. 邓正来，张守东，李静冰，译. 北京：中国大百科全书出版社，2000.

课时 48

区块链投资市场可望实行"良币驱逐劣币"

冯兴元

本课要点

· 在当前区块链投资大潮中,既存在"劣币驱逐良币"的趋势,也存在"良币驱逐劣币"的反向趋势。

· 区块链投资作为市场是可以以此自行出清的。政府的辅助性支持可以发挥正能量的作用。可以期待"良币驱逐劣币"主导区块链投资市场。

在当前区块链投资大潮中,既存在"劣币驱逐良币"的趋势,也存在"良币驱逐劣币"的反向趋势。总体上群雄争霸与浑水摸鱼并存。

区块链投资热度上升首先与其成为当前的投资风口有关。多数投资者喜欢追逐风口,容易在风口上形成群雄争霸、鱼目混珠的乱局。普通大众会觉得眼花缭乱,但投资者要做理性的计算。区块链投资无疑是个大风口。数据显示，截至 2018 年 4 月末，中国市场上在营区块链企业超过 320 家，北上广地区占据73.07%，共获得融资 89.14 亿元，其中 2018 年前四个月共获得63.06 亿元，占融资总额的 70.74%，融资数量增长迅速，年均增长率达到 30.53%。任何一个风口来临时，总有一堆人蜂拥而至。数据显示，区块链行业似乎还只是个开始，其中不乏阿里、百度等优秀企业已经或准备布局区块链行业。但是我们必须清楚的是，风口并不意味着创新，更多是相互之间的模仿。当前区块链投资中不乏创新者，但也存在大量模仿者。

区块链投资热度高与中国缺乏其他投资渠道，政府的量化宽松政策导致大量资金需要找到出路有关。米塞斯认为货币本身是非中性的，它的数量和流向对经济本身有着推动力，货币首先会流入投资过热领域，然后不同程度、不定时地扩散到其他领域。2009 年中本聪在网络上发布了比特币白皮书，批判现实世界中法币的超发是对百姓财富的掠夺，是一种人为灾难。比特币及区块链技术就是伴随着 2008 年金融危机之后新一轮的量化宽松政策而出现的。按照米塞斯的观点，尽管央行通过扩大货币供给人为压低利率的做法短期内会降低失业率，增加产出，但是这个过程是不可持续的，因而这种繁荣也是不可持续的。这是因为，当利率被人为压低到自然利率之下时，原来不可行的项目变得可行，这会导致投资过度扩张，资源被过多地错配在生产高阶资本品的项目上。这样短期会造成生产资料价格的上涨，这些行业的工人工资也会上涨。但是，在这个过程中，人们对消费的实际偏好并没有改变，等人们获得这些新增的货币后会发现，利率已被人为地压低，就会增加对直接消费品的需求；而人们消费需求的增加，又会导致消费品物价的上涨，从而造成全面的物价上涨。但是，这种人为压低利率的"虚假信号"所造成的资源错配，迟早会翻转过来：用于即期消费品的消费资金相对不足，迂回生产阶段则过长，资本品的投资不是"过度投资"，而是"不当投资"。造成这种不当投资的原因是，投到远离消费环节的"高阶资本品"生产阶段的资本过多，导致产品过剩。最后，当这些不当投资企业的产品滞销，经营亏损时，就不能偿付银行的贷款了。这样一来，当银行贷款需要进行"清算"的时候，整个金融系统和生产过程就会突然断裂，经济衰退甚至萧条随即就会到来。即便较大的危机没有到来，不当投资者或资金持有者也需要寻找新的资金出口。而区块链和数字货币作为资本化程度较高的投资热门领域，会参与吸收这个过程中超发的货币，使得原本投资过热的领域更加狂热化，形成一个巨大的"泡沫"。

区块链投资中很大一部分采用了通证来实现区块链中的价值转移。这种通证可以是数字货币，也可以是代币，或者是代表权益凭证。但是这一特点会吸引很多"割韭菜"者入场。这会导致大量区块链投资项目中有很多浑水摸鱼者，甚至出现"劣币驱逐良币"的现象。

不过，区块链投资中也有"良币驱逐劣币"的凌厉因素。这或者可以借用许小年先生的话："区块链 +"的本质是"加什么"，而不是区块链本身。区块链可以改变市场，但不会改变市场的本质。

中国区块链技术的主要应用涉及五大领域，即金融、信息安全、供应链、公共服务以及物联网，所涉具体场景更是多达数十种。当区块链与具体场景相结合时，我们必须注意的是它究竟改善了哪些方面，还有哪些方面并没有改变。以"区块链＋金融"为例，金融的本质是跨时空的交换，最难解决的一个问题就是信用问题。但区块链的去中心化、加密性、共识性正是加强信用的一种方式，一旦你在链条上交易，你的交易数据就会被链条记录下来，只有超过 51% 的投票才可以更改，这极大加强了金融资产的安全性和可信任程度。

可以把腾讯区块链作为"良币驱逐劣币"现象的一个正面例子来加以说明。腾讯在 2018 年 4 月正式发布了"腾讯区块链＋供应链金融解决方案"，以核心企业的应收账款为底层资产，通过腾讯区块链技术实现债权凭证的流转，以保证相关信息不可篡改、不可重复融资及可被追溯，并帮助相关各方形成供应链金融领域的合作创新。区块链技术在腾讯区块链方案中是有增量贡献的，它为供应链环节的完善和技术性保障提供了帮助，但是它并没有改变供应链金融的本质，只是对其进行辅助和增信。

我们在做区块链投资时，不可以一味追求其风口红利，因为基于对市场的预期进行理性的经济计算是必需的。很显然，区块链投资作为市场是可以以此自行出清的。当然，政府的辅助性支持可以发挥正能量的作用。我们期待"良币驱逐劣币"主导区块链投资市场，就像有人说的，"当潮水退去时，你会发现很多人在裸泳"。此外，更重要的是如何让区块链项目落地生根。等众多"良币型"区块链项目落地生根后，我们更加确信"区块链＋"的行业本质没有变化，也可以判断这些项目为这个行业提供了什么增量价值，以及在哪些方面改善了这个行业的运行。

（孙国栋对本文有贡献）

思　考

1. 区块链投资项目为什么会出现"劣币驱逐良币"和"良币驱逐劣币"两大趋势并存的局面？
2. 为什么区块链投资市场会自行出清？

资　料

1. 路德维希·冯·米塞斯. 人的行为. 夏道平，译. 上海：上海社会科学院出版社，2015.
2. 冯兴元. 从哈耶克商业周期理论看全球金融危机. 学术界. 2015（01）：31-37，322-323.

流通媒介改变货币格局

冯兴元

本课要点

· 流通媒介可以在现代经济中发挥类似货币的作用。

· 在现代社会，流通媒介的增加会改变货币格局。

· 货币最基本的职能就是充当一般交换媒介。其他货币职能派生自这一职能。

米塞斯在 1912 年出版了德文版著作《货币与流通媒介理论》，由此一举成为著名的经济学家。可惜的是，后来这本书的英译本用了一个错误的书名，译为中文就是《货币与信用理论》，把"流通媒介"翻译成了"信用"。这也影响到了中译本的书名，目前国内有两个译本，一本的书名为《货币与信用原理》，另一本的书名为《货币和信用理论》。显然，这些中、英译本的书名都翻译错了。而且中译本的正文沿袭英文的译法，把"流通媒介"错误地译为"信用"或"信用媒介"。为什么我要在此强调不能把"流通媒介"翻译成"信用"或者"信用媒介",这是因为"信用"或者"信用媒介"不过是流通媒介的一种功能,而非全部。流通媒介可以在现代经济中发挥类似货币的作用。事实上,流通媒介的增加会改变货币格局。

米塞斯对货币和流通媒介进行了区分。按照米塞斯的观点,货币最基本的职能就是充当一般交换媒介,其他货币职能皆派生自这一职能。判断一件东西是不是货币,就看它在多大程度上充当一般交换媒介的职能。除了上述货币之外,还有很多货币替代物承担着某种程度的货币职能,也被纳入"货币"的范围。比如现代中央银行的广义货币 M2,除了流通中的现金,还把活期和定期存款等都纳入其统计口径。至于有些货币替代物,也承担着某种程度的货币职能,但是没有被纳入货币的范围。这些货币替代物被米塞斯称为"流通媒介"。

货币作为一般交换媒介的重要性,可以通过一个故事来说明。

炎热的一天,太阳高挂,街上无人。每个人都债台高筑,靠信用度日。这时,从外地来了一位须眉大汉,他进了一家旅馆,拿出 1 000 元钞票往柜台上一扔说,他要住店。他要先看看房间,挑一间舒适的过夜。他上楼以后,店主抓起这 1 000 元钞票,跑到隔壁屠户那里支付了他欠的肉钱。屠户拿着这 1 000 元,横过马路付清了猪农的活猪钱。猪农拿这 1 000 元付了他欠的饲料款。那个卖饲料的老板拿到 1 000 元后,赶忙去付清了他欠下的酒钱。卖酒的老板娘有了 1 000 元,冲到旅馆付了她所欠的房钱。旅馆店主忙把这 1 000 元放回到柜台上,以免刚才看房的须眉大汉下楼时起疑。此时那个须眉大汉下楼来拿起 1 000 元说，房间不合适，便把钱收进了口袋，一走了之……这一天，没有人生产了什么东西，也没有人得到什么东西，可全镇的债务都清了，大家很开心……

这个故事告诉了我们货币的用处：（1）如果不是黄金之类的商品货币，货币只有流通才能体现其价值，那就是货币的交换价值。当然，如果是商品货币的话，比如黄金，那么它还有使用价值。（2）如果一个经济体中缺了货币，必然出问题。

此外，上述故事也告诉我们有关金融的部分本质：融资和清算职能。店主拿现钞向隔壁屠户支付了他所欠的肉钱，实际上是他向须眉大汉进行"融资"，"借入"了 1 000 元，用于还债。这里我们先不计较店主的行为是否属于"挪用"，仍然算其为"融资"和"借入"行为。这种"融资"或"借入"引发了一连串的清欠行为。结果全镇人皆大欢喜，全部清欠。

接下来我们谈谈货币之外的流通媒介的作用。假设有一个城市，市政府没钱支付工程款，便抵给工程队三套房子。工程队拿到住房的产权凭证和市值评估证书之后，也没有去实地查验住房状况，而是直接将房子抵给了向其提供建材的建材公司。建材公司又把三套房子抵给了向其提供沙石料的村集体。如此看来，就连住房这样不可移动的"流通媒介"也能够发挥货币的某种功效。

我们再进一步打开思路想象一下。中国这么大，一个省相当于欧洲的一个国家。如果一个省的部分企业家把一些资产集中起来，以此为抵押资产发行某种"资产凭证"，然后拿这种"资产凭证"去支付、结算、投资、消费和流通；为了防止这些资产贬值，可以购买某种保险对冲贬值风险；这种"资产凭证"作为流通媒介，也许会优于不承诺兑付的法定货币。至少这些资产是有升值的空间的，而法定货币是一直贬值的。

看来，如果我们不断朝着这个方向去思考问题，甚至把当前的金融科技、数字货币和区块链考虑在内，流通媒介也许不仅能够改变货币格局，还有可能颠覆货币格局！

思　考

1. 什么是流通媒介？
2. 举例说明流通媒介的一些作用。
3. 政府能够垄断货币发行吗？

资　料

路德维希·冯·米塞斯. 货币和信用理论. 樊林洲，译. 北京：商务印书馆，2015.

金融改革如何体现"竞争中性"原则

冯兴元

本课要点

- 金融改革需要体现"竞争中性"或者"与竞争一致"的原则。

- 各种金融改革又需要区分目标和手段,同时目标需要与手段相匹配。不仅目标需要符合竞争中性或者与竞争一致的原则,手段同样需要如此。

- 真正的金融改革,其目标实际上是发展一个生机勃勃的金融生态系统。这样的金融生态系统可以更好地发挥金融功能。

最近民营企业融资难问题受到了政府和社会各界的高度重视。近年来,多种因素影响了中国民营企业的稳健生存与发展,而民营企业融资难问题就是一大影响因素。民营企业融资难早已存在，一直没有得到有效缓解。根据银保监会的不完全统计，在中国银行业贷款余额中，民营企业贷款仅占 25%，而民营经济在国民经济中的份额超过了 60%。民营企业所获贷款比例之低与其 GDP 贡献之高显然是不相匹配的。

显然，我国只有进一步推进金融体制改革，才能解决或者缓解民营企业融资难问题。具体的金融改革需要区分"道"与"术"。无论是"道"还是"术"，均需要符合"竞争中性"或者"与竞争一致"的原则。各种金融改革又需要区分目标和手段，目标需要与手段相匹配。不仅目标需要符合"竞争中性"或者"与竞争一致"的原则，手段同样需要符合该原则。这无疑对具体的金融部门决策者提出了更高的要求。

针对民营企业融资难问题，中国银保监会在 2018 年 11 月初提出，银行业金融机构对民营企业绝不能简单化搞"一刀切"，初步提出对民营企业的贷款要实现"一二五"目标，即在新增的公司类贷款中，大型银行对民营企业的贷款不低于 1/3，中小型银行不低于 2/3，争取三年以后，银行业对民营企业的贷款占新增公司类贷款的比例不低于 1/2。

"一二五"目标显然不是一时兴起的说法，应该是经过测算的一组量化目标，其用意是缓解民营企业融资难问题。对于一个成熟的市场经济来说，这种数量指标显然毫无意义，因为市场必然会达标，而且会超额完成指标。这是市场经济体制的内在要求。我国作为经济转型国家，这种贷款指标目标值本来也应该达到，只是现在还没有达到。"一二五"目标实际上是为金融体制改革提出了一种量化目标要求，而且设置了"倒计时"，形成一种推进改革的倒逼机制。这种政策的总体目标取向本身是符合金融体制的市场化改革要求的。但是，这种政策设定具体的贷款指标目标值，是否符合"竞争中性"原则，得看政府为实现这些政策目标到底选取了何种手段。

真正的金融改革，其目标实际上是发展一个生机勃勃的金融生态系统。这样的金融生态系统可以更好地发挥金融功能，包括清算和支付功能，融通资金和细分股权的功能，为在时空上实现经济资源转移提供渠道的功能、风险管理的功能、信息提供的功能以及解决激励问题的功能。在一个生机勃勃的金融生态系统中，其组织和过程应该是多元化的，其环境则是授能型的。一个生机勃勃的金融生态系统还必然对应着一个生机勃勃的经济生态系统，两者之间相辅相成、相互支撑。

针对很多民营企业融资难、资金链紧张等问题，目前有关部门既提出了一些"道"的层面的解决思路，也提出了一些"术"的层面的政策措施。有关"道"的层面的解决方案，最重要的是发展生机勃勃的金融生态系统和经济生态系统。也就是说，需要把金融与经济系统培育成作为自发秩序的市场系统，同时改善法规政策支持环境，让金融与经济生态系统更好地发挥其功能。

国务院强调，要拓宽融资渠道，激发金融机构内生动力，解决不愿贷、不敢贷问题。这一政策体现了"竞争中性"原则的"道"。央行最近表示，人民银行将按照市场化、法治化原则，发挥债券、信贷、股权等多渠道的融资功能，进一步改善民营企业和小微企业的金融服务，发挥债券市场的引领作用，稳定银行的信贷支持，继续支持配合有关部门，共同做好鼓励民营和小微企业发展的工作。银保监会强调，要拓宽民营企业融资渠道，综合运用直接融资和间接融资渠道，充分调动信贷、债券、股权、理财、信托、保险等各类金融资源。两者的表述都是在"道"的层面，总体上符合"竞争中性"原则。我们期待其具体手段也能体现"竞争中性"原则。

"术"的层面并非不重要，金融政策的目标和手段均能结合"竞争中性"原则这一点很重要。比如，上述"一二五"目标说到底属于"术"的层面，会产生巨大的影响力，但这需要目标和手段两者均符合"竞争中性"原则。国务院常务会议强调，明确授信尽职免责认定标准，引导金融机构适当下放授信审批权限，将小微企业贷款业务与内部考核、薪酬等挂钩。银保监会针对出现信用违约的民营企业，要求银行和企业作为一个利益共同体，一起面对困难，分析具体原因，不能简单断贷、抽贷和压贷，避免给企业造成致命打击，也减少银行自己的债权损失。上述这些要求属于体现"竞争中性"原则的"术"，其重要性也一目了然。

对于目前金融体系中存在的、其目标和手段与"竞争中性"原则相抵触的法规政策，需要做"减法"；对于体系内还不存在的、其目标和手段均符合竞争中性原则的必要的"道"与"术"，则需要做"加法"。

总而言之，至关重要的是发展作为自发秩序的市场，让市场在资源配置中发挥决定性作用，而非拘泥于在市场总体扭曲的条件下做各种修修补补的工作。这里需要关注哈耶克所强调的、让私人产权与竞争同时发挥主导作用的原则。这一原则属于比"竞争中性"原则更为根本的原则。

💰 思　考

当前金融政策措施中哪些属于"道"的层面的内容？哪些属于"术"的层面的内容？哪些"道"和"术"符合"竞争中性"原则？

💰 资　料

1. 兹维·博迪，罗伯特·C.默顿，戴维·L.克利顿. 金融学. 曹辉，刘澄，译. 北京：中国人民大学出版社，2000.
2. 路德维希·冯·米塞斯. 人的行为. 夏道平，译. 上海：上海社会科学院出版社，2015.

课时 51

互联网金融的监管原则

冯兴元

本课要点

- 互联网金融市场需要多重监督管理：首先是需要所有者监督、企业自律，然后是行业自律，再接着就是存款人、投资人监督，消费者监督，新闻监督以及政府监管。
- 政府监管首先应该遵守一整套的通行监管原则，包括反欺诈，把监管作为服务，维护效率与竞争，加强消费者和投资者保护，防范系统性金融风险等原则。

互联网金融市场需要精心维护，需要多重监督管理：首先需要所有者监督、企业自律，然后是行业自律，再接着就是存款人、投资人监督，消费者监督，新闻监督以及政府监管。

虽然政府监管只是多重监督管理中的一层，但是人们对政府监管的依赖性很大，期望也很高。不幸的是，这种期望也可能落空。经济学家斯蒂格勒教授曾经提出一个非常有趣的问题："谁来管制管制者？"里根总统在 1981 年的就职演讲中指出："政府不能解决问题，它本身就是问题。"市场会自发衍生很多内部规则，叫"市场立宪"。但是，即便存在很大的"市场立宪"成分，恐怕还需要通过一整套程序增加一些辅助性的外部规则，"为市场立宪"类似于经济学家哈耶克所说的"为竞争而计划"。按照哈耶克的观点，作为"为市场立宪"之结果的外部规则，其制定最好参照甚至模仿内生于"市场立宪"的内部规则顺势而为。

总体上看，互联网金融只需要适度监管：既不要政府监管过度，也不要缺乏政府监管。政府监管首先应该遵守一整套通行的监管原则，包括反欺诈，把监管作为一项服务，维护效率与竞争，保护消费者和投资者，防范系统性金融风险等。反欺诈是所有领域和部门应该推行的，互联网金融部门也不例外。把监管作为一项服务就是要求监管部门作为便利提供者和授能者发挥作用，不能用简单限制、禁止或者打压互联网金融来替代作为服务的监管。维护公平、公开、公正的竞争才会有利于实现金融体系的效率，也意味着需要维护一个机构多元、层次多重、服务功能差异化、生机勃勃、优胜劣汰的金融生态，在防范风险的同时促进和保护金融创新。保护消费者和投资者也意味着产权保护和促进绩效竞争。此外，互联网金融还要防止发生系统性风险，这里尤其要防止因为政府法规政策不当导致的系统性风险。

此外，互联网金融的监管还要明确三项比通行的监管原则更为根本的原则：产权保护原则、辅助性原则和法治原则。这三项基本原则是市场经济国家人人必须遵守的原则，因而一般不会出现在监管者的监管原则里面，但是恰恰对于像中国这样的转型国家，在强调通行监管原则的同时还要特别强调这三项原则。这样才能让监管者、业界和公众重视它们。这三大原则相辅相成，其中辅助性原则强调社会和市场能够承担的事务由社会和市场来承担，政府只在必要时提供辅助性支持。互联网金融的监管还涉及企业自律和行业自律优先于政府监管。

目前互联网金融监管中存在着很多亟待解决的问题：

一是政府法规政策和监管执法往往夹杂着部门利益的考量。比如第三方支付托管一律改为银行存管，监管部门"收编"支付宝和微信支付，封杀互联网支付的独立经营和发展空间，涉嫌部门利益考量。

二是监管执法还存在"权钱交易"的可能性。比如众多 P2P 网贷老板携款"跑路"。但是，他们究竟怎么携款潜逃？为什么很多案子不能及时追查？这里存在有关地方或者边境管理官员受贿的可能性。

三是互联网金融政策法规的滞后。监管部门不断用限制和禁令来替代监管，使得互联网金融运营面临极高的法律风险，监管者容易借助其掌握的裁量权，通过任意出台、不出台、拖延出台或者出台后改变某项政策法规来改变互联网金融机构的产权、投资者的信心和预期，甚至决定互联网金融机构的生死。比如，几年前监管者不断增加对 P2P 网贷的监管力度，同时迟迟不出台对 P2P 网贷的备案规定，导致投资者失去稳定的投资预期，造成了投资者的恐慌和挤兑，加速了许多网贷平台的资金链断裂和倒闭。最后，监管者出台文件规定所有的 P2P 网贷平台要么关闭，要么转而从事其他业务（如助贷业务）。

四是存在过度监管问题。监管部门揽下了过多的监管内容，很多监管事权应该划归行业协会，成为行业自律的内容。比如几年前，监管者不应该自己控制 P2P 网贷的备案，完全可以将备案事权交由行业协会来管理。

五是政府的监管法规政策主要是从稳定金融、便利行政管理的角度出发。政府的监管一味限制、禁止或者打压某些类型的互联网金融运作，而不是从把监管作为一项服务的视角扶持和便利互联网金融的发展。以几年前的 P2P 网贷为例，单纯地把 P2P 网贷企业定性为信用中介，似乎更符合当前我国法律的现状（比如不允许非法集资，只有在有关部门的批准之下才能经营金融业务），但是本应该兼顾当时的 P2P 网贷的发展现状。由于大多数 P2P 网贷属于信用中介，监管部门应该从把监管作为一项服务的原则，竞争和效率原则，产权保护的原则，保护消费者和投资者的原则以及行政上的比例原则出发，在反欺诈的同时，对小部分网贷平台的运行进行规范，允许其作为信用中介继续执业，并为其他信用中介型网贷平台提供有序转型或者有序退出的通道，而且要防止平台老板"跑路"。根据行政上的比例原则，行政权力的行使除了有法律依据这一前提外，行政主体还必须选择对当事人侵害最小的方式进行。

总之，对互联网金融的监管需要遵循上述通行监管原则和三大基本原则，确立和推行"放开准入，维护竞争，防范欺诈，控制风险，活动留痕，事后追责"的监管框架。互联网金融作为新事物，过度监管可能会抑制其发展的动力和积极性，不管采取何种监管模式，都需要注意谨防出台严厉的限制准入或微观干预政策，应着眼于建立和维持一个公平、公开和公正的竞争秩序，鼓励各种互联网金融产品创新。

思　考

1. 对于互联网金融部门，需要存在哪些监督管理？

2. 互联网金融监管需要遵循哪些原则？

资　料

1. 弗里德里希·冯·哈耶克. 通往奴役之路. 王明毅，冯兴元，马雪芹，等译. 北京：中国社会科学出版社，1997.

2. 弗里德利希·冯·哈耶克. 法律、立法与自由. 邓正来，张守东，李静冰，译. 北京：中国大百科全书出版社，2000.

普惠金融的运作之道

冯兴元

本课要点

- 普惠金融应理解为正规金融机构的各种金融服务"普遍惠及"所有人，尤其是要包容在正规金融市场中处于不利地位的、此前被排斥的或者服务不足的"长尾群体"，比如分散农户、小微企业和社会低收入群体等特殊群体。
- 普惠金融不是"普遍优惠"，但强调包容，比如商业性小额信贷机构（如孟加拉国乡村银行）按商业贷款利率对妇女发放小额信贷，也是普惠金融。
- 不可持续的扶贫补贴信贷模式也不属于普惠金融，而是特惠金融。

"普惠金融"的英文术语是 inclusive finance，中文直译为

"包容性金融"。有关普惠金融的术语最早出现在联合国 2005 年"国际小额信贷年"活动当中。普惠金融这个译法容易造成歧义：很多人会以为，它是指提供"普遍优惠"的金融。这是一种误解。普惠金融应理解为正规金融机构的各种金融服务"普遍惠及"所有人，尤其是要包容在正规金融市场中处于不利地位的、此前被排斥的或者服务不足的"长尾群体"。传统金融业存在一个"二八定律"：80% 的利润来自 20% 的客户。如果说这部分客户为"头部客户"，那么普惠金融强调正规金融机构既要服务好这部分头部客户，也要特别包容那些剩下的、数量更多、比例更大的"长尾客户"。其结果就是改变传统金融业的"二八定律"。

具体而言，普惠金融不仅强调服务所有有需求的人，还特别强调包容分散农户、小微企业和社会低收入群体等特殊群体，为这些群体提供金融服务，普惠金融关乎所有人。普惠金融涉及各种各样的金融服务，包括储蓄、贷款、结算、汇款、保险、直接投资、直接融资等，尤其是针对上述特殊群体的各种小额金融服务。微型金融则指各种小额金融服务。而小额信贷顾名思义主要涉及小额贷款，有时还连带小额储蓄。

普惠金融有两层含义。第一层含义是，一个正规金融系统应该向所有需求者提供获得和利用各种金融服务的机会，最大限度满足其有效金融服务需求，无论他们是属于高收入者还是低收入者，城里人还是乡下人，农民还是工人，大型企业还是微型企业，无论这些人或者企业处于城市中心地带还是边远地区。第二层含义是，应该特别接纳和包容被排斥在正规金融机构服务之外或者服务不足的特殊群体，尤其是分散农户、小微企业和社会低收入群体等特殊群体，向其开放获得和利用各种金融服务的机会，以快捷便利、商业可持续的方式最大限度地满足其有效金融服务需求。

第一层含义的普惠金融针对经济中的每一个人，属于广义的普惠金融，而第二层含义的普惠金融则针对上述特殊群体，属于狭义的普惠金融。这里，缺乏创收能力的社会救济对象不属于广义或狭义的普惠金融的服务对象。无论是第一层还是第二层含义的普惠金融，都要求包容上述特殊群体。

狭义的普惠金融对象的主要甄别标准是，这些金融服务需求主体是否可以被视为处于不利地位的特殊群体，是否完全或者部分被排斥在正规金融系统服务对象之外，正规金融部门是否对其服务不足。比如当前中国的正规金融机构的金融服务没有从广度和深度上覆盖一大部分现代农业经营主体，即便其规模较大，它们仍可以被视为特殊群体，那么它们就是狭义的普惠金融服务的对象。

提供普惠金融服务的项目或者机构，需要做到"商业可持续"。这里的"商业可持续"不只涉及保本微利或纯粹保本的运作，还包括计取商业金融部门的商业信贷利率，或者计取合作金融部门的合作信贷利率，或者政策性金融机构计取的足以弥补成本的信贷利率。

孟加拉国乡村银行推出的"平息"商业性小额信贷就属于普惠金融。孟加拉国的尤努斯教授与其所创建的格拉明银行，同是2006 年诺贝尔和平奖得主。该银行的商业性小额信贷每一笔金额都很小，首先针对贫困妇女发放。尤努斯对具体偿付机制解释如下：贷款期为一年，每周分期付款，从借入贷款一周后开始偿付，年利率是 10%；偿付数额是每周偿还贷款额的 2%，需还 50 周；利息为每贷款 1000 塔卡[1]，每周付 2 塔卡的利息，实际年利率其实不低（年化率 20%）。这是一种商业性小额信贷，不过尤努斯教授把这家银行称为"社会企业"：每五户贫困户自行组织为一个小组，每八个小组又自行组织为一个中心，小组和中心成员每周定期开会，讨论和交流各自的生活、生意或者社区事务，对小组成员的贷款由小组成员集体讨论决定。小额贷款不采取小组联保制，因而属于小额信用贷款。这种安排也是对较大农户的排除机制。较大农户对这种小额信贷和定期活动均不感兴趣，而恰恰贫困者愿意参加。贫困者往往比较自卑、自闭，通过参与这些小组和中心的活动，他们容易重获自尊，重建自信，回归社会，拓展社会网络，形成社会资本。该家银行不仅主要向贫困妇女放贷，而且还吸纳借款人成为银行股东，让他们参与分红，同时动员贫困农户自愿储蓄，对存款支付 10% 的年利率。该银行实际上首先是以发展的视角扶持贫困者，而金融支持仅仅是必要的辅助性手段。像尤努斯教授这样的人，可视其为社会企业家和金融企业家。这类企业家是熊彼特的企业家理论所忽视的，熊彼特只重视经济领域的创新企业家。

　　印尼人民银行所属农村银行系统的完全商业化"高息"小额信贷运作也是普惠金融。该银行推行商业小额信贷，动员农户自愿储蓄。贷款利率基于充分的风险定价，在 20 世纪 80 年

---

[1] 塔卡，全称孟加拉塔卡，是孟加拉国流通货币。

代初最高可达年利率 36%，并要求提供抵押担保，确保较高利润目标的实现。

国内的村镇银行和那些自负盈亏的农民资金互助组织均属于普惠金融机构。村镇银行的贷款一般额度较小，征收的信贷利率水平类似于农村信用合作。那些自负盈亏的农民资金互助组织，其贷款年利率属于"低息"，很多只有 4%～5%，但如果运作正常，大致可以做到保本微利。

不过，商业不可持续的扶贫补贴信贷模式不属于普惠金融，而是特惠金融。特惠金融只强调资金可得性，而不注重商业可持续性。特惠金融方式将是短期的、突击式的。这种特惠金融虽然取得了一定的效果，但是弊端明显：一是挤出商业可持续的信贷服务提供者，扭曲金融市场和经济市场，而且信贷质量低；二是道德风险较高，易发生贫困者"等，靠，要"，不还贷等现象，也容易造成一些村干部或者较大农户通过一些途径挤占资金资源，出现资金渗漏、寻租腐败等现象。

🪙 思　考

1. 什么是广义和狭义的普惠金融？

2. 简述普惠金融、微型金融和小额信贷的区别和联系。

3. 普惠金融与特惠金融有何不同？

资　料

1. 约瑟夫·熊彼特. 经济发展理论. 何畏，易家详，等译. 北京：商务印书馆，1990.

2. 穆罕默德·尤努斯. 企业的未来——构建社会企业的创想. 北京：中信出版社，2010.

权力与通胀

朱海就

本课要点

· 通货膨胀是权力垄断货币发行的结果。

· 通货膨胀是权力攫取大众财富的手段之一。

通货膨胀侵犯产权，同时也是侵犯产权的制度的产物。这可以从"政府垄断的金融体系"和"非金融的权力部门"两个方面进行说明。这两个部门都与权力相关。

就政府垄断的金融体系（包括央行与商业银行）而言，首先，我们看到这一体系创造法币本身就是不符合私有产权原则的，法币的发行也会破坏产权。法币是政府人为设计的，不是自发产生的。法币本身是"不合法"的，我们用的纸币其实是"假币"。只有自由竞争下的货币体系才能产生"真币"，权力体系是一个不能排除"假币"，甚至本身就是鼓励造假的体制。政府不断地创造法币，使人们手中的货币的购买力被稀释，使财富减少。这样，通货膨胀隐性地侵犯了财产权。其次，部分准备金的银行体系也侵犯了储户的财产权。

就非金融的权力部门（如地方政府）而言，它有通过通货膨胀来获得自己利益的强烈冲动。政府借助自己控制的金融体系，通过发债或借钱，也就是通常说的倒逼印钞来获得货币比收税容易。地方债的数额为什么如此惊人就是这个原因。政府大量支出导致通货膨胀和巨额债务，而巨额债务引发政府对货币与信用的进一步操控，这是经济危机的基本逻辑。

权力部门不是个体自我负责的，在权力部门，没有人对借贷行为负责。比如，私人企业老板借了钱，还不了，可能会跳楼，这样的例子不少，但国企老总和地方政府官员因为负债跳楼的例子从来没有听说过。由于不需要个体负责，产生大量借贷，制造通货膨胀的可能性大大增加了。

权力部门对应的是"权力经济"，不是交换经济。市场经济是交换经济，权力经济不是。交换经济是，人只有为他人提供服务才能获得货币，然后再去购买他人的服务，其本质上是商品交换商品，服务交换服务。但权力经济不是这样，它先制造货币，再进行生产，是通过权力，利用货币手段，从他人那里攫取财富。通货膨胀是攫取财富的手段之一。权力越大，越不受控制，发生通货膨胀的可能性就越大。政府拥有印钞权，其实就是拥有了"合法"割韭菜的权力。假如社会财富比较多，权力收割不是那么厉害，或新创造的社会财富数量超过收割的数量，通货膨胀制造的危机就不会暴露。

"权力经济"又分为两种情况。一是几乎没有市场或没有私有部门的经济。这是计划经济社会，如改革开放之前的中国，现在的朝鲜。这样的社会中财富很少，货币的购买力很低，如中国在20世纪70年代，普通老师一个月的工资只能买100斤谷子。权力控制经济的结果和通货膨胀的结果很像，都是经济危机，但它不是信用扩张导致的危机，而是正常的生产被破坏，生产力低下导致的危机。有人说计划经济没有经济危机，这是谎言。二是私有部门占一定比重的权力经济。私有部门的财富创造以及大量的供给会部分抵消物价的上涨，使货币维持一定的购买力，把通货膨胀的危害部分地抵消掉。过去十多年，有些商品的价格并没有大幅上涨主要就是这个原因。这种私有经济为权力部门通过通货膨胀攫取私有部门创造的财富来实现自己的扩张，提供了机会。

显然，假如没有私有经济创造的财富，权力部门也就无法攫取财富来扩张自己。不难发现，在那些半市场经济国家，在私有经济扩张的同时，权力部门也在扩张，甚至比私有部门扩张得还快。

根据上面对"政府垄断的金融体系"和"非金融的权力部门"的区分，可以把经济危机分为几种类型：一是主要由金融体系本身导致的危机，如美国1929年的大萧条和1998年亚洲金融危机；二是金融体系与非金融的权力部门共同作用产生的危机，如欧债危机和2008年美国次贷危机，欧洲国家的福利制度和美国的福利政策是导致通货膨胀的一个重要因素；三是主要由非金融的权力部门产生的危机，如委内瑞拉和津巴布韦的危机，这些国家本身就没有完善的金融部门。

现在资本主义国家再发生 1929 年那种大危机的可能性比较小，一方面是私有产权制度抵消了法币体系的危害，二是货币数量受到了控制。相反，在私有产权发育不充分的国家，它产生危机的可能性及危机的严重程度都要超过资本主义国家。

概而言之，经济危机的根本原因是法币体系与垄断的政府权力，后者也借助于前者实现垄断。两者都是侵犯私有产权的制度。通货膨胀的危机，本质上是不正当的权力制造的危机，在理想的私有体制下不会出现通货膨胀。不正当的权力必然破坏生产，权力越大，危机越严重。

思　考

1. 权力与通货膨胀之间的内在逻辑是什么？
2. 为什么说"计划经济没有经济危机"是一个谎言？

资　料

穆瑞·罗斯巴德. 美国大萧条. 谢华育，译. 上海：上海人民出版社，2009.

课时 54

中国的通胀是怎么产生的

朱海就

本课要点

· 2008 年之前，社会财富的增长速度快于通货膨胀的速度，2008 年之后则相反。

· 通货膨胀的主要原因是国有部门的信用扩张。

有人计算了一下，2003 年到 2017 年前后，中国每年物价平均上涨率超过 10%。2003 年一碗面的价格是 5 元，现在是 20 元左右，涨了 4 倍，房价涨幅甚至超过了这个数字。物价的大幅上涨和中国惊人的 M2 相关，中国现在的 M2 是 GDP 的 2.1 倍，美国是 0.9 倍。

那么天量的 M2 是怎么产生的？我们知道谁的负债高，谁对 M2 的贡献就大。地方政府和大型企业（比如恒大）的负债最高，对通货膨胀的贡献最大。不仅如此，地方政府和大型企业还是信用的首位创造者，其得到的贷款在银行里不仅可以创造信用，而且其负债可以倒逼央行，使其扩大货币供应。这个创造信用的次序很重要，因为"先负债"意味着能够"割别人的韭菜"，"后负债"意味着要被割。比如后买房的居民，其持有的货币价值已经被稀释。尤其是地方政府和大型企业有一个很大的优势，就是有能力"首先负债"。比如地方政府和大型企业买地之后可以拿土地去银行抵押，随着土地价格不断上涨，可以抵押出来的资金也越来越多，这样就创造出越来越多的信用。

中国式通货膨胀的一个重要特征是地方政府、大型企业，包括金融部门即特权部门，非常容易获得资金，它们利用资金把资产价格炒上去，然后让大众去买，后买的人就要比先买的人支付更多资金。处理银行坏债的资产管理公司甚至可以买地，我们知道这并不是它的本职工作，但它竟然也入市买地，推高地价。这种做法和银行直接买地有什么区别？与银行直接送钱给政府又有什么区别？

国有金融公司高价买地后就抬高了地价，这等于政府直接与民争利。地方政府、国企和国有金融部门大量使用银行廉价资金，制造了通货膨胀。地方政府、国企和国有金融部门会主动加杠杆（也就是增加负债），它们无须为自己的负债承担责任，购房的居民是被动加杠杆：后买房的人都要支付更多资金。资金到哪里去了？答案是到地方政府和银行里去了。四大银行的利润比所有民营企业的利润加起来还多，地方政府的土地财政收入也很高。这几年，居民的储蓄都流入这两大部门了。

改革开放四十年，可以分为两个阶段。第一阶段，前三十年，即 2008 年之前，市场扩大，财富不断增长，中国通过民营化提高生产率，抵消了通货膨胀的不利影响，使货币保持购买力。第二阶段，财富分配阶段。2008 年之后的十年，市场化改革进展放慢，体制化加强，政府扩张速度快于市场扩张速度，财富分配效应大过财富创造效应，再加上房地产市场背后的"再分配"环节，使得财富分配超过财富创造。当然这不是说过去十年社会财富没有增长，财富还是有增长的，只是增长的速度比不上再分配的速度，比如做实业的比不过炒房的。

另外，地方政府大量投资基建也是直接导致通货膨胀的原因。基建分为两种，一是响应需求的基建，这种基建建设了道路、桥梁、医院、学校等，这种基建还好，比如经济发达地区的高铁，只不过它也是有通货膨胀效应的，并且我们认为，假如把基建交给私人去建设和运营，成本会更低；二是"庞氏骗局"性质的基建，为了印钞，为了延续流动性，为了避免偿付危机发生而建设道路、桥梁等，这会导致基建的过度投资。

为什么说过去十年，财富的创造可能跟不上财富的再分配，一个重要的原因是，这个阶段我国没有通过产权改革去改变国有部门的低效，而是通过通货膨胀维持国有部门的低效，这加剧了通货膨胀。2008 年和 2014 年世界发生了两次大规模的通货膨胀，后一次更厉害，通货膨胀的结果必然是经济危机，比如出现了 2009 年金融危机、2015 年股灾和 2018 年股灾。

政府推动型的增长模式是导致通货膨胀和经济危机的根本因素，但它却被很多经济学家看作是中国的优势，这种错误的认识会阻碍改革。很多经济学者都有这种错误认识，他们没有看到政府在配置资源时必然会产生通货膨胀。他们也完全忽视了通货膨胀的后果，因为他们是实证主义者，只能看到"看得见的"。

思　考

1. 谁是中国通货膨胀的主要制造者？
2. 为什么我们要反思"中国模式"？

资　料

穆瑞·罗斯巴德. 美国大萧条. 谢华育，译. 上海：上海人民出版社，2009.

课时 55

货币与通货膨胀

朱海就

本课要点

· 利率被人为压低时，生产的跨期协调失灵，经济危机出现。

· 经济危机是清算信用扩张时产生的错误投资。

很多人会把通货膨胀理解为物价的普遍上涨，这是错误的，通货膨胀就是通货供给的增加之意。通货有两种，一种是真正的货币，即贵金属；另一种是货币替代品。流通中的贵金属大量增加虽然也有可能发生，但一般是比较难的，容易增加的是货币替代品。我们需要先了解一下什么是货币替代品。

货币替代品有纸币与铸币两种，其中纸币是主要的。它们可以充当流通媒介，有货币的功能，但本身不是商品，没有价值或其价值低于票面价值，是"债"的凭证和一种要求权。货币替代品是债务人（包括政府和银行）发行的，又分为货币证券（certificate）和信用媒介，分别对应商品信用和流通信用（所以米塞斯把通货膨胀称为"信用扩张"）。货币证券是有 100% 现金准备的，即只能贷出与它自己的资金和顾客信托它的金额数量相等的额度。信用媒介是指超出准备金部分而发行的货币。货币证券和信用媒介被统称为"通货"，它们都在流通，我们无法区分一张货币替代品究竟是货币证券还是信用媒介。

如前所述，通货膨胀一般是指"货币替代品"的大量增加，但更准确地说是上面这两种货币替代品中"信用媒介"供给数量的大幅增加。货币证券对应着商品信用，是不能扩张的。政府为了达到自己的目的，如经济增长、充分就业等，会操控货币，制造通货膨胀，其手段是压低利率。

当利率被刻意压低，出现信用扩张之后，商业周期就产生了。利率源于时间偏好，是协调现在和未来消费的重要信号。个体储蓄是为了在未来获得更好的消费能力，他会对现在的消费与未来的消费做一个比较，这便涉及他的时间偏好问题，而这个时间偏好会通过利率反映出来。假如个体特别倾向于现在消费，那么他的时间偏好比较大，利率就会比较高，反之利率就会比较低。通过利率，跨期储蓄和投资得以协调。

但是一旦利率被政府操控，比如被人为压低，那么利率的跨期协调功能就失灵了，并将导致资本被错误分配。比如人为的低利率营造出消费者更愿意储蓄、社会有充足资源的假象。企业家在这个信号的误导下会进行大量的错误投资。为什么说是错误投资呢？因为这些投资并没有真实的储蓄作为基础，消费者也没有真正的购买意愿和能力。这里所说的真实的储蓄指的是有"真实财富"作为支撑，比如以粮食为支撑的储蓄。与真实的储蓄相对的是"虚假信用"，它并没有真实财富作为支撑，虚假信用进入经济体系后会扭曲各种价格，包括生产要素的价格、产品的价格，以及汇率和市场利率，如前期 P2P 中的高利率就是信用扩张造成的假象。

被人为压低的利率不可能一直被压低，必然会回归到自然利率，也就是由实物资本供求所决定的利率。利率水平的回归（提升）是经济危机的导火线。那么利率又是怎么提升的？原因是银行不愿意给已经有大量负债的企业贷款了。为什么不愿意给企业贷款？因为银行发现企业的经营出现了困难，而出现困难的原因是之前的信用扩张使得生产结构扭曲，导致产品难以出售，利润下滑。这时，如果企业想要获得银行的贷款，那么它就需要向银行支付更高的贷款利息。

利率提升伴随着信用收缩，而信用收缩则伴随着经济衰退，它是通货膨胀的必然结果。通货膨胀又是由政府垄断货币、中央银行为部分准备金银行体系提供担保导致的，正如哈耶克所言，只有政府有能力制造通货膨胀。奥地利学派经济学认为，任何通过信用扩张而被放大的通货膨胀过程，迟早会被自发地、无情地扭转，并引发危机或经济衰退。这时信用扩张所导致的错误投资会显现出来，大量的失业将会出现，错误的投资需要被清算，资源需要重新配置。经济危机就是对这些错误投资的清算。

既然经济危机是通货膨胀的必然结果，那么要摆脱危机就要彻底消除政府制造通货膨胀的可能性。对此，哈耶克提出了"货币的非国家化"，米塞斯提出"金本位"和百分之百准备金的银行体系。他们提出的对策虽然有所不同，但目的都是相同的，也就是使货币和银行体系摆脱政府的控制。

💰 思　考

1. 货币证券和信用媒介有什么不同？

2. 通货膨胀是如何导致经济危机的？

💰 资　料

路德维希·冯·米塞斯. 夏道平，译. 人的行为. 上海：上海社会科学院出版社，2015.

注入信贷不是国企改革的有效之道

朱海就

本课要点

· 人为地给低效的国企注入大量金融资源，使金融资源被错误配置，损害了经济效率。

· 国企改革的方向是摆脱政府的"输血"，让国企成为市场中自负盈亏的企业。

2018 年 10 月 24 日，多家银行给中国一汽意向性授信 10 150 亿元。因为金融机构给予国企这么大的信贷支持力度是前所未有的，所以这则新闻引起了人们的普遍关注。我们说，国企改革需要信贷支持，更需要注入企业家精神。信贷应该基于对企业家精神的发现和保障，假如用注入信贷来代替企业家才能的发挥，那么对国企改革可能会产生消极影响，同时也会损害整个经济的运行效率。

信用虽然是无限的，但信用可以换来的金融资源是十分稀缺的。国企占有大量信用资源就意味着在总量相对有限的金融资源中国企占了更大的份额，这样留给民企的信用资源就少了。这也提高了民企的融资门槛和获得金融资源的难度。民企要获得信用资源就要付出更高的代价，比如支付更高利率的利息。金融资源与任何其他资源一样，都应该交给市场去配置，而不能由政府主导。

市场经济要求企业和银行都要成为自负盈亏的主体。信贷应该是银行的自主行为，而不是政府行为。在市场中，企业要承担经营风险，银行要为信贷承担风险，只有这样才符合政府提出的让市场在资源配置中发挥决定性作用的要求。当企业有了大量的信贷资金，同时也无须为信贷资金的使用承担责任时，那么很有可能造成信贷资金的滥用，这在经济学上叫"道德风险"，也可以称为"机会主义"。换句话说，容易获得的政策性信贷资金会弱化企业改革的动力。

政府对一些国企的信贷支持，源于政府把某些国企视为"共和国长子"。但是，事先就认定某些企业为"共和国长子"，那就相当于赋予它们一种特权，这对其他企业是不公平的。事实上，也不应该有"长子"思维，市场中的所有主体都是平等的。国民经济的好坏不取决于某些特定企业的表现，而取决于能否把资源配置到最能满足消费者需求的部分中去。

企业的改革往往都是"逼出来"的，企业家精神也是逼出来的。换句话说，在优越的环境下，人们一般会寻求安逸，不会去发挥企业家才能。事实上，在过去很长一段时间，由于国企过分依赖政府这个靠山，所以国企的企业家比不上民企的企业家。不夸张地说，国企最缺的就是企业家精神，而非信贷。在过去改革开放的四十年中，不少濒临倒闭的国企通过改革和改制，发挥了经营者的企业家才能和员工的积极性，重新焕发生机，成为行业中的佼佼者，如格力电器、小天鹅和潍柴动力等都是很好的例子。

相比之下，政府试图利用信贷以及其他各种优惠措施来扶持国企却有很多失败的例子。比如2008年金融危机之后，政府出台了"十大产业振兴计划"，先后扶持钢铁、汽车、船舶、石化、纺织、轻工、有色金属、装备制造业、电子信息以及物流业等十大产业。为了扶持这些产业，政府给这些产业中的龙头企业，主要是国企大量的信贷资金支持。但这种振兴计划的效果不佳，比如得到扶持的"东北特钢"已经破产。

另外，作为这一"振兴计划"的一部分，2010年由天津钢管集团、天津钢铁集团、天津天铁冶金集团和天津冶金集团四家国有钢铁企业联合组建的"渤海钢铁集团"也已经宣布破产，且负债近2000亿元。投放给这些国企的信贷资金没有创造出财富，而是变成了坏账，由百姓买单。假如当初这些信贷资金投放给民营企业，那么这种浪费或许就可以避免。

国企改革是否成功，最终要由市场说了算。纯粹依靠政策性信贷实现的增长往往是虚假的，最多也是一时的和表面的。企业的成长需要企业家精神的推动。实际上，企业家获得信贷资金的过程就是配置资源的过程。企业家获得的信贷资金的多少，是他经营能力的体现，因为银行只有认可企业家的经营才能时才会向企业家提供信贷资金。

相反，政策性的信贷资金不具有上述功能。这种信贷资金与企业家精神无关，不能体现企业家的经营才能。事实上，如果国企的改革取得成效，那么无须政府牵线搭桥，银行信贷资金自然会找上门来。

　　国企最终要在市场上与民企、外企展开竞争，而企业家精神是决定国企在竞争中成败的关键因素，而且私人产权应该在整个经济中占据主导地位。在这一前提下，当国企的活力和创造力被充分激发出来时，提供给国企的信贷资金才会得到更为有效的利用。

💰 思　考

1. 为什么说给国企注入大量信贷资金不利于国企改革，也不利于民企的发展？
2. 怎么才能让国企具有企业家精神？

💰 资　料

热拉尔·罗兰，约瑟夫·E·斯蒂格利茨. 私有化：成功与失败. 张宏胜，于淼，孙琪，译. 北京：中国人民大学出版社，2011.

第五部分

经济治理

课时 57

"差不多文化"与"中国智造"

冯兴元

<table>
<tr>
<td>本课要点</td>
<td>
· 胡适"差不多先生"的故事说明了古人所言"差之毫厘，失之千里"的道理。在当代中国，仍然能够看到胡适当时所说的"差不多先生"的风气，那是一种"差不多文化"。

· "中国制造"之所以总体上不再成为"伪劣产品"的标志，与中国制造业中大量企业的"去差不多文化"的努力有关。

· "中国智造"有赖于进一步的改革开放，更大的私人产权保护，更进一步地去"差不多文化"。
</td>
</tr>
</table>

　　胡适先生曾经于 1924 年写过一篇题为《差不多先生传》的短文。他在文中写道：中国最有名的人是"差不多先生"，是全

国人的代表。"差不多先生"的口头禅是:"凡事只要差不多,就好了。"其结果是:妈妈让他买红糖,他买回白糖;他到钱铺做伙计,十字常常写成千字,千字常常写成十字。有一次他得了急病,叫家人去请东街的汪大夫。家人急急忙忙地跑去,一时寻不着东街的汪大夫,却把西街的兽医王大夫请来了。"差不多先生"让后者用医牛的方法为他治病,结果他因为这种医牛和医人"差不多"的想法而一命呜呼。

"差不多先生"的故事说明了"差之毫厘,失之千里"的道理。从动态经济学的视角来看,最初一个人为"差之毫厘"所付出的成本似乎只有一点点,但是时间久了,成本可能变得巨大,代价甚至变得致命,也就是"失之千里"。这个道理,对于一人是如此,对于一国也是如此。

当代中国仍然存在胡适当时所说的"差不多先生"的风气,那是一种"差不多文化"。比如在一些民营企业里,很多工人加工零部件,觉得加工得差不多就行。企业老板买不到符合标准的钢板,便找差不多的钢板代替。在很多国有企业,明明人浮于事,就是没有人站出来说事。在一些机关事业单位,一些干部无所事事,但不影响他拿工资奖金。在很多地区,政府官员在台上的讲话明明荒唐得离谱,但是没有人当面指出其问题。

最新的一个"差不多文化"的例子就是中兴公司。前几年美国商务部与中兴公司签订和解协议,暂停执行美国商务部禁止中兴公司以任何形式从美国进口商品的决定。但是中兴公司居然违背了其中的部分条款,没有根据条款处罚其35名违规员工。这种"差不多文化"差不多撼动了"中国制造"。

　　不过，我国历经改革开放四十年，至少在制造业中"去差不多文化"大有进展。这一进展与企业必须在市场中遵循消费者主权原则有关：只有根据消费者的偏好和需求组织生产、提供产品，生产者才能获利生存。在这里，"物竞天择，适者生存"的达尔文主义竞争机制发挥了重要作用。

　　过去我们只提"中国制造"，后来有人大谈"中国创造"，甚至还有人喊出了"中国智造"的口号。从"中国制造"，到"中国创造"，再到"中国智造"，是一个去"差不多文化"的过程。

　　"中国制造"在改革开放之初，还是"低劣产品"的标志。现在中国已经成为制造业大国，"中国制造"已经从总体上改变了原来的"低劣产品"这层含义。据说在20世纪80年代，温州的一些小商贩向外地游客兜售长袖衬衣，外地游客买了之后沾沾自喜，以为买到了便宜货，结果到家里拆开一看，衬衣不是长袖，而是无袖的。那时候温州的小商贩背后的工厂作坊搞的是另类"智造"，也就是投机取巧，坑蒙拐骗。这样做只在短期有利于这些"智造者"，但在中长期会对整个温州的诚信环境和商业发展造成严重损害。当时这种"智造"十分风行，说明当地存在一种"差不多文化"，容忍了这种发展势头。后来"去差不多文化"蔚然成风。至少到2011年温州金融危机之前，温州商人的诚信、商人精神甚至企业家精神是我们有目共睹的。温州商人的这些品质，也是其在后来东山再起、叱咤风云的根基。

　　"中国制造"之所以总体上不再成为"伪劣产品"的标志，与中国制造业中大量企业的"去差不多文化"的努力有关。这种努力不是出于利他的动机，而是出于自利的考虑。市场的发育给予中国企业这一机会，使得企业在多次博弈中认识到守信和质量的重要性。没有这一"去差不多文化"的过程，"中国制造"应该还是在初始阶段，更谈不上"中国创造"或者"中国智造"。

如果说"中国制造"过去很长时间主要是利用我国劳动力便宜这种比较优势，那么"中国创造"则是不断增进"我有，你无"这类核心能力的竞争优势。"中国创造"也体现在中国当前每年的专利总量在世界排名第一。当然很多专利算不上发明创造，可能只是"小打小闹"。但是中国具备竞争优势的产品和产业确实在增多。

"中国智造"有赖于进一步的改革开放，更大的私人产权保护，更进一步地去"差不多文化"。我们需要发展大数据、云存储、3D打印、数字货币、区块链、物联网、人工智能等技术。"中国智造"不可能依靠曾经发生过的伪造"汉芯"以骗取巨额国家补贴这类"智造"骗局。"中国智造"必然要依托实实在在的商人精神和企业家精神。就像荷兰的阿斯麦公司制造出世界顶级光刻机一样，它所倚仗的就是此类精神。

说到底，"中国智造"实际上要求一种执着的"痴造"。最后，我们要明白，"中国智造"并非所有的关键技术都必须由国人掌握。这没必要，也不可能。"中国智造"也不可能只有国人的参与，它必然是一种"你中有我，我中有你"的分工合作的结果。同样的道理也适用于"美国制造""美国创造"或"美国智造"。

思　考

你认为当前中国是否真的存在一种"差不多文化"？如果有，如何形成一种"去差不多文化"？

资　料

弗里德里希·冯·哈耶克. 致命的自负. 冯克利，胡晋华，等译. 北京：中国社会科学出版社，2000.

中国之大

黄春兴

> · 中国之大不在于十四亿人口，而在于他们在市场竞争下所呈现的专业化。
>
> · 中国之大的意义：细微的学术领域都可觅得发展的机会、学院内部规模足以开发次级领域、中国有能力孕育万种知识川流。

本课要点

这是一件很多年前的事。那年，我进行了一项课题研究，想了解几所知名高校的经济学院如何面对正在兴起的西方政治经济学。于是，我拜访了几所高校中与这个领域相关的教授。给我印象最深的是北京市的一所以正统政治经济学为研究重心的知名学院。以下是我当时和该院院长的一段对话：

　　"西方政治经济学的兴起是否会影响到贵院的发展？"
我礼貌地问。

　　"你是说我院在教学方面必须转轨吗？"院长很疑惑地
反问。

　　"是的，就是这个意思。"

　　"我先问你。你认为香港有没有热衷于正统政治经济学
的研究型学者？"

　　"我知道是有的。"

　　"有没有 5 人？"

　　"应该不止 5 人。"

　　"就以 5 人计算吧。香港约有五百万人，这等于一百万人
中会有一人热衷于正统政治经济学的研究。我们对正统政治
经济学思想的信仰应该不比香港少吧！就同样以一百万人中
会有一人来估算，十四亿人应该会有超过一千人热衷于正统
政治经济学。只要有一半人愿意来我院研究与教学，我院的
学者就容纳不下了。我院不需要担心你提到的问题。"

　　"一百万人中会有一人"，并不是说一百万人中必定会有一人
热衷于正统政治经济学，而是说十四亿人中会有超过一千人热衷
该学科的概率是非常大的。当然，这位院长以"一百万人中会有
一人"为评估底线，不是故意低估热衷学者的人数，而是以强化
的语气说明他真的不担心我提出的这个问题。

　　突然间，我理解"十四亿人"的真正含义。"中国之大"，
不在于它有十四亿人口，而在于它在"一百万人中会有一人"

的条件下能出现的人数和这些人在市场竞争事件下所将呈现的专业化力量。

亚当·斯密认为"分工的广度和专业化的深度受限于市场规模",但前提是市场的竞争机制不受约束,也就是说"市场规模会决定分工的广度和专业化的深度"。一个最简单的例子是:在一个只有十户人家且与外界隔离的孤岛上,即使分工也只能简单地分成五家农户、两家猎户、一家木匠、一家铁匠和一位巫师兼医生。当孤岛上的人口增加到一百户时,可以预期,农户可能增加到四十家,也会各自发展成专业化的稻农、果农与菜农。类似地,猎户可能会增加到八家,此外,还会出现新的专业化行业,如鞋匠、裁缝等。

知识不同于上述具有消费意义的竞争性的物质财货。就政治经济学的知识为例,它不具有消费意义上的竞争性,这是因为一位学者写出来的通识文章可以同时让所有人阅读,不论阅读人口是十四亿还是五百万,所需的通识作者同样多。假如社会对政治经济学知识的需要只要五位通识作者就足够提供,那么,十四亿人中多出来的一千位学者该何去何从?

当然,这一千人会竞争这仅有的五个席位,能胜出者必然是佼佼者,无法胜出者就必须另谋出路。他们既然都是热衷于此的学者,改行转向只会是不得已的选择。只要该知识领域的研究方向不受限制,他们的行动必然是钻进各自偏好的次级领域,在次级领域内朝向纵深或横向延展去探索,并把自己打造成更细分工下的专业学者。几位杰出的通识学者加上各次级领域的专业学者就构成了完整的专业学院。

　　因此，"中国之大"的第一层意义是：即使在"百万人中只能吸引一人"的领域，也可能聚集五百位学者，组成一个专业学院。也就是说，任何细微的学术领域，都可以在中国觅得生存与发展的机会。然而，这仅是从静态角度去看这个问题。从动态角度来看，既然每一个专业学院都能聚集五百位学者，这个规模足以在学院内部形成竞争，并继续开发出新的次级领域。这是"中国之大"的第二层意义。

　　有一点必须说明，分工需要市场消费面的支撑。如果没有消费面的支撑，过细的分工绝对无法生存。当然，我们不排除再分工者自己会设法去开拓顾客群。由于再分工者是"一百万人中的一人"，而他的专业知识可开发的市场规模是十四亿人，因此他要存活下去并不会太困难。

　　再从知识的丰富面来看，在一个专业学院的人数是五百人且学者仅占人口百分之一的假设下，十四亿人的社会至少可以容纳上万种不同领域的专业学院。这不禁让人想到林则徐说的"海纳百川，有容乃大"。相对而言，百川显得极其微细。任何极其细微和特异的议题，中国都有能力让它形成一个有生命活力的学院。这是"中国之大"的第三层意义：中国有能力孕育万种知识川流。

🏮 **思　考**

1. 为何只要市场的竞争机制不受约束，则"分工的广度和专业化的深度受限于市场规模"，也就是说"市场规模会决定分工的广度和专业化的深度"？

2. "海纳百川有容乃大"是清末林则徐为广州越华书院所写之对联的上
   联，请补上其下联。

🎒 资　　料

1. 亚当·斯密. 国富论. 郭大力，王亚南，译. 北京：商务印书馆，
   2015.

2. 罗伯特·墨菲. 第一本经济学. 程晔，译. 上海：上海财经大学出版
   社，2015.

课时 59

为什么我的幸福感跟不上所得的增长？

黄春兴

本课要点

· 和别人比较时，消费提高未必就会有更高的幸福感。

· 仅仅与自己比较，理想与现实的距离也会让人出现不舒服感。

· 不舒服感会让个人追随社会的进步。

今天我收到一封年轻朋友的信，他问我对他信中的陈述有何看法？我把信的内容浓缩成以下两段：

> 我的幸福感最深刻的时候是念大学那几年，轻松又自由；说轻松是因为刚摆脱联招考试的压力，说自由是因为汽车开始出现在生活中。那时，朋友们都去考驾照，有时会偷开家里的车载我们去北京玩儿，一路畅快。那些年，我第一

次坐飞机陪父母去上海看车展，住豪华宾馆，房间里的电视橱竟然和衣橱一样是有门的。我更惊讶的是，世界上居然有奥特莱斯这么贵的购物城。那时候，去香港是件很洋气的事。当时我最爱听朋友讲述香港的见闻了。

如今，去香港的旅游团已成了低价购物团的代名词。当初在上海住的那家宾馆，原来只是普通的三星级，而奥特莱斯也不过是个打折商店而已。当年开着标致206，每天欣喜地擦车的朋友早已换了更高级的车。我疑惑了：是不是对年少时光的回忆存在误差？我的所得的确是提高了，可是，说起幸福的时刻，还是十多年前的那些日子。

看完这封信，不知道大家有何看法？我的朋友说，她想听听我从经济学的角度谈一谈这个问题。

首先，我必须确定一件事：她真的觉得现在的所得比十多年前高，生活和消费水平也都提高了很多，但她并没感到更幸福。当然，十多年来的物价已经上涨了许多，但她谈的是实际所得与实际消费，也就是已经把物价上涨这一部分因素去掉之后的所得和消费的增长（以下我就不再加上"实际"两字了）。

就教科书上的效用来说，她的问题是一个悖论。因为效用是以消费去衡量的，既然消费增加，效用也会提高。效用提高，不就是更幸福吗？或许有人会说："她的幸福建立在和别人比较的基础上。当她发现自己的消费水平永远赶不上别人时，即使自己的消费水平不断提高，她依旧不会有更多的幸福感。"意思是说，十多年前，她和朋友都去了上海和香港玩，而现在她和朋友也都去过了东京和纽约，所以她并没有更幸福的感觉。

　　这一说法是把"攀比心"或"忌妒心"强加到个人的效用中去。对某些人而言，这或许是事实，但不能就此推论这是普遍的事实。不过，这种说法让我们进一步思考。如果我们不去与他人比较，而仅仅与自己比较，或许就会有一个答案。我们可以想象自己正在参加百米跑比赛，起跑点画有一条白线，终点也画有一条白线。我们起跑后，如何衡量自己的位置？有两种方法，一种是"跑了多少米"，另一种是"距离终点还有多少米"。前者可以说是在衡量他的成就，后者可以说是在衡量他还得继续完成的压力。如果我们把成就称为"幸福"，那么压力不就是"不幸福"吗？

　　经济学家米塞斯把这种不幸福称为"不舒服"或"不适"。他认为，个人因为存在不舒服的感觉才会有行动，而行动就是为了解除这种不舒服的感觉。这是米塞斯在论述效用时所使用的一个很特殊的分析角度。他不是从已成就的幸福感去谈效用，而是从预期自己完成目标所承受的压力去谈效用。

　　我们再以一个例子来说明。某位小学生在阅读完《小王子》之后很快乐，但在这快乐之后，他还想再看一本书吗？不知道，因为他可能会去玩手机或抓蟋蟀。若他羡慕姐姐读了许多故事书，那么，他对自己的评估就不是读了几本书，而是还有几本书没读。从这个角度去衡量效用，行动就出现了。

　　回到我的朋友的问题。十多年前，由于经济刚起步，人们开始有了购买能力，每买一件东西都会牢牢记在心头，就像把每一步记在心里的百米赛跑者一样，其效用的衡量方式是从起点算起。经过十多年的发展，人们的经济能力提升了许多，他们不再以记录每次采购的方式去衡量效用，而是每个人心中都出现了一张"采购单"，并不时关注还有哪些东西尚未买到。这时对效用的衡量方式是以与目标之间的距离去衡量的，距离越近，则不舒服感越少。

当然，这张采购单的内容也是变化的，它随时跟着个人的经济能力和社会出现的新商品在调整。一般而言，就像跑完一百米后的新目标是五千米，五千米之后是马拉松一样，不断提高的目标成为持续推动人的行动的源泉。

（张倩怡对本文有贡献）

💰 思　考

1. 米塞斯在论述效用时所采取的分析角度有什么特殊性？
2. 什么东西是持续推动人的行动的源泉？

💰 资　料

1. 米塞斯. 人的行动：关于经济学的论文. 上海：上海人民出版社，2013.
2. 张维迎. 经济学原理. 西安：西北大学出版社，2015.

课时 60

怎样才算是市场经济?

冯兴元

本课要点

· 计划经济缺乏可资利用的货币和市场价格,因而无法进行经济计算,也就是无法进行经济成本与收益的计算。

· 在市场经济中,私人产权和竞争两者均应该占据主导地位,由市场在资源配置中发挥决定性的作用。

一个国家有着特定的经济体制,不同的经济体制影响着经济主体的行为,由此也影响一国的经济绩效。人类的历史经验告诉我们:市场经济优于计划经济,它维护每个人的尊严,赋予每个人最大的自由选择权,带来最大的经济绩效。

那么我国的经济体制到底是不是市场经济呢?诺贝尔经济学奖得主罗纳德·科斯在《变革中国》(*How China Became*

Capitalist）一书中实际上认为中国已经是市场经济。这一点也可从该书的英文原名大体知晓。如果中国的经济体制真如科斯所言，特朗普的对华"贸易战"大概就不会按照现在的路数打响。特朗普对中美贸易提出的要求是：自由、公平与对等的贸易。他认为中美贸易不公平、不对等，美国吃了亏。这里的贸易是从广义上来说的，包括投资。说到不公平，美国政府列举出一串"罪名"加诸中国政府，具体包括政府对国企的支持、国企的海外收购、高关税、国内市场封闭、外商在华投资比例限制、政府补贴、出口退税、知识产权保护、政府产业政策（尤其是"中国制造2025"）、网络安全措施，等等。这里的"对等"不同于"互惠"，可能涉及经济体制上的对等要求。特朗普指责中美贸易不对等，在某种程度上是指两国的经济体制不对等。

　　严格而言，经过四十年的改革开放，我国的经济体制已经告别了计划经济，但是计划经济的一些遗留因素仍在，我们仍然属于一个转型国家。我国的经济体制总体上距离计划经济较远，距离市场经济较近。

　　根据英国演化经济学家杰弗瑞·霍奇逊的看法，现代市场经济需要体现如下特征：一是存在广泛的个人自主、私人产权和商品交换；二是很多私人生产经营与家庭分离；三是存在一个货币和金融体系，其中财产可以用于为银行贷款提供担保；四是存在发达的市场（有组织的交换），包括金融市场和劳动力市场；五是存在广泛的工薪阶层；六是私人公司法人广泛存在。

　　我们现在拿霍奇逊的现代市场经济衡量指标来对比我国的经济体制。目前，我国个人的自主性仍然不够，个人面对行政力量仍然处于相对弱势的地位，法治体系还在建设过程中；国有产权和国有企业在基础性和关键性行业占据行政垄断地位且发挥主导作用，市场还没在资源配置中发挥决定性作用；私人产权和私有企业处于相对不平等的宪法地位；金融体系也由国家主导，无论是银行业、证券业还是保险业，都是由国有机构主导的。

从上述对比可见，我国与现代市场经济仍有一定的差距。也正因为如此，十八届三中全会要求市场在资源配置中发挥决定性作用。这说明我国还没有做到这一点。这也让我们想到，霍奇逊的现代市场经济衡量标准还不完美，现代市场经济国家的一个重要衡量标准就是由市场在资源配置中发挥决定性作用。这里说的"由市场在资源配置中发挥决定性作用"，表明不应该由政府在资源配置中发挥决定性作用。如果经济中的主导和支配性力量是国企和国有金融机构，那么它们代表的是政府行政部门，在资源配置中会把行政意志带入价格体系，从而扭曲价格和市场过程。如果政府部门直接管制价格，那么行政意志将直接导致价格扭曲，比如"两油"的价格就是由发改委决定的，而非市场决定的。政府部门在直接管制商品数量，这也会造成市场扭曲。比如现在的中央银行宏观审慎监管措施之一就是每月给各家金融机构确定信贷额度，这种做法其实就是计划经济残余思维在作怪：每家金融机构的信贷余额应该是市场运作的结果，而不应该由货币当局预先设定分配上限。近年来，随着行政本位的加强，不仅国有企业发展缓慢，民营企业的自主性也在下降，以至于今后无论是国有企业还是民营企业，如果想要在欧美市场进行重要的收购和投资运作，均可能受到东道主国家政府的猜疑。

经济学家米塞斯认为，计划经济缺乏可资利用的货币和市场价格，因而无法进行经济计算，也就是经济成本与收益的计算。这也决定了计划经济的低效率与失灵。他还认为，市场经济是一个生产手段私有而实行分工的社会制度，它以货币和市场价格为基础，因而可以进行经济计算。米塞斯在《人的行为》一书中是这样分析市场经济的："这个制度的运作是市场在掌舵。市场指导人们的活动，使人们的活动最能满足别人的需要。在市场运作中没有任何强迫和压制。国家，这个强制的社会机制，不干预市场和市场所指导的国民活动。它使用权力使人民服从，只是为了惩罚和防止那些破坏市场运作的行为。它保护人民的生命、健康和财产，使人民免于国内暴徒和国外敌人的侵袭。于是，国家就需要创造并保持一个市场经济可以顺利运作的环境。"

按照这个逻辑，市场经济必然是我们的福音。米塞斯还认为，如果在一个以生产手段私有为基础的社会里面，虽然有些生产手段是公有（公营），但这并不构成混合经济。这一公有（公营）部门仍然需要参照私人部门的市场价格，受市场指导，受制于市场法则，因而必须依赖消费者：消费者可能惠顾它们，也可能不惠顾它们。这里需要注意，这种经济仍然算作市场经济，首先因为它以生产手段私有为基础，其次公有（公营）部门只是一小部分，不占基础性地位。如果国有产权占据主导地位，公有（公营）部门太大，政府对私营部门直接管制严重，那就与市场经济有着天壤之别。

米塞斯的上述区分标准，也适用于审视目前我国的经济体制在全球经济体制光谱中的定位，值得我们深思。

💰 思　考

1. 简述霍奇逊的现代市场经济衡量标准的具体内容，并指出其欠缺之处。

2. 如何理解"由市场在资源配置中发挥基础性的作用"？

💰 资　料

路德维希·冯·米塞斯. 人的行为. 夏道平，译. 上海：上海社会科学院出版社，2015.

"后发劣势"的根源

朱海就

本课要点

· 不发达国家与发达国家的差距不在于核心技术，而在于社会和经济制度。

· "后发劣势"是由市场化改革停滞导致的。

2002 年，杨小凯的一次关于"后发劣势"的演讲引发人们的关注。所谓"后发劣势"是指经济不发达国家模仿发达国家的技术，但没有模仿发达国家的制度，所以它们的经济短期内取得一定成效之后便陷入停滞状态，甚至失败。林毅夫在"后发劣势"问题上提出了不同的看法，他认为只要发挥后发优势，经济增长并不需要以明晰的产权和制度变革等为前提。

"后发劣势"概念不适用于发达国家，因为对这些国家来说，后来者基本上都成功地模仿了先行者的制度，其中以美国对英国的模仿最为典型。除此以外，有没有哪个国家模仿发达国家的技术，不模仿其制度而取得成功的？这样的国家几乎找不到。日本、韩国、新加坡等取得成功的后来者都在不同程度上模仿了发达国家的制度，而不仅仅是模仿它们的技术。

不难发现，成功地从经济不发达国家转型成为发达国家的只有少数国家。南美、东南亚和阿拉伯地区的大部分国家长期停留在中等发展水平甚至更低的发展水平上，比如南美的发达经济体只有智利。这说明"后发劣势"确实是一种普遍现象。中国的发展已经基本上达到中等发达国家水平，接下去中国究竟会跃升至发达国家行列，还是和南美及很多东南亚国家一样，停留在这一水平呢？这目前还是未知之谜。

中国在改革开放后确实模仿了西方的技术，通过招商引资，消化吸收了大量西方技术，比如互联网。但应该说，中国取得的成就主要不是模仿技术取得的，而是通过制度变革取得的。比如中国实施了土地产权制度的变革，保障了个体私营企业主的权利，在开启国企改革，促进劳动力的自由流动等方面都有相当大的改革力度。如农村土地产权制度改革后，"吃饭"的问题一下子解决了，这是在技术没有什么进步的情况下取得的成果。

实际上，假如没有制度方面的相应改革，技术的模仿也不可能有效果，因为技术只有变成产品，在市场上售卖，满足人们的需求时才算发挥了作用，而制度改革创造了使技术得到利用的市场。在计划经济年代，中国和苏联都想发展技术，在技术方面也都取得了一定的进步，但技术的进步并没有起到推动经济发展的作用。从这个意义上说，市场优先于技术。

所以，没有仅仅依靠技术模仿就可以获得的后发优势，后发优势其实也是"制度改革的优势"。但很多不发达国家并不清楚它们所获得的优势都是通过市场化改革获得的。米塞斯就曾指出："东方民族没认识到，他们最需要的并非西方的技术，而是产生这些技术的社会秩序，他们最为缺乏的是经济自由和民间的原创力（企业家和自由市场制度），但实际上他们只是在寻找工程师和机器，东西方的差距在于社会和经济制度方面。"米塞斯的这一观点其实是"后发劣势"的另一种表述，与杨小凯的观点有异曲同工之妙。

"后发优势"是市场化改革的产物，而避免"后发劣势"也同样需要市场化改革。换句话说，假如一个国家陷入"后发劣势"，那一定是市场化改革陷入了停滞。没有市场部门提供的财力以及价格信号，政府根本无法运转，更不要说在经济活动中扮演什么角色。这一点应该成为基本认识。遗憾的是，国内一些经济学家对此并没有清醒的认识，如有的经济学家推崇政府主导的产业政策，甚至认为发展中国家只要战略选择得当，可以不需要进行制度改革。还有的经济学家把中国的"县域竞争（地方政府拥有土地支配权）"视为世界上最好的制度。他们没有认识到，正是政府介入经济活动的减少，才有了中国经济的巨大进步。而他们把政府介入经济活动视为中国的优势，刚好颠倒了。

改革往往从相对容易的市场部门开始，经济在市场化改革推动下高速发展，很多国家都经历了这个过程。在政府没有改革的情况下，当市场创造大量财富时，政府部门也在扩张。政府本身不创造财富，也不是增长的驱动力，相反是消耗社会资本的部门。

我们说，在市场部门高速扩张时，政府干预市场的消极效应不明显，这种消极效应会被市场扩展所产生的积极效应所掩盖，但是，一旦市场的扩展速度放缓，这种消极效应就会显现出来。这里，政府部门不仅没有改变对市场的干预，反而由于市场的哺育而加大了这种干预，这使政府的改革变得更加困难。"后发劣势"归根结底是政府干预对市场的阻碍所致。

多年前，一位美国经济学家告诉我，在巴西——一个陷入"后发劣势"的国家，有百分之五十以上的私人企业，其业务需要依赖政府支出。在中国，究竟有多少比例的私人企业依赖政府支出？但比巴西更甚的是，中国还有庞大的国企部门。这是值得我们深思的一个问题。

💰 思 考

1. 产生"后发劣势"的原因是什么？

2. 不发达国家在经济发展过程中如何才能避免"后发劣势"？

💰 资 料

路德维希·冯·米塞斯. 人的行为. 夏道平，译. 上海：上海社会科学院出版社，2015.

市场机制促进消费专业化

黄春兴

本课要点	· 老子秉持"为腹不为目"的原则，引导人们走向够用就好的消费行为。
	· 幸福指数深受老子思想的影响。
	· 聚焦于特定消费的精致化就不会陷入老子的担忧。

在市场竞争的压力下，企业家必须推出令消费者惊艳的新商品，否则很快就得退出市场。能留在市场上的商品，除了刚推出来试水的以外，都是暂时获得消费者认同的。有些新商品光荣地打败了当时的主流商品，有些则侥幸地抢到一小块地盘。但不论哪一种，都得开启消费者对于商品的某种新需求，包括越来越好的质量、越来越高的性价比或越来越多的功能。同时，商品的种类也越来越多，甚至出现许多人们连做梦都不敢想象的商品。

　　面对繁荣的商品市场，不禁让人想起中国古代思想家老子的担忧。他曾说，市场上那些缤纷的色彩干扰了人的视觉，好听的音乐扰乱了人的听觉，而很多新奇的玩意儿更是扭曲了人的行为。听到这些，不知大家有何感想？老子是中国最早崇尚自由的智者，怎么连他也担忧市场机制所带来的商品繁荣景象呢？我们不妨称此为"老子对市场机制的担忧"。

　　老子有他自己的一套自由哲学。他说"圣人不死，大盗不止"，他反对各种人为创制的要求百姓遵行的制度。不过，他并没全面反对圣人的制度设计。就如上面的担忧，他希望圣人在制度设计上能秉持着"为腹不为目"的大原则。用现代语言表述就是，希望制度能引导人们的消费走向"够用就好"的原则。

　　在这个原则下，每种商品的机能都得回归最基本的用途。比如化妆品，得从追求艳丽与迷人回归自然保养；又如服饰，也得从追求有品位与高贵回归蔽体与舒适。类似地，餐饮与居住也都要如此。想象一下，当所有的商品和服务都回归到原始需要时，它们的生产方式是否也就跟着从分工与专业化退回到原始的家庭生产？的确，这正是老子的理想社会经济制度：让人们回归编草结绳的年代，好好地去品尝妈妈煮的菜，欣赏姐妹们缝制的衣服，如此这般地过着安逸无忧的生活。

　　对这类思想的评价见仁见智，但若要说这类思想已离当代生活太过遥远，那也不尽然。在报纸杂志上，我们时常会读到一些吹捧不丹、尼泊尔等国人民幸福的文章，说他们的幸福指数远远高于美国、日本等先进国家。这些报道都深受老子思想的影响。

新商品的确让我们对现行消费感到不适，而这将引导我们用行动去消除这些不适。这里的行动就是指购买，或称为"消费精致化"的行动。消费精致化是否会陷入老子对市场机制的担忧，也就是导致消费行为与生活的扭曲呢？我的答案是：不必然。

就以饮茶为例。当我们喝过几次好茶后，味觉和嗅觉会变得更加灵敏，能分辨出蕴藏在茶水里的不同香味。消费精致化反映的是消费行为的专业化，就像生产行为的专业化一样。换句话说，新商品可以为我们提供更多的消费知识，但不会搅动我们的消费知识。

然而，消费需要金钱，也需要时间。一般人的时间和金钱都是有限的，老子的担忧应该是在疑惑：他们有能力追求消费精致化吗？从逻辑上来说，这种可能性是普遍的。以一位爱好品茶的茶农为例，他会为了满足自己在品茶时的消费精致化而持续地改良他的茶种。推言之，一位专业人士的工薪收入会随着该产业的专业化而提高，故能支付他在消费精致化上的支出。当然，他追求的消费精致化未必就是他所在的生产方面的专业领域。此处的推理只是说，只要是专业人士，就应有能力在时间和金钱上支持他对特定消费的精致化。

上述推理仅论述了个人对某一特定消费的精致化。别忘了，人的生活是多面向的。市场会同时在各个面向推出新的商品，促成个人在各个面向的"不适"。专业人士有能力以消费的精致化解除特定消费的"不适"，但未必有能力同时解除多面向消费的"不适"。于是，我们无法否定老子对市场机制的担忧。

然而，老子疏忽的是消费精致化对个人偏好的影响：消费精致化会不断拉开个人对该特定消费和其他消费之间的替代关系。比如当个人朝向饮茶消费精致化后，他也会追求茶具、泉水等互补品的精致化，但会淡化对电影、甜点等消费的偏好。

　　总而言之，即使市场不断地在生活的各个面向推出新商品，个人也可以选择将他所拥有的时间和金钱集中于特定消费的精致化，一如古谚说的"弱水三千，我取一瓢饮"，如是便能解除老子对市场机制的担忧。

思　考

1. 老子担心市场机制会带来何种弊端？

2. 个人可以以何种行动解除老子对市场机制的担忧？

资　料

1. 路德维希·冯·米塞斯. 人的行动：关于经济学的论文. 余晖，译. 上海：上海人民出版社，2013.

2. 张维迎. 经济学原理. 西安：西北大学出版社，2015.

"理性"的分工

朱海就

本课要点

· 大众的理性建立在企业家的理性之上，企业家的理性拓展了大众理性的边界。

· 我们现在认为理所当然的事物，都是企业家当初承担不确定性的产物。

虽然经济学认为人都是理性的，但企业家的理性与普通人的理性是不同的，两者之间存在分工关系。普通人的理性在很大程度上依赖于企业家的理性，我们把两者的这层分工关系称为"理性的分工"。

只有当一个人认为做某事具有一定的可行性时，他才会行动，也就是说，他不会做他认为不理性的事。换句话说，理性意味着对不确定性程度的判断。普通人不会在极度不确定的情境下行动。比如，一个人病了要吃药，假如他不能确定这种药物对他的疾病是否有疗效，那么他是不会吃的，是企业家提供给他有疗效保障的药品，是企业家使他"吃药"的理性行动变成可能。

与普通人不同的是，企业家会在高度不确定性的情境下行动，比如当初企业家在研发药物的时候不能确定能否成功地研发出药品。正是企业家承担了高度的不确定性，才减少了普通人承担的不确定性。大众的理性建立在企业家的理性之上，企业家的理性也拓展了大众理性的边界。例如，在企业家研发出某种药物之前，大众对治疗该种疾病根本没有"奢望"，有了这种药物之后，大众才会去计算花多少钱去治疗或考虑如何获得治疗所需要的费用，这些都属于大众的"理性"计算。

我们现在认为理所当然的事物，都是企业家当初承担不确定性的产物。比如人们现在在淘宝上购物太平常了，但当初马云建立淘宝网的时候，他不敢肯定自己一定能够取得成功，他不能确定消费者一定愿意接受这种新的购物方式，另外他还面临着其他企业的竞争，比如在当时有 ebay 和亚马逊的竞争。

企业家减少了普通人行动的不确定性，使普通人能够"放心"地从事一种新的活动，这样就创造出了新的市场。比如爱迪生发明电灯，失败了一千多次，饱受艰辛，但在他成功以后，后面的人去使用就容易多了，爱迪生同时也开创了"电灯"市场。企业家除了开发新产品外，还会开发一个新市场，开辟一条新航线，等等。

在这些例子中，企业家扮演从 0 到 1 的角色，后来者扮演从

1 到 10 的角色，显然，前者要比后者难。在很多情况下，普通人免费使用了企业家的发明创造，或者说企业家的很多发明创造是没有专利的，特别是诸如商业模式、管理模式等，人们免费利用了企业家创造的知识，从中得到好处，这说明企业家的创新具有很强的"知识外部性"。

熊彼特笔下"从事创造性破坏"的企业家或米塞斯笔下的"促进者"都属于"开拓者"。他们把创新视为自己的理性行为，但对普通企业家来说，对开拓者业已开发出来的产品或服务进行模仿和生产是"理性的"，他们不愿意，也没有能力承受开拓者所承担的那种不确定性。

普通企业家的生产活动降低了新产品的稀缺性，导致这些产品的价格大幅度下降，从而进入千家万户，普遍提高了大众的生活水平。但对开拓者来说，这也意味着他之前的创新活动终结了，他们不得不踏上新的创新之路。在某些情况下，开拓者自己也会进行大规模生产，比如福特汽车、苹果手机和特斯拉汽车，这也是惠及普通大众的。模仿者在生产方面的不确定性比较低，但会面对非常激烈的市场竞争，因为市场进入的门槛比较低。相反，开拓者面对的竞争对手较少，但开发新产品需要承担很高的不确定性。

在发达国家与发展中国家之间也存在类似企业家（开拓者）和普通人之间的理性分工。发达国家资本雄厚，往往扮演开发新技术或新产品的角色，发展中国家则扮演生产者的角色。生产环节的利润比较少，一段时间之后，发展中国家也会努力尝试扮演开拓者的角色，以获得更多利润。在没有干预的市场环境中，市场会提供这样的激励。

但是，假如发展中国家有一个干预能力很强的政府，企业依赖政府投资的项目或政府补贴就可以获利丰厚，那么企业就失去了创新的动力，不会去扮演开拓者的角色。一个人口多、市场大的国家，政府可以汲取的社会财富也多，这时对企业的"激励"与政府结合为一体。企业依附在政府身上，将导致该国始终无法产生开拓者，在这种情况下将发生杨小凯所说的"后发劣势"，特别是当发达国家不再输出技术时，"后发劣势"很快就会暴露出来。所以我们看到一些小国倒是容易转型成为创新型国家，如北欧的小国。再比如韩国，在亚洲金融危机之后韩国果断地切断了企业和政府的裙带关系，促使企业从生产者转型为开拓者，这也使韩国经济在危机之后上了一个台阶，这无疑是值得借鉴的。

思　考

1. 为什么说普通人的理性在很大程度上依赖于企业家的理性？

2. 为什么人口多、市场大可能会成为一个国家的劣势？

资　料

黄春兴. 当代政治经济学. 杭州：浙江大学出版社，2015.

课时 64

市场是否一定就是自发秩序？

冯兴元

本课要点

· 当我们谈到把市场视为自发秩序，我们是从一般和抽象的视角看市场。

· 有人看到个别和具体的市场是人为建构的，因而就认为市场不是自发形成的，就认为不存在作为自发秩序的市场。这种认识是错误的。要看到个别和具体的市场背后的抽象的市场秩序仍然是自发秩序。

· 市场作为自发秩序，并不意味着不需要市场主体的积极作用。市场主体本来就是市场的组成部分。企业家在引领市场的组织中承担着关键的角色。我们可以从过程的视角把市场视为一个过程，即市场过程。

我们一般都会承认，市场是创造财富的"效率机器"，同时，很多人也会承认市场是自发秩序。不过，我们把市场视为自发秩序，是从一般和抽象的视角看市场。如果我们从个别和具体的视角看市场，则需要更多的分析和论证。

如果我们从一般和抽象的视角看市场，那么市场秩序是自发秩序，也就是市场是"人的行动的结果而非人为设计的结果"。无数经济主体的行动共同塑造了市场秩序，没有一个单一的人或者机构能够设计它。整个市场秩序因而是一种"理性不及"的秩序，即与单个人的理性无关，因而也不是单个人的理性所能把控的秩序。这种市场秩序是自生自发的、自组织的、演化的秩序。上述洞见来自著名经济学家哈耶克。

但是有些人会质疑，他们认为个别和具体的市场是人为建构的，或者说任何市场均有人为建构的成分，因而他们认为市场不是自发形成的，不存在作为自发秩序的市场。这些认识是错误的。如果他们从一般和抽象的层面去看市场，就很容易发现自己的错误。

市场作为自发秩序，离不开人的行动，包括人为建构。这些人为建构，往往是局部建构，而非整体建构。如果是整体建构，那就不是市场了，而只是一种被外部强加了一整套命令或指令的"组织"。有些市场包含很大的人为建构因素，比如马云创建的淘宝网就是如此。但是相对于整个淘宝平台市场，淘宝网的设计仍然是对市场的局部建构，而非整体建构。淘宝平台市场不仅仅包括淘宝网的基础架构，其运行也依赖平台的设计和维护者，以及无数淘宝店业主和众多消费者之间的互动，而这一平台市场的本质就体现在这些主体之间的互动上，最终，这种互动总体上体现为一种自发秩序。

此外，几乎所有成规模的人为设计在落实到具体实施和运作层面后，都被主动或者被动调整，以至于最后的秩序总是带有很大的演化成分。这是因为个人的行动与政府的行动一样，都会带来非意图的结果。对淘宝网的设计也一样，淘宝网的最初设计，企业家功不可没，但绝对不是他独自设计的，而是多个主体分工合作的产物；淘宝网后来的架构则更是经过了多次试错，带有很大的演化成分。至于整个淘宝平台市场秩序，鉴于其本身就是无数市场主体互动的产物，则有更大的演化成分。而且时间拉得越长，淘宝平台市场的演化成分就越大，就越能凸显其自发秩序的特征，总体上就可以视其为一种自发秩序。这也说明市场作为自发秩序有着很大的包容性，可以包容很大的局部建构成分。如果我们把时间拉长，无论个别和具体的市场秩序包含多少局部建构成分，都会越来越凸显其自发秩序的性质，从而可以总体上视其为自发秩序。

简言之，相较于个别和具体的市场秩序，我们从一般和抽象的视角看市场秩序更能看清楚自发秩序的性质；而个别和具体的市场秩序是众多市场主体互动产生的"行为秩序"，如果我们拉长时间去看，它在总体上也呈现为自发秩序。我们透过个别和具体的淘宝平台市场秩序可以看到或者感知一个一般和抽象的市场秩序。这个一般和抽象的市场秩序要求所有参与者以诚为本，通过市场交换为他人创造价值，并由此为自己创造价值。一般和抽象的市场秩序受制于一整套规则，其中一部分是明示的规则，另一部分则是默会的规则，对后者，我们往往"知其然而不知其所以然"。所有这些规则就是哈耶克所讲的"正当行为规则"。个别和具体的市场秩序需要建立在这些正当行为规则基础之上才能发挥市场应有的效能。

个别和具体的市场秩序往往受到各种因素的影响，这些因素甚至包括各种企业的建构行为、市场主体的欺诈行为或者政府干预行为。但是我们仍然认同市场，离不开市场，恰恰是因为我们心中有着一般和抽象的市场作为我们的"精神麦加"和理想参照。我们喜欢市场，不是因为具体市场中存在的欺诈或者政府干预，而是因为只有作为自发秩序的市场秩序最能满足我们的消费偏好与需求，而参照这种市场秩序所建立的个别与具体的市场秩序也倾向于发挥同样的功效。欺诈的市场行为其实不是市场行为，而是以市场行为作为掩护的欺诈行为。政府干预的市场也不是真正意义上的市场，而是被扭曲的市场。

经济学之父亚当·斯密的《国富论》出版于 1776 年。当时英国工业革命正如火如荼地进行着。斯密透过工业革命所带来的排排烟囱和滚滚浓烟，看到了市场作为"看不见的手"，引导着无数追求自利的个体在无意中增进整个社会的共同福祉。其实质在于，斯密透过个别和具体的市场秩序看到了一般和抽象的市场秩序，他透过平凡，看到了不凡。

市场作为自发秩序，并不意味着不需要市场主体的积极作用。市场主体本来就是市场的组成部分，企业家在引领市场组织中承担着关键的角色。我们可以把市场视为一个过程，企业家驱动市场过程，面向需求组织生产和供给。企业家对尚未实现的市场机会保持警觉，发现这种机会，承担不确定性，组织资源，力图实现这种机会。

企业家引领市场组织的作用，可以从阿里巴巴集团的发展中看到。但是，根据上述分析，我们不能只看到市场组织对市场的局部建构作用而忽视整个市场的自发秩序的一面。企业家需要引领市场组织去顺应作为自发秩序的市场之规则要求，在这种规则要求约束下去发现和利用市场机会。这也许是企业家立于不败之地、成就其宏志伟业的最佳经营策略。

💰 思　考

1. 市场秩序作为一般和抽象的秩序与个别和具体的秩序有何区别和联系？
2. 什么是自发秩序？请举例说明。

💰 资　料

弗里德利希·冯·哈耶克. 法律、立法与自由. 邓正来，张守东，李静冰，译. 北京：中国大百科全书出版社，2000.

区分"实体经济"与"虚拟经济"之谬

朱海就

本课要点

· 企业家的行动或目的与手段的选择是真实存在的，而"实体经济"或"虚拟经济"是不存在的。

· 基于类似"实体经济"与"虚拟经济"这样的概念来制定政策是有害的，因为它们在逻辑上就不成立。

"实体经济"与"虚拟经济"的概念常被人提起，比如有个经济学教授说，"实体经济和虚拟经济与金融的背离，我们（国家）表现得非常明显"。事实上，人们也经常听到要"鼓励资金进入'实体经济'"这样的言论，而这样的"诉求"往往会得到人们的支持。在他们的观念中，实体经济是生产性的，而虚拟经济不是生产性的。

为什么区分"实体经济"与"虚拟经济"是错误的

这里先解释一下"实体经济"与"虚拟经济"这两个概念。"实体经济"通常被认为是提供具体的产品和服务的生产性活动，而"虚拟经济"是指金融市场中的交易活动。人们也经常把房地产行业归为虚拟经济，当然，房子用来住和租的时候，是被视为实体经济的，用来"炒"的时候就变成了虚拟经济，也有人把发生在互联网上的经济活动称为虚拟经济。我认为不应该有"实体经济"和"虚拟经济"之分，这是一种错误的"修辞"，具有误导性。这一错误类似于古典经济学家区分"生产性活动"与"非生产性活动"的错误。

人们从事经济活动是追求价值的，而价值本身是"看不见的"，因此不能说这种活动是"实"的还是"虚"的。经济活动由人的行为构成，应从人的行为去理解经济。无论是投资购买厂房，还是购买股票，都是人的行为，都是追求利润最大化的经济活动，也都有资源配置功能，因此并不存在"实"和"虚"两种不同的经济。经济是人的行为构成的整体，交易"看不见的"证券和"看得见的"生产要素没有本质区别。经济学关心的是这些资产的产权、属性和价格等，而不关心它究竟是"实"的还是"虚"的。

"虚拟经济"的概念源于"虚拟资本"，后者是指有价证券，它被视为现实资本的"纸质副本"，如股票和债券。"虚拟资本"也是人为地生造出来的概念。资本没有虚实之分，但可以区分"资本品"和"资本"。资本品指土地、厂房、设备等生产消费品的生产要素,而资本是会计概念,是一个用货币表示的"数字",是企业家进行经济计算时使用的。会计是企业家经济计算的雅称,用米塞斯的话说,它是"市场经济行动的首要心智工具"。企业家在计算资本时,考虑的是资本的价格和属性等,而不是这种资本是实的还是虚的,就像米塞斯说的,"资本由什么组成倒不重要,它们可以是田地、房屋、设备、工具、任何种类的商品、权益、应收账款、现金或其他任何值钱的东西"。换句话说,在追求利润的企业家眼中,厂房设备与股票债券都是资本,它们在性质上没有两样。

资本既然是企业家经济计算的工具,那么也意味着资本是"个体的",而提出"实体资本"和"虚拟资本"概念的人没有认识到这一点,他们把资本作为一个类别概念进行区分:实体资本是一类,虚拟资本是另外一类。另外,资本的另外一个特征是"主观性",比如一块土地,究竟是用来盖厂房,还是过段时间等价格上涨再卖掉,这是由作为土地所有者的企业家所决定的。"实体资本"与"虚拟资本"的分类是对资本属性进行"物理上"的划分,这种区分对从事经济活动的企业家来说是没有意义的,因为资本的属性总是存在于企业家的判断中。

支持实体经济的政策将适得其反

假如说政府"鼓励发展实体经济",那么这意味着政府官员拥有区分哪些属于实体经济,哪些不属于实体经济,以及哪些实体经济值得扶持,哪些实体经济不值得扶持的权力。也就是政府官员有权决定把资金分配给谁。一般来说，那些更有机会接近政府官员，更善于和政府官员打交道的企业将获得补贴，而踏踏实实做实业的企业反而不能获得补贴。可见，其结果适得其反。

"支持实体经济"的观念还错在以为政府能够将货币变为资本。我们说，资本的概念与企业家而不是与政府联系在一起，企业家用来获取利润的货币才是资本。当企业家从资本市场中获得资本时，这种交易活动同时产生了资本的价格，这种价格具有配置资本的功能。

主张"支持实体经济"的人士认为"实体经济"缺少资金，因此他们认为当政府把更多资金注入"实体经济"的时候，就会有更多的产出。但注入货币并不能增加资本，相反，会导致通货膨胀和价格的扭曲，使企业家做出错误的决策，从而导致资源错配。米塞斯早就批驳了这样一种错误的观念，即"通过增加货币流通量和扩张信贷，生产要素的稀缺性可以得到全部或部分的解决"。

区分"实体经济"与"虚拟经济"也为政府的产业政策提供了便利，因为如前所述，当政府可以决定扶持哪类"实体经济"时，就意味着它制定了相应的"产业政策"。这样，我们就不难理解使用"实体经济"概念的经济学教授同时又是"产业政策"的支持者了。

💰 思　考

1. 区分"实体经济"与"虚拟经济"背后的方法论错误是什么？

2. 为什么说支持实体经济的政策将适得其反?

🪙 资　料

路德维希·冯·米塞斯. 人的行动:关于经济学的论文. 余晖,译. 上海:上海人民出版社,2013.

课时 66

为什么外卖店的套餐用半成品加热制作？

黄春兴

本课要点

· 模块化是规模生产的有效方式。

· 只要质量能维持稳定，消费者就会接受套餐模式。

· 只要市场规模够大，进一步的精品外卖就会出现。

大家时常会从网络新闻中看到关于外卖店的套餐用半成品加热制作的报道。这种半成品在业界内部称作"菜肴包"。当然，并不是每个人都对此感到惊讶，因为他们早已接受了吉野家、肯德基所提供的"现场快餐"。这些"现场快餐"都是快餐店在现场简单地处理由中央厨房提供的"菜肴包"后制成的。一些火锅店也骄傲地宣称他们的店不需要厨师。

不过，还是有比较多的受访者感到惊讶，因为他们一直默认，外卖店套餐就应该提供现炒现做的食物。本文要讨论的问题是：外卖店套餐为何要用"菜肴包"？简单地说，这反映了行业的成长轨迹：制造业如此走过，服务业也必然要跟上。

我们看一下手机。简单地说，它是由屏幕、SIM 卡、镜头、内置音响等四部分组成。我们再打开一包方便面看看，它是不是由面饼、酱包、调料包、蔬菜包等组成？这就是制造业在大规模生产下兼顾质量的"模块式生产方式"。就以苹果手机为例，它的四部分都交由专业的代工厂负责生产。至于方便面，或许不至于外包出去，但至少是由三个部门负责生产的。

让我们想象一家外卖店套餐的发展过程。最开始，一家夫妻小店因服务用心和食物特色受到当地消费者的欢迎，而面临着扩大营业规模的诱惑，于是它开设了分店并发展外卖业务。因口碑良好，这家店进入外卖市场不必担心强大的竞争对手，毕竟它已经得到了食客的认可。它有固定的消费者群体，只要它能固守阵营，至少短期内不会败退。它要固守的是"不变的特色和价格"。为了行文方便，我们撇去价格不谈，单谈特色中的"原本的味道"。对于一家餐馆来说，最令人担心的评价就是："店做大了，味道也变了。"事实上，这是许多餐饮性企业无法进一步发展的主因。

如果店铺扩展过快，就会直接威胁到原味的保持。当厨师由 1 位增加到 10 位后，如何保证新厨师的手艺都和第一位一模一样？公司可以将新厨师训练得具有相同的手艺，但这种方法只在店铺的规模较小时有效。等到店铺的规模大了，公司就不能只要求厨师的手艺一流了，而是要有精心设计的作业程序，将生产程序以流程图的方式详细记录下来。

在外卖店套餐的生产流程图中，切、剁、煎、煮、炸，每一个步骤都必须详细记载所添加材料的数量、火力等级、翻炒次数、停留秒数等。任何厨师都不能保有独特的秘诀或秘方。比如一道豆瓣鱼，其制作过程有200多道工序，而汉堡的制作工序大约是30道。但在豆瓣鱼的制作过程中有许多连续的工序早已被组合成"菜肴包"，如采用外购的豆瓣酱或辣椒酱。其他如封装好的微炸鱼块，也是由选购、去鳞、清洗、切块、裹粉、油炸等连续的工序组合而成的。中央厨房会将200多道工序变为几个连续阶段，并各自封装成菜肴包。每一个菜肴包的质量控制在相同的标准，再交给外卖店，由它现场完成需实时处理的步骤。

模块化是企业进行规模生产的有效方式。除规模生产外，它为制造业创造的最大优势是方便质量管理，而给服务业创造的最大优势是保障质量的稳定。外卖店套餐如果无法维持稳定的质量，就会失去消费者的信任。但是随着业务的增长，分店会越开越多，厨师也会越雇越多，菜肴包就成了他们保证质量稳定的妙招。

菜肴包先是随着大型餐饮连锁店的兴起而出现，随后以便捷食材的方式进入超市专柜和平常人家的厨房，比如切好的肉和蔬菜，剥掉壳、去了虾线的虾，配置好调味包的酸菜鱼等。日本主妇早已经习惯从超市购买已切好和洗好的菜回家直接下锅，美国人则直接用微波炉加热很多接近成品的菜肴包。只要这些菜肴包的质量能长期保持稳定，消费者就会逐渐接受外卖店利用菜肴包完成套餐制作的经营模式。

有些食材会因冷冻而变质，而有些食材的新鲜度更不能长时间保持不变。曾经有一位红遍网络的美食作家展示了一道被戏称为"劝退菜（因难度太高而让人望而却步的菜）"的炒血鸭。这道菜从买活鸭、放血、拔毛开始做起，目的就是为了保持"鲜度"。

换言之，菜肴包虽然能保证稳定的套餐质量，但成品已经失去某些现做才有的风味。当然，如果消费者可以接受的话，利用菜肴包的外卖店套餐会继续普及和增加，但在一般食客和回头客之间仍存在一群"挑剔的食客"，等待着不用菜肴包的"精品外卖"。市场的演化逻辑是：只要这个市场的规模够大，主打现做现卖的"精品外卖"很快就会出现。

（张倩怡对本文有贡献）

💰 思　考

1. 对于外卖店套餐用半成品加热制作，为何有些人能接受，而有些人不能接受？
2. 请描述本文所说的"精品外卖"的内容。

课时 67

摩天大楼之诅咒

黄春兴

<table>
<tr><td rowspan="3">本课要点</td><td>·兴建摩天大楼会带来城市的衰退，其背后是经济周期理论。</td></tr>
<tr><td>·低利率政策不只带动摩天大楼的建设，还会影响各个产业。</td></tr>
<tr><td>·经济衰退时，我们看不到企业的困难，唯独看得到摩天大楼。</td></tr>
</table>

美国在 1890 年发生经济恐慌前不久，各有一栋摩天大楼在芝加哥和纽约落成。之后，在 1907 年经济恐慌和 1930 年经济大萧条之前，也有几座摩天大楼落成。于是，社会上就出现了"摩天大楼之诅咒"：兴建摩天大楼会给城市带来经济衰退。最近的例子发生在亚洲金融危机之前，作为危机风暴中心之一的马来西

亚于前一年为吉隆坡的石油双子塔举行了竣工大典。

有学者认为，即使摩天大楼真的受到诅咒，还是很难想象单一经济事件会有引爆经济衰退的力道。但由于这类例子太多，因此很多学者相信，这两个事件应该源自某一威力强大的政策：在时间上，它先带动了摩天大楼的兴建，随后才逐渐显现出经济萧条的后果。显然，这是景气循环理论即经济周期理论的说法。

现在，让我们参考考古学家的方法，利用手中的三块碎片：重大政策、摩天大楼和经济萧条，拼出一则完整的经济故事。

话说东南亚某国，由于经济长期低迷，人民逐渐失去对政府的信任。这几年，世界情势转稳，欧美经济逐渐复苏，海外资金开始投入国内的出口产业，经济呈现美好远景。

这时，一位学成归国的经济学家在座谈会上诚恳地呼吁："首相，时机难得啊！您必须抓紧时间，压低利率，让企业家有低廉的资金成本和充足的投资资金。人们期待繁荣很久了，民心所向啊！"全场一片欢呼声，首相也点点头。回到官邸，他迫不及待地叫来财政大臣，表达了政府促进经济增长和增进人民福祉的决心，并宣布了大规模降低利率的重大政策。

次日，一位地产大亨来见首相，希望能获得巨额的低利率贷款，好在首都兴建一座大型的经贸大楼。他说："大家都想从事海外贸易，但缺少像样的办公室。如果政府愿意长期提供低利率资金，我们就可以建一座气派一点的经贸大楼，就容易拓展国外贸易。"首相毫不犹豫地回答说："激励国人士气是政府义不容辞的责任。再说，我们也要让世界看到我国的崛起。这样吧，你就盖一栋世界最高的摩天大楼，资金的事全包在我身上。"

几年后，一栋世界最高的摩天大楼矗立在该国的首都。落成之夜，烟火达旦，举国欢腾。在首都大学里，一位头顶微秃的经济学家倚着教学大楼的楼柱，仰望直指天际的高楼尖塔，深沉地叹道："但愿国际经济形势能如人所愿，否则，当政府不得不将低利率水平恢复到市场利率水平时，办公室的租金也会上涨。这些贸易商还缴得起上涨的租金吗？这位建筑商还得起接近天文数字的利息和贷款吗？"

不幸的是，美国发生了大规模的恐怖袭击事件，严重挫伤了经济活动，大幅减少了商品的进口。这个东南亚国家也受到影响：出口大幅减少，账户经常出现赤字。接着，民众的所得减少，消费减少，政府税收也跟着减少。为了刺激经济，政府大幅举债从事公共建设，甚至发放福利券给百姓。

这些举措虽然暂时稳住了国内的需求和工业生产，但政府赤字却节节高攀，通货膨胀压力日益增大。投资者往往未雨绸缪，国内资金开始转移：一部分转向房地产市场，拉高了房价；另一部分则用于购买外汇，使得本国币值下跌，也进一步拉高了进口商品的价格。于是，政府不得不提高利率，期待市场力量能在最后关头镇住这波凶猛的恶性循环。

突发的灾难自然会带来经济衰退，这不是任何人的过错。面对困境，人们会调整自己的行为，更会在市场中相互协调，逐渐走出阴霾。这些调整包括减少消费、提高利率等。然而，这波灾难重重地打击了摩天大楼的地产商和大楼里的贸易商，因为他们在投资时所计算的资金成本并非市场成本，当时政府给了他们低利率优惠。当不再有优惠时，贸易商只好搬出摩天大楼，而摩天大楼的地产商也只好宣布破产。

如果地产商当时没有享受到低利率优惠，当他警觉到衰退即将来临时，还是会兴建经贸大厦的，只不过，出于对资金成本和运作成本的精打细算，他不会去兴建必须仰赖人为低利率才能运作的摩天大楼，他投资的经贸大楼是能够在市场利率下正常运作的大楼（可能不会建那么高）。

低利率政策的受惠者绝不只是这座摩天大楼的地产商，而是涉及各行各业的投资者。一旦利率被迫回升，发现自己当时投资错误的人就不会只是这一位地产商。如果各行各业全面衰退，我们是可以观察到的，但是，我们看不到个别企业在享受低利率优惠时的新投资项目，因为它们范围太小了，唯独高耸天际的摩天大楼被我们看到了。

💰 思　考

1. 请说明突发的灾难带来经济衰退的过程。

2. 为何政府先前的低利率政策会让经济衰退更加恶化？

💰 资　料

穆雷 N. 罗斯巴德. 美国大萧条. 谢华育，译. 海口：海南出版社，2017.

扩展秩序与中国奇迹

朱海就

本课要点

· 放松管制，允许个体充分发挥企业家才能，产生了扩展秩序。

· 试图构建一个最优的秩序，是理性的狂妄，也会导致社会的封闭和发展的停滞。

改革开放以来，中国经济发生了翻天覆地的变化，有报道说有 7.4 亿中国人从此脱贫，占世界脱贫总人数的 70%。中国取得的巨大经济成就被很多人称为"中国奇迹"。那么这一"奇迹"是怎么发生的？对此，经济学家有不同的解释，比如有的经济学家把它归为"地方政府竞争"，认为地方政府在经济发展中扮演了主角，而有的经济学家则认为其原因是中央政府将发展战略从"赶超"调整为"利用比较优势"。这些观点都有一定道理，但我更倾向于认为扩展秩序创造了"中国奇迹"。

扩展秩序一般也可以理解为市场经济，但有时我们用"扩展秩序"这一说法而不用"市场经济"，是为了更突出市场经济所具有的"扩展"特征。现代市场经济或者说工业革命发源于 18 世纪的英国，它前所未有地改善了人们的生活，提高了人均寿命。此后，市场经济从英国扩展至西欧、美国，然后在 20 世纪又扩展到东亚，出现了"亚洲四小龙"。被市场经济所"惠顾"的国家和地区，很多都成了发达的经济体。

市场经济为什么具有扩展性？一个根本的原因是它承认人的自利，并保障个体发挥创造性才能的权利，这使个体能够从自己的创造性活动中获得收益，并把收益的一部分变成资本，重新投入生产。这样就提高了生产率，扩大了交易的范围，使分工合作的范围变得更广。

随着资本的不断积累，出现了大规模生产，生产率提高之后，普通工人的工资水平也相对提高，也能买得起原来只有富人才能消费的商品。在逐利动机的驱使下，资本会不断地开拓新市场，寻找成本更低的生产地，这种扩展性的力量是内生的，它使一些封闭落后的国家先后变成扩展秩序的一部分。

中国的改革开放正是在上述扩展秩序的大背景下发生的，也是这一扩展秩序的重要组成部分。某种程度上，中国的"改革开放"相当于西方的"工业革命"，它拉开了中国走向市场经济的序幕。中国的市场经济具有从农村往城市、从沿海往内地"扩展"的特征。1978 年安徽省凤阳县的小岗村村民为了吃饱饭，首先开始尝试"大包干"。此后，家庭联产承包责任制作为一项政策在全国推广，中国人从此基本上告别了饥饿。解决了温饱问题的农民离开土地，开始自主择业。他们或外出打工，或经商，或创办企业，从 20 世纪 80 年代开始，中国涌现出了大量的个体工商户和乡镇企业，生产要素和商品开始在广阔的空间流动。也是从那时起，普通人开始用上了彩电、冰箱等家用电器。已故的诺贝尔经济学奖得主科斯称这一发源于农村的市场化浪潮为"边缘革命"。

这一切与政府顺应潮流，不断放松管制有着密切关系。比如，曾经在很长一段时间内，人们被禁锢在居住地上，人口流动受到严格限制，更不用说经商了。从 20 世纪 80 年代开始，人们获得了自由流动和经商的权利，可以从事各种生产经营活动，可以把产品卖到全国各地，这样就有机会改善自己的境遇。在 20 世纪八九十年代，数亿农民工从内地来到沿海打工，并在春节前后往返沿海和内地，这种大规模的人口流动构成人类历史上少有的"壮丽风景"。他们把自己从沿海地区打工得到的信息、才能、资本和技术带回内地，也使市场经济从沿海扩展到内地。

值得一提的是 1980 年深圳、珠海、汕头和厦门等经济特区的建立，其中深圳的发展尤为瞩目，深圳已经和小岗村一样成为中国改革开放的符号。1992 年，在党的十四大上，市场经济道路得到正式确认，这标志着中国的市场经济又上了一个新台阶。发生在 20 世纪 90 年代的部委改革和国企改革是政府的一场"自我革命"，它引发了著名的"下海潮"。这场改革发生在城市，和之前发生在农村的改革一样，也极大地释放了市场活力。2001 年底，中国加入了 WTO，中国经济的全球化程度大幅度提高，进出口成为中国经济的重要组成部分。在此后的十多年间，电子商务的兴起又极大地改变了人们的生活和工作方式，更多人通过互联网参与市场活动。

在过去的四十年，正是这种蔚为壮观的扩展秩序催生了中国奇迹，使人均 GDP 从 1978 年的 380 元提高到 2017 年的 59 660 元。政府不断放松管制，让市场秩序不断扩展是功不可没的。这一扩展秩序的背后是无数普通中国人的奋斗，他们是扩展秩序的主角。扩展秩序的延续是续写"中国奇迹"的重要条件。为此，我们还要继续破除那些阻碍秩序扩展的观念和制度，特别要在保护财产权和保护企业家的创业积极性方面下更大的功夫。

思　考

1. 扩展秩序为什么是"扩展"的？
2. 什么会阻碍扩展秩序？

资　料

弗里德利希·冯·哈耶克. 自由秩序原理. 邓正来，译. 北京：生活·读书·新知三联书店，1997.

共享经济与生产要素的关系

黄春兴

本课要点

· 共享经济的含义是：拥有生产要素的财产所有者在设法提高生产要素的利用率。

· 当个人将生产要素提供给共享市场时，他所提供的商品并非单一的生产要素，而是一组包括他的专业知识、企业家精神和资本财在内的商品。这才是共享经济的真正含义。

已经有很多人讨论过"共享经济"了。不论它是一句流行语、一个概念还是一个产业，相信大家都已听腻了。不过对于曾经发生的两件事，我还想提一下。其一是"P2P 网贷平台事件"，它让不少人失去了积蓄；其二是有关日本共享经济并不发达的网上评价，让不少人开始质疑共享经济的价值。本文并不打算评论这两个事件，也不讨论它们的细节，只想和大家进一步讨论共享经济的经济学含义。

当然，能"共享"的东西绝不是只能一次性使用的东西。一口就能吃完的凤梨酥固然无法共享，但将它切成两半的吃法也只能称作"分享"，而不是"共享"。严格来说，"共享"是指一个物品在完全折旧之前，它的使用者只能享有其提供的服务，而不能消耗它的实体。举个例子，某房主将他在某段时间内不住的套房进行出租就是共享。租房者只是享有套房的使用权，而不能拿走套房内的家具和任何摆件。因此，共享经济的对象不是凤梨酥或豆瓣鱼等最终消费品，原因是它们会被消费掉。

从制作过程来看，豆瓣鱼需要生产要素和原物料的投入。原物料包括活鱼、豆瓣酱、蒜头、酒等。它们在生产过程中会被改变形态，然后才组合在一起成为豆瓣鱼。因为不符合共享的定义，原物料是不会被共享的。于是，能共享的就只剩下生产要素，因它们既能提供服务又不会被损坏。

生产要素有四种，分别是：土地提供的服务、资本财提供的服务、劳动者提供的服务和企业家提供的服务。这四种服务分别被称为：地力、资本财的生产力、劳动力、企业家精神。如今还多出了第五种生产要素：专业知识所提供的服务，或称知识力。如果知识力来自能够被重复拷贝的专利权，就不会是共享的对象，因它可让多人同时利用而不需要分享。但如果知识力只出自专家或技师的操作，那就能成为共享的对象，因为这些知识是附着在无法分割的人的身上的。

所以，共享经济的含义就是：拥有生产要素的财产所有者在设法提高生产要素的利用率。对财产所有者来说，除了必要的维修外，这些生产要素最好能一年365天、一天24小时提供服务。这种现象在高新科技工业区是常见的。由于厂里的设备（资本财）都很昂贵，每个厂商都希望有100%的开工率。于是，他们安排劳动者三班制以充分利用这些设备。如果他们无法接到足够的生产订单，也不会让这些设备闲置，而是帮生产类似产品的其他厂商代工。也就是说，他们在自己不开工时，将原本会被闲置的设备和劳动者"租"给其他厂商使用。这类共享现象在产业的旺季更是常见。

不只厂商会进行生产，任何行动都是一种生产活动。最普遍的就是诺贝尔经济学奖得主贝克尔所称的"家计生产"：每个人都会在家庭生活中自行生产某些自己需要的消费品或提供服务，如蛋糕、晚餐、割草、开车旅游等。既然在家里有这么多的生产活动在进行，人们也就拥有各式各样的资本财。一般而言，这些资本财超过八成都是被闲置的。

上面提到过，有些房主会将闲置的套房出租，但也有不少人不愿意出租。若不考虑个人偏好，寻找房客的成本和整理套房的成本会成为影响闲置套房是否出租的主要因素。由于网络的发达大幅降低了这类成本，让每位愿意出租闲置套房的房主能够轻松地进入这个市场。这个市场是竞争的，因此，每位房主都会精心布置他的房间。我们看到，在共享的市场中，不仅闲置的套房被提供出来，更重要的是，房主们长期被闲置的企业家精神和布置套房的专业知识也被发挥出来。

个人在购买生产要素时会选择自己偏好的种类和形式。虽然这些生产要素是在闲置期间被提供到共享市场的，但生产要素的所有者不会轻易地全权委托中介去处理它们。原因有二：一是他知道中介没有能力做到保持差异化，二是他还想继续拥有和利用这些他偏爱的生产要素。因此，当个人将生产要素提供给共享市场时，他所提供的商品并非单一的生产要素，而是一组包括他的专业知识、企业家精神和资本财在内的商品。这才是共享经济的真正含义。

相对于此，有两种商业模式也被鱼目混珠地视为"共享经济"。第一种是目前很流行的共享单车。这里的每一辆单车都是大财团所购置，并非分属于不同的个人。共享单车和传统的出租漫画书店的经营模式没什么不同，只不过在网络时代，租单车者可以随时随地租到车，也可以随时随地还车而已。第二种就是P2P 网贷平台。这种借贷模式本质上和传统银行并无太大不同，但它会让资金的借出者面临更大的风险。其实，只要银行的设置是开放的，存款市场就会给有闲置资金的存款者提供足够多的选择机会。

💰 思　考

1. 为什么真正含义下的共享经济所提供的是一组包括财产权者的专业知识、企业家精神和资本财在内的商品？

2. 如果银行的设置是开放的，P2P 网贷平台还存在什么优势？

自媒体也属于民营经济

朱海就

本课要点	·自媒体是个体发挥企业家才能的重要形式，也是知识社会的重要组成部分。 ·允许自媒体充分发展，减少管制，是文明与繁荣的重要条件。

前段时间，某投资人关于"私营经济已经完成历史使命，应逐渐离场"的观点出来后几乎遭到众多网友的一致批评，这也说明人们普遍意识到民营经济的重要性。民营经济已经与每个人的日常生活密不可分，如果民营经济退出，人们的生活必然会受到影响。但说到民营经济，很多人没有意识到，在互联网时代"自媒体"已经是民营经济的重要组成部分，民营经济的概念应该予以拓宽。

自媒体在很大程度上扮演了知识产品"供应商"的角色，它们生产的知识产品可以满足人们的精神需求和信息需求，这与粮食和服装能满足人们吃饭穿衣的需求没有什么不同。自媒体生产的文章、图片和视频等也是"产品"，阅读和欣赏它们就是消费这些产品。现在人们在手机上消费知识产品所用的时间一般要比吃饭、购物的时间长。换句话说，从消费时间上说，知识产品的消费已经在人们的消费活动中占据了举足轻重的地位。不同的自媒体就如同不同的企业一样，生产不同的知识产品，同样也有不同的用户群。和经营企业一样，经营自媒体也有成本和经营的风险。

从交换的角度看，自媒体也具有民营经济的特征。自媒体上的创作者提供知识产品，而回报就是读者的打赏或广告收入，某种程度上"点赞"和"点评"也是回报。很多创作者在写作上得到的回报非常微薄，但他们从写作中满足了"自我表达"和"自我实现"的需要，他们的这种满足也可以称为"主观的利润"。

当然，这并不是说"金钱回报"不重要，知识产品的创作者也要养家糊口。假如作品的金钱回报足以让作者实现这一目标，那作者可以安心创作，写出更好的作品。但目前国内能够通过写作获得丰厚回报的作者少之又少。除了少数网红外，即便是非常优秀的撰稿人，码一天字的收入可能还不如建筑工地上码一天砖的农民工。这一定程度上说明思想产品的价格还是比较低廉的。

自媒体具有很强的正外部性，因为它可以让很多人免费获得很多知识。但这并不是说它们会必然如此或应该如此。很多互联网产品在一开始都是免费的，后来慢慢开始收费，知识产品也不例外。但这种状况的改变需要善于经营知识产品的企业家和有眼光的投资人的介入。也就是说，知识市场除了需要创作产品的知识企业家外，还需要有经营知识产品的企业家，这两类企业家需要结合起来。目前后面这种企业家还不多见，也说明这个市场有待开拓。

现在大部分自媒体都是"个体户"性质，随着资本的进入，具有"企业"组织结构的自媒体将会越来越多。生产知识产品的企业家、经营知识产品的企业家和投资者共同持有"知识企业"的股份。这样就可以实现更大规模的知识生产。有的自媒体，在资本介入之后，短时间内就实现了上市。可以想象，未来将会有各种各样由自媒体转化而来的知识企业，它们会满足人们各方面的需求，有的甚至会提供线下服务。

相比自媒体，传统的知识生产是由政府主导的。这种知识生产体系的效率不高。比如，"生产"一篇经济学文章，在公办高校的科研体系下，研究人员通常会把它和项目申报结合起来，然后在写的过程中要加入大量的数据、模型或调查，因为这样才显得具有"学术性"，才可能在期刊上发表，而这往往要耗费很长时间以及很多精力。但同样的主题，在自媒体上可能一篇两千字的文章就说清楚了，这个创作过程不仅快速，而且成本更低，因为不需要花纳税人的钱。所以就投入产出而言，自媒体的效率远远高于公办高校。更为重要的是，自媒体的知识生产不可能出现官办科研体系下容易出现的学术腐败。假如自媒体能够颠覆传统的知识生产体系，使思想产品的生产向"民营经济"回归，那么社会的思想进步将会更快。

哈耶克在《自由企业制度的道德因素》一文中谈道，"自由社会的本质是，我们应该得到物质报酬，不是因为我们做了别人命令我们做的事，而是因为我们为别人提供了他们所需要的东西"。哈耶克所说的"自由企业制度"在自媒体身上有最为充分的体现，而自媒体的充分发展，也有助于实现这样的社会。

自媒体的特点是自发性和自主性，这和民营经济的特征也刚好吻合。自媒体甚至比很多民营企业更符合民营经济应有的特征，因为有一些民营企业虽然是私有产权，但其业务来自政府部门，其收益是通过和政府建立关系获得的，那么这些企业严格说不是民营企业。自媒体总是面向读者，即消费者，所以不存在这个问题。另外，自媒体不拿政府补贴，也不需要财政资金支持，相比那些需要财政支持才能维持的公共部门来说，自媒体没有给纳税人增加任何负担。

自媒体为充分发挥个体创造性提供了机会，它属于新兴的民营经济，也是民营经济中最有活力的部分之一。因此，今后人们在谈到民营经济的时候，不应该再忽视它。

💰 思　考

1. 自媒体的生产、交换和消费有什么特征？

2. 为什么说自媒体最为充分地体现了哈耶克"自由企业制度"的思想？

💰 资　料

弗里德里希·冯·哈耶克. 哈耶克文选. 冯克利，译. 南京：江苏人民出版社，2007.

也谈谈消费行为和消费降级现象

黄春兴

本课要点

· 弗里德曼认为个人消费都有长期计划，只要工作还在，所得的突然改变对消费的短期影响不大。

· 消费降级是人们预期长期所得无法继续支撑过去的消费规划。

米尔顿·弗里德曼是 20 世纪芝加哥大学知名的经济学家。他不认同凯恩斯主张的扩大政府支出以提高有效需求的政策，他曾提出的一个论点是：就如同凯恩斯所主张的，政府扩大支出的做法只是短期政策，而不是长期政策。既然是短期政策，即使它能提高大众的个人所得，也是短期的。那么，人们发现所得突然增加时，只会从中拿出一小部分去增加消费，而不会拿出很大一部分去消费，更不会是全部。因此，政府扩大支出的政策对提高消费的效果，其实是很小的。

弗里德曼的论述建立在"理性行为"的假设下。在消费行为上，这种假设认为一个人会估算他的一生所得，然后再决定每年的消费支出。因此，他会把突然增加的所得并入一生的计划里，用于当年的消费支出自然也就很少了。

当然，凯恩斯派的学者会反驳说，突然出现的所得令人兴奋，如果能多拿一点用于消费，个人效用会有很大的提高。就像许多经济政策的主张一样，这两派的辩论很难结束。

虽然对于突然增加的所得，一派认为对当时消费支出的影响不大，另一派则认为影响并不小。不过，双方也是有共识的，那就是：当个人预见未来的经济条件会稳定转好时，他的所得和消费支出都会提高。

那么，如果所得突然减少呢？可以想想突然遭受台风损害的灾民。他们的所得突然减少了，这对他们的消费行为会带来怎样的影响？弗里德曼认为，只要工作还在，只要长期的就业没有受到太大的影响，他们就不会减少太多的当年消费支出。但如果台风把他的公司吹垮了，让他失去了工作，他可能就必须大幅地减少当年的消费支出。很有意思的是，在所得突然减少的情况下，凯恩斯派的看法也差不多，因为他们认为个人对于所得突然增加和突然减少的行为反应并不是对称的。快乐可以立即把握，但悲伤绝不能立即全然接受。

接着，我们将这些讨论转向"消费降级"问题。当然，对我来说，所谓"消费降级"不是存在或不存在的问题，而是它只是一个总合概念，或者只是几个被报道的个案——还不知能不能代表全体。因此，贸然假设"消费降级正在发生"是有不少风险的。

不过，为了讨论这一概念，我们不妨假设这是几位资深记者们的观察，而他们都拥有高度的职业敏感性。换言之，我们假设这种现象正在发生，然后来讨论这种现象背后的一些经济意义。

首先，我们先确定几项给定的条件。第一，人均所得还在不断增长。第二，人们购买房子的支出占据所得的比例很大。第三，中美贸易战的确对所得有不良影响。这三个条件中，前两个是稳定的长期条件，只有第三个是突发条件。

先说稳定的长期条件。这两个条件已经发生十多年了，甚至二十多年了。因此，人们早就计划按照他们的长期所得去规划他们的长期消费，包括买房所需的长期支出。消费支出是和买房支出同时被考虑的。不论所得为多少，每个人都会同时决定买房支出和消费支出，只是所得多者在这两方面的支出都较多。

我们要不要假设他们在规划长期支出时并没有考虑通货膨胀，以至于在面对通货膨胀时的消费压力越来越大？可以这样假设，但不太恰当，因为许多人之所以会买房，就是因为担心通货膨胀。所以，就这两个长期条件来看，消费降级现象是不应该发生的。既然两个条件不变，现有的消费自然都是在计划之中的。若真有人没有考虑通货膨胀的话，那也只是少数几个未曾理性规划自己的消费的个案。

接着再来看第三个条件，比如突发的中美贸易战。当然，我们先假设贸易战将导致所得下降。如果这个预期结果和贸易战都是突发的，那么按照前面的讨论，个人是从长期收入去规划每年的消费支出的。因此，如果这种突发的收入下降会导致消费降级的话，那就只有两种可能。

　　第一种可能是，中美贸易战的影响实在太大了，即使只会短期减少收入所得，也会带来巨大的损害。不过，这种情况不太可能，因为国内市场还是主要的消费市场。

　　所以，就只剩下第二种可能：人们普遍预期贸易战将会影响他们的实际就业。换言之，他们之所以从消费市场做较大幅度的缩减，是因为他们预期自己的长期收入将无法继续支撑过去所做的规划。若果真如此，这类消费降级的现象就是真的，就不会是短期的现象，而是长期消费行为的调整。

思　考

1. 个人收入的突然下降会对其消费有何影响？请分别陈述弗里德曼和凯恩斯的观点。

2. 在何种条件下，中美贸易战才会导致消费降级现象的出现？

课时 72

哈耶克的商业周期理论

朱海就

<table>
<tr>
<td>本课要点</td>
<td>
·哈耶克区分了真实的储蓄造就的经济增长与人为增加信用产生的虚假繁荣。
·在不受干扰的自由市场中，可以通过利率实现跨期协调，而人为压低的利率使这种协调失灵。
</td>
</tr>
</table>

　　奥地利学派的商业周期理论是奥派经济学理论的重要组成部分，它由米塞斯提出，后经哈耶克发展和完善，该理论曾因成功预测 20 世纪 30 年代的经济大萧条而受到关注。但它在同凯恩斯主义的较量中逐渐被边缘化，无人问津长达 40 多年，最终又因哈耶克获得 1974 年的诺贝尔经济学奖再次进入人们的视野。哈耶克被授予诺贝尔经济学奖正是为了表彰他在商业周期理论方面的杰出贡献。

第一次世界大战之后的奥地利面临战后建设以及高额的战争赔款。奥匈帝国银行几近疯狂地印制纸币，结果导致通胀肆虐，失业横行。1922 年，奥地利的通胀水平每月都在翻倍，而政府仍以同样的速度在印发钞票，当时的通胀率高达 10000%。钞票的面额越来越大，最终，一张面额 50 万克朗[1]的纸币只能买到一条面包。哈耶克亲身经历了政府滥发货币所导致的灾难。可以说，这样的经历让哈耶克对政府滥发货币以及随后的通货膨胀和经济萧条有着本能的警觉。

而 20 世纪 20 年代美国政府的行为更加让他认识到政府人为扩张信用以干预经济所造成的灾难。哈耶克在美国民众尚沉浸于"永远的繁荣"之时就开始观察美国的经济状况，并开始研究商业周期理论。他的商业周期理论集中体现在《货币理论与商业周期》（1929）和《物价与生产》（1931）两部著作中。在《货币理论与商业周期》里，哈耶克承袭米塞斯的思想，从货币的角度解释了经济周期性波动的成因，而《物价与生产》一书则具体讨论了经济周期性波动的背后其实是生产结构的波动和变化。因此，《物价与生产》更具微观性，是对《货币理论与商业周期》一书的进一步解释和补充。

同米塞斯一样，哈耶克区分了真实的储蓄造就的经济增长以及人为增加信用产生的虚假繁荣。人的储蓄是有目的的，个体储蓄并不是为了不消费，而是为了在未来获得更好的消费能力。这便涉及个体的时间偏好问题。个体的时间偏好反映的是个体对现

---

[1]　即奥匈帝国克朗，是奥匈帝国自 1892 年到 1918 年期间发行的货币。

时消费所具有的价值与未来消费所具有的价值的比较。个体的时间偏好降低，表明他更愿意等待。他将自己的资源节约下来以供未来消费之用。

在自由市场中，整个社会的资源存量以及利率取决于所有个体的时间偏好。当社会成员的时间偏好普遍较低时，整个社会节约下来的资源较为丰富，企业家能够较轻松地获得充足的资本财货，并进行投资生产，此时的利率也较低。低利率向企业家释放了消费者们的价值判断，它告诉企业家，消费者们此时愿意忍受和等待，他们普遍希望能节制此时的消费行为，以求未来拥有更好的消费能力。

而在低利率之下，企业家也将资源投入到周期时间长、生产更加迂回的生产领域。反之，社会成员的时间偏好普遍较高，表明消费者更偏好于现时的消费。社会留存下来的资源较少，企业家很难获得充足的资本进行投资。较高的利率让企业家将拥有的资源投入到生产周期短、迂回性更低的生产领域。可以说，在不受干扰的自由市场中，消费者的消费偏好以及企业家的生产行为是相互协调的。企业家必须听从消费者对时间偏好的安排进行生产。

一旦垄断了货币发行的政府干扰市场——不论是滥用货币发行权解决燃眉之急，还是进行宏观调控，试图熨平经济波动，消费者的消费偏好与生产者的生产活动之间的协调就会被破坏。当政府人为扩张信用后，市场利率会被降低到真实的自然利率（也就是自由市场中能协调消费和生产的那个利率）之下。人为的低利率向成千上万的投资者和企业家发送了错误的信号，他们误以为消费者们的时间偏好很低，他们愿意等待，误以为整个社会拥有大量的储蓄，以及有很多闲置的资源正等待着企业家们借贷和投资。

但事实却并非如此。当问题初现端倪，政府停止信用扩张时，投资者们开始意识到，社会根本没有那么多资源，银行其实没有那么多的资金供他们借贷以支持所有的投资行为。但正如哈耶克所说的，此时无论如何行动都为时已晚。利率被压低，但消费者的时间偏好其实并未改变。人为的低利率制造出消费者更愿意储蓄，社会资源充足的假想。企业家们已经在繁荣期将资源投入到更为迂回的生产领域，但在生产活动尚未结束之时，他们就发现其实并没有足够的资源保证他们完成预定的计划。企业家一旦察觉生产错误，就必须立刻进行调整，从更迂回的生产过程转移到迂回性较低的生产过程，从远离低级财货生产的阶段转移到更贴近低级财货生产的阶段。这一过程必然伴随着资本财货的闲置和浪费、消费品价格的高涨以及大规模的失业。

简而言之，经济周期源于政府的信用扩张，人为地干扰了市场利率，误导了企业家的投资决策，从而导致资源的错配和浪费。这不仅是哈耶克的观点，也是整个奥派商业周期理论的基本思想。

（屠禹潇对本文有贡献）

💰 思　考

1. 产生信用扩张的基本原因是什么？

2. 为什么说经济周期既是货币问题，也是生产结构问题？

💰 资　料

弗里德里希·冯·哈耶克. 物价与生产. 滕维藻，朱宗风，译. 上海：
上海人民出版社，1958.

经济增长是复利增长

黄春兴

本课要点

· 经济增长理论经斯密、马尔萨斯、马歇尔、熊彼特、库兹涅茨、索洛传到罗默。

· 经济增长的理论传承曾在 1930 年代停顿，因经济学家忙于理解和拯救大萧条。

· 经济增长是以复利计算的，遗忘经济增长理论的代价不小。

美国纽约大学教授保罗·罗默获得了 2018 年诺贝尔经济学奖。这是诺贝尔经济学奖第三次颁奖给"经济增长"这一议题。第一次是由西蒙·史密斯·库兹涅茨于 1971 年获得，获奖理由是：对经济增长特征所做的实证解释，让我们对经济社会的结构和其发展过程能有更深入和崭新的洞见。第二次在 1987 年，获奖者为罗伯特·默顿·索洛，获奖理由是：对经济增长理论的贡献。罗默这次获奖的理由则是：将技术创新整合到长期宏观分析中。

很有意思，如果把这三次的获奖理由进行排序，正好可以呈现出一门学科完整的发展过程。这个过程是：首先，我们从社会进程中观察到一些规律性的现象；接着，开始建构一个可用以解释这些规律性现象的理论和模型；然后，持续不断地去改善模型，以期能更精确地解释它们。经济增长理论的发展正好符合这一过程，为我们提供了难得的学习机会。接下来，我会用几个课时来陈述经济增长理论的形成过程。

首先，让我们大概了解一下经济增长理论的一小段发展过程。我们从这段过程可以清楚地认识到经济增长理论的意义。

回到由"库兹涅茨—索洛—罗默"所串联起来的经济增长理论的族谱，那只是纯粹根据得奖记录绘制的。诺贝尔经济学奖始于1969年，但在这之前，经济学已经有两百多年的历史了。最早系统论述经济增长理论的学者是亚当·斯密。他在《国富论》中就以相当精致的"分工理论"去探讨国家财富的累积过程。换成现在的语言就是，探讨国民总产出的增长，即"经济增长"。

斯密之后，马尔萨斯也提出以"人口理论"为核心的经济增长理论。接着是马歇尔，他以工业和制度为理论核心。遗憾的是，这种学术传承却在20世纪30年代停了下来。在那次史上最大的萧条发生后，经济学家们忙于把时间和精力用于理解大萧条发生的原因和拯救经济的政策。这些理论被通称为"景气循环理论"，或者"经济周期理论"，而其中最负盛名的是凯恩斯理论。巧合的是，诺贝尔经济学奖就出现在那个年代。

库兹涅茨是在 1971 年获奖的，比较早。但这并不代表他所研究的经济增长议题受到了重视，因为他也研究景气循环理论，更以国民收入核算最为有名。今日各国政府编制的"国民经济核算账户"便源自他的理论，而他的理论正好契合了凯恩斯的宏观经济分析理论。

景气循环理论和经济增长理论是所涉领域完全不同的两项研究计划。景气循环理论关注的是产出在短期内的起落。美国在大萧条时期，产出就曾在短期内下降 25%。在这之前美国的经济年增长率不到 3%，相对于 25% 是不痛不痒的数字。这导致经济增长理论的研究逐渐被景气循环理论所取代。

再者，政府通常都会在大萧条时期推出增加预算支出的政策。这些政策不论是救济失业者还是发行消费券，都是很贴心、很令人期待的善举。这些政策对经济学家也有致命的吸引力，因为谁若能找出跳脱大萧条的政策便功德无量。在这些诱因下，人们逐渐把经济增长理论遗忘了。

遗忘经济增长理论的代价可不小，因为经济增长是以复利计算的。下面，我们用一个例子来说明复利增长的惊人意义。

假设宋代的人均所得只有 1 美元，并假设当时的经济是 1% 的年增长率，大约 72 年后，所得会变成原来的 2 倍。那么，150 年后就是原来的 4 倍。赵匡胤的陈桥兵变发生在 960 年，距今约 1062 年，大约过了 7 个 150 年。那么，从 1 美元开始，150 年后人均所得会增长到 4 美元，再过 150 年会增长到 16 美元。连续 7 个 150 年的人均所得序列就是：1, 4, 16, 64, 256, 1024, 4096, 16384。所以说，只要宋代的人均所得是 1 美元，只要每年有 1% 的年增长率，今天的人均所得就应该是 16 384 美元。但实际上，今天的人均所得还没突破 10 000 美元。

这就是复利增长的惊人魔术。其实，这也是大家有目共睹的现象。改革开放带来 10% 的年增长率，在 10% 的年增长率下，人均所得每 7 年增加 1 倍。7 年只是一转眼，只要两三个 7 年，我们就能看到马路拓宽了，大楼盖起来了，汽车也普及了。

改革开放四十年的经济增长是事实，宋代以来的千年经济停滞也是事实。对比之下，我们会惊讶地问：为何这千年的岁月中人们都不晓得去追求经济增长？他们把历史岁月浪费到哪里去了？当然，这是大哉问[1]，但并不是没有答案，或者说是教训更好。这个教训就是：人们即使在经济最低迷的时刻，也不要迷失在迷雾中，错误地以未来的经济增长为代价去推动反景气循环政策，毕竟只有经济增长才具有可持续性和未来性。

💰 思　考

1. 诺贝尔经济学奖颁给了哪三位研究经济增长的学者？他们的贡献在哪里？

2. 如果上海市人均所得的年增长率是 15%，那么经过改革开放四十年，上海市人均所得总共增长了多少？

---

[1] 感叹句，意思是：你的问题意义重大啊！

资　料

1. 保罗·萨缪尔森，威廉·诺德豪斯. 经济学. 北京：商务印书馆，2012.

2. 张维迎. 经济学原理. 西安：西北大学出版社，2015.

课时 74

经济增长如何持续？

黄春兴

本课要点	·分工可以带来经济增长，而交易一旦启动，专业化便跟着发生。 ·市场规模限制了分工，但以商品数定义的市场规模就不会成为一种限制。

2018 年的诺贝尔经济学奖颁给了研究经济增长的学者，这重新提醒我们，经济增长是一个复利现象。复利现象简单地说就是利滚利，指的是其产出会呈几何级数增加。如果一千年前的人均所得为 1 美元，并以 1% 的年增长率在增长，那么今日的人均所得可达 16 384 美元。亚当·斯密曾被这惊人的现象所吸引，并发现分工是可以带来经济增长的制度。

亚当·斯密以制针工厂为例说明，单独一个工人一天很难做

出 1 根针来。当时的制针过程已被分解成好几道工序：抽铁线、
拉直、切断、削尖、磨平、打针孔等。分工的结果是，一个雇
用 6 名工人的小工厂，一天可以做出 48 000 根针，人均每天制作
8 000 根针。产出增加了 8 000 倍！

如果我们把针换成大米，故事的结局可能是这样：一个雇用
6 名工人的小农场，人均每天的大米产出会增加 5 倍。假设在分
工前每人都能自给自足：大米能自己生产，也刚刚够吃。现在，
他多了 5 倍的大米，可以去交换其他人的产出，如蔬菜、鱼虾、
水果和衣服。产出增加的结果让他可以与更多人交换更多物品。

如果其他人也都在分工下获得 5 倍的产出，那么在交换后，
每个人都可以消费到各一份的大米、蔬菜、鱼虾、水果和衣服。
这是分工之前无法想象的美况。之前，一个人只能生产一份大
米，故也只有一份大米可吃。但如果只能吃大米，他必然没有意
愿生产太多，因为会吃腻。在自给自足的条件下，他会同时生产
一些大米，一些蔬菜和鱼虾，也会给自己织几件衣服。

如果这个人是独居，这样的生活不太可能发生变化。如果人
们已经群居，他们就会发现彼此之间在不同生产上的相对优劣。
很会种菜的人就会拿他种的蔬菜去和很会捕鱼的人交换鱼。交易
一旦启动，专业化生产就会跟着发生。于是，很会种菜的人会专
心种菜，很会捕鱼的人会专心捕鱼。

专业化的结果是个人的生产力增加了，有了更多的产出可以
去交换自己没有生产的商品。他之所以没有自己生产那些商品，
是因为他知道自己生产出来的数量与质量都不如交换得来的。所
以，分工、交换、专业化是三位一体，而生产力的提升也只是表

象，最终的目的是让每个人可以更好地消费，大大地提升了效用。

有人说，分工的结果会引导个人生产他不需要的东西，或生产自己消费不了的东西。这种说法有误导之嫌，因为它不理解分工、交换、专业化本质上是"三位一体"。只要交换制度不受干扰，个人就可以用产出去交换喜爱的东西。生产越多，能交换到的东西就越多，而能享有的效用也越高。

就如斯密所说的，当时的制针程序已经分工到六七道，而每道都可以成为个人的专业。同样，种蔬菜、捕鱼虾、种水果和缝制衣服，也都可以依照各自的工作程序进行专业分工。市场上只要出现新的专业分工，就能带来经济的增长。新的专业分工出现后，人均所得就增加一点，然后人均所得会停在新的所得高点上，直到新的专业分工再出现。

换句话说，专业分工多一次，人均所得就增高一点。人均所得若要持续增加，分工与专业化就得持续下去。如果专业分工无法发展下去，不论当时的所得是多还是少，人均所得的增长都会停止。大家一定听说过"中等收入陷阱"，就是这个意思。社会虽然还会出现一些新的分工和专业化的新鲜事，但是其带来的增长效应弥补不了发展瓶颈的拖累。这样说来，要维持复利的经济增长并不是一件容易的事。

亚当·斯密也论述过这点。他说，市场规模限制了分工与专业化。我在前面的课时中讨论过，他所说的市场规模是以参与市场的人口数计算的，比如香港的市场规模为740万人，而澳门为62万人。这好比是说香港的市场规模是澳门的12倍。但这种说法的前提假设是分工的深化程度最终会受到人口数量的限制。

其实，市场规模更应指向商品的种类。不同的商品构成不同的市场，也需要不同的专业分工。以澳门为例，如果商品种类高达 300 万种，若不谈进口，每人就得选择 5 种工作。如果商品种类为 62 万种，则每人选择 1 种工作即可。那么，哪种情况可以带给澳门人更大的效用？毫无疑问，我的答案是 300 万种商品。

所以，以人口数定义的市场规模会限制分工与专业化，但以商品数定义的市场规模就不容易成为限制。

思　考

1. 为何分工、交换、专业化是"三位一体"？请说明。

2. 为什么作者认为澳门人消费 300 万种商品的效用，会高过只能消费 62 万种商品的效用？

资　料

亚当·斯密. 国富论. 谢宗林，李华夏，译. 中国台北：先觉出版社，2000.

"统一市场"的两种类型

朱海就

> · 通过自由贸易实现统一市场，要比通过占领或征服的方式实现统一市场更有利于公众的利益。
>
> · 对个体的生活水平而言，重要的是自由贸易能否实现，而不是国家的疆域有多广。如一个民族以疆域的广大为自豪，那说明这个民族还不是文明的民族。

本课要点

最近风灵老师给我寄了一本她翻译的书《和平与爱》。这是一本考察如何让和平成为可能的书。从该书中可以看到，违反经济学常识的观念会导致战争和贫困，人类历史上很多的灾难都与经济学知识的缺乏有关。在人们的各种观念中，有一个重要的观念是如何认识国家，这个观念与人类的自由、和平与繁荣的关系特别密切。

在很多人的观念中，国家的疆域越广，国家就越强大，国民的自豪感也越强。这个观念对吗？对此，在《和平与爱》这本书的第六章，作者帕尔默谈到了这一问题。他举了荷兰王国的例子。他说在1800—1942年间，荷兰一直统治着印度尼西亚，直到该地区1942年被日本征服。日本战败后，荷兰政府回归，花了大约5年时间努力重建荷兰的殖民统治。但是他们失败了，印度尼西亚于1950年独立建国。这时，帕尔默教授提出一个我认为非常关键的问题：对于荷兰王国来说，是维持对印度尼西亚的统治更好，还是让印度尼西亚独立更好？

答案是后者，这也为事实所证明。在印度尼西亚独立之后，荷兰的人均收入从1950年的人均5996美元提升到了2010年的24303美元，增长了305%。而对于印度尼西亚来说，人均GDP也从1950年的817美元增长到2010年的4722美元，增长幅度甚至超过了荷兰，达到了478%。这说明独立之后，两个国家的经济发展水平都有大幅的提升。

其实这样的例子不少，比如英国原先也有很多殖民地，后来这些殖民地国家纷纷从英联邦国家中独立出来，而英国仍然是世界上领先的发达国家。近年来，也有很多国家从南斯拉夫，从独联体中独立出来，它们的境况都有了较大的改善。尤其是东欧国家摆脱了苏联的控制之后，现在的经济状况也明显得到了改善，其中最具有代表性的是波兰。

为什么国家的领土变小之后，该国居民的福利不仅没有减少，反而得到改善了呢？或者说，是什么驱动殖民地现象几近销声匿迹呢？这背后的经济规律是独立国家之间的自由贸易要比维持一个庞大的帝国更能够增加大众的福利。

如帕尔默在书中所谈到的，当印度尼西亚独立出来之后，荷兰政府"不用再派年轻人去打仗，不用再派一大群官僚去管理"，这些成本省下来了。现在，假如荷兰人想要获得印度尼西亚的东西，不需要花费这些"统治"的代价，而只需要去购买即可。

通过国家之间自由贸易的方式获得财富，要比以统治、占领的方式获得财富的成本更低，也更为文明。人类历史上发生了很多战争，都与控制他国的欲望有关。比如20世纪日本侵略中国，与日本试图建立"大东亚共荣圈"的野心不无关系。成吉思汗、希特勒和斯大林等人也有同样的野心，他们的领土控制欲满足了自己的野心，但给本国的国民和被控制国的国民造成了很大的灾难。

当然，这种野蛮的领土征服行为不仅与少数独裁者的野心有关，也与当时大众的一种错误观念有关，他们认为控制了尽可能多的领土，就会拥有更多的财富。假如他们知道，使一个国家变得富裕的不是领土的面积，而是自由贸易、自由往来等，那么战争以及它制造的无数悲剧或许就会避免。

那些支持帝国的人并不是没有看到市场的好处，他们认为一个庞大的帝国意味着一个庞大的内部市场，帝国越大，市场越大。但他们没有认识到的是，市场的一体化无须通过帝国的方式实现。不同国家之间发展自由贸易，也会拥有一体化的市场，比如WTO就是这样的尝试。随着自由贸易的扩展，以及人们对自由贸易带来的好处的认识，人类发生战争的风险下降了，斯蒂芬·平克在《人性中的善良天使》一书中用大量的事实说明人类的暴力和战争呈明显下降趋势。

　　对于"统一市场"而言，我们可以区分"帝国模式"下的统一市场和建立在自由贸易之上的统一市场。比较两者，不难发现前者的成本高昂。一个庞大的帝国虽然意味着一个庞大的内部市场，但正如上述荷兰的例子所表明的，它需要消耗大量的治理成本，这种成本会极大地抵消掉其一体化的市场和对外开放所带来的收益，从而制约其进一步发展。可见，自由贸易基础上的统一市场要比"帝国模式"下的统一市场更优越。

　　无疑，自由贸易对国家的内部治理提出了挑战。

思　考

1. 追求领土的扩张为什么是错误的，也是有害的？

2. 为什么说自由贸易基础上的统一市场要比"帝国模式"下的统一市场更优越？

资　料

汤姆·戈·帕尔默. 和平与爱. 吴获枫，译. 海口：海南出版社，2018.

人口与土地作为经济增长的推动力

黄春兴

本课要点

· 马尔萨斯以人口理论和贫穷陷阱学说反对斯密，提出增长极限议题。

· 马尔萨斯把生产活动局限在土地和农业上，但人类已走向需要资本配合的工业。

发现分工是亚当·斯密的伟大贡献，因为分工可以持续地推动经济增长。然而，古典学者关注的却是他在书中的一段反直觉论述：在市场机制的分工下，个人追逐利益的结果反而能带给社会最大的产出。这就是有名的"看不见的手"原理。

托马斯·马尔萨斯的父亲是一位神职人员，也是斯密的忠诚粉丝。《圣经》提过几位把国家治理得很好的国王，却没有记载任何可以带给国人长治久安的治理制度。因此，对他来说，斯密就是先知，带来了如何实现神的祝福的治理蓝图。他把这种理解告诉了儿子，一遍又一遍地说给他听。正值叛逆期的马尔萨斯听烦了，便下定决心，一定要找出"看不见的手"原理的错误之处。

那个时代还没有出现由政府承担的福利制度，金融产业也还不发达。因此，除了少数富贵阶层的家庭外，大多数人家的老人只能仰赖儿孙的赡养。他们在年轻时就把生育子女看成是一项投资，期待老年时能有大丰收。这项风险甚高的投资让他们选择多生几个孩子。

工业革命在那个时代才兴起不久，能感受到生产技术进步的人并不多，包括继承父亲神职工作的马尔萨斯。神职人员往往相对保守，较关注农业社会。因此，他认为社会产出的主要生产要素是人口和土地。

"边际产出递减法则"是大卫·李嘉图和马尔萨斯在讨论中发现的。根据这个法则，如果土地数量固定而参与耕作的人口数量不断增加，则人均产出最终是会不断下降的。但是，如果土地数量可以等速地随着人口数量而增加，人均产出即使未必会提高，至少在数学上可以维持原来的水平。马尔萨斯想了想，自言自语道："不会的。人们都会先开垦较肥沃的土地，其次才开垦差一点的土地，而最后被开垦的土地大都很贫瘠。如果真是这样，即使土地数量可以等速地随着人口数量增加，但人均产出依旧会不断下降。"

马尔萨斯非常兴奋，因为他发现了可以证伪"看不见的手"原理的例子。也就是说，当人们都只顾自己老年生活的安适而多生孩子时，将来的人均所得会不断地下降，终而陷入"贫穷陷阱"。他的初心是反对斯密的原理，但和斯密一样，他也在无意中提出了让后人更为关注的"增长极限议题"：经济增长终将会遭遇土地数量的终极限制。在 20 世纪中叶，一群经济学家将他的议题中的"土地"改成"自然资源"，从而提出了增长极限的新论述：经济增长终将遭遇自然资源数量的终极限制。到了当代，又有一批经济学家将这两个议题中的"土地"和"自然资源"改成"地球气候"，又给经济增长添加了新的天花板。

当然，我们现在知道马尔萨斯在这两方面的论述都错了。首先，"看不见的手"原理强调，个人利益和社会产出的协调"只在市场机制下才有效"。至于他的个人生育的例子未必和市场机制相关。其次，他把生产活动局限在依赖土地的农业上，但人类已走向需要资本配合的工业。

马尔萨斯的《人口论》发表于 1798 年。到了 1845 年，爱尔兰发生了大饥荒，全国四分之一的人饿死，另外四分之一的人渡海去了美国。爱尔兰的技术相对落后些，因此有人将《人口论》视为此次大饥荒的预言。就在大饥荒发生的 15 年前，也就是 1830 年，美国通过了将印第安人迁徙到密西西比河以西的法案，然后展开了轰轰烈烈的"西进运动"，从十三州推进到密西西比河东岸。饥饿的爱尔兰人坐着渡船，一批批地来到了美国，并在密西西比河冲刷过的平原上开垦出极其肥沃的土地。这是"土地随人口增加"之假设的实现，也带动了美国的经济增长。

然而，我们要问的是：人类是否还可能不断地发现肥沃的新密西西比河大平原？我们是否能在新科技的帮助下，在空气稀薄的青藏高原或冰冻的西伯利亚冰原上开垦出新的农场？是否能在深海中建设新的海洋养殖基地？当然，还有更梦幻的情节。英国物理学家霍金就说过，人类最大的风险是居住在同一个星球上。就在他去世前，人类已展开移民宇宙星球的计划，将来或许会看到一艘艘驶向浩瀚星辰的"新五月花"号宇航舰。

思　考

1. 何为"边际产出递减法则"？
2. 怎么理解马尔萨斯的"贫穷陷阱"？

资　料

1. 马尔萨斯. 人口原理. 丁伟，译. 兰州：敦煌文艺出版社，2007.
2. 张维迎. 经济学原理. 西安：西北大学出版社，2015.

课时 77

消费不足论为何站不住脚？

冯兴元

本课要点

- 消费不足论认为节俭导致"消费不足"和拉动需求不足，影响 GDP 的增长。

- 哈耶克认为，消费不足论是错误的。事实上放弃当前消费是一切资本形成的前提，而且不消费所节省下来的收入一般不意味着人们根本就不会支出这些收入，而只是意味着人们将为生产性目的而支出这些收入。

- 应该支持自愿储蓄，可以做出一些政策安排，以使这些储蓄真正转变为生产性投资；反对强制储蓄，比如政府的征税政策或者通货膨胀政策导致储蓄者增加储蓄就是强制储蓄。

古典经济学家也认为节俭是美德，个人因节俭而聚财生财，而且泽及社会。其逻辑是，消费者把节省下来的资金存到银行，形成储蓄；银行又把储蓄资金贷给生产者，由此促进生产和推动经济增长。

经济学之父亚当·斯密就属于古典经济学家。他认为，资本因为异常节俭而增长，因为被挥霍以及渎职而减少；资本增长的直接原因是俭省，而不是勤劳；每一个挥霍者都是社会公敌，而每一个俭朴的人均是社会的捐助者；收入以及资本的增长也就是国民财富的增长；当一个国家所有的个人资本都能投入到为全国居民提供最大收入之处时，居民会有更多的钱用于储蓄，因此国家的资本一样能快速增长起来。

凯恩斯在《通论》中认为，奢侈与节俭这两个极端都很明显，两个极端之间必有一点，如果能找到这个点，把生产能力以及消费意愿二者都计算在内，则财富之增加可以受到最大鼓励。这样说没错。但他实际上是在强调一种此前业已存在的"消费不足论"。凯恩斯的"消费不足论"也被称为"有效需求不足论"，它强调，鉴于工人偏好名义工资的增加，因而存在名义工资刚性，所以应该增加货币投放，推行通货膨胀政策，增加公共负债和公共投资，维持甚至提升工人的名义工资，降低实际工资，以此扩大就业，拉动消费，推动经济总量的增长。

萨缪尔森在其《经济学》教科书中提到了数种合成推理的谬误，其中有一条就是"节俭悖论"：对于每一个人而言，节俭是美德，有助于积聚财富，但是对于一个封闭经济体整体而言，大家都很节俭，没有人愿意多消费，经济发展就会受到不利影响。

萨缪尔森的这些结论并不新鲜，基本上可见于凯恩斯的《通论》。不过凯恩斯只是没有直接使用"节俭悖论"或者"储蓄悖论"这类术语而已。

哈耶克在 1929 年曾经发表过一篇题为《存在一种储蓄悖论吗？》的论文。其核心观点就是反对"消费不足论"。伦敦经济学院经济系主任罗宾斯读了之后认为，文中提出的一系列论点能够立刻用来反驳自剑桥蔓延开来的凯恩斯主义。他对当时功成名就、光彩照人的凯恩斯甚为不满，自认为发现了一位堪与凯恩斯一比高下的青年剑客。罗宾斯本身就是米塞斯的弟子，偶尔会从伦敦赶到维也纳参加米塞斯定期举办的私人研讨会。1931 年罗宾斯专门邀请哈耶克来伦敦经济学院就货币与周期理论举办一系列讲座。可以说，他实际上把哈耶克从奥地利雇来英国伦敦讲课，充当向凯恩斯发起经济学理论攻势的"炮手"。哈耶克在伦敦的讲座使他很快成为备受瞩目的年轻的明星经济学家，他周围聚集了一大批拥趸。

凯恩斯死于 1946 年，哈耶克本来就比凯恩斯年轻许多，他活到了 1992 年。生前，他至死不渝地批判凯恩斯主义，反对消费不足论。

1963 年，哈耶克在维也纳发表的一次题为《旧真理和新谬误》的讲话中，批评了到目前为止还在流行的所谓消费不足理论。他原来指望自己 1929 年的论文和后来在伦敦经济学院的讲座能够彻底击垮很久以来就存在的"消费不足论"这条恶龙，但是没想到它在凯恩斯的庇护下得以复活。他认为，包括凯恩斯在内的那些经济学家所主张的消费不足论源于一种错误的观念。这种观念认为，支出自己的全部收入者要比积累自己的财产、只服务于自己利益者对社会共同体的繁荣贡献更大。哈耶克指出，事实上放弃当前消费是一切资本形成的前提，而且不消费并不意味着人们根本就不会支出这些收入，而只意味着人们将为生产性目的而支出这些收入。哈耶克支持自愿储蓄，认为应该为此做一些必要的事，以使这些储蓄真正转变为生产性投资。他反对强制储蓄，比如政府征税或者通货膨胀政策，它们都可能导致强制储蓄。政府利用强制储蓄进行投资，可能只是用于非生产性支出，并不能直接导致消费品生产的增长。正因为如此，哈耶克批评了凯恩斯著名的花钱挖坑的例子：先挖坑，再填坑，而投资在这一意义上与资本的形成无关。

储蓄本来就是为了未来的消费。消费者放弃现时消费，选择储蓄，是为了更多的未来消费。根据奥地利学派的货币的时间价值理论，当前手里的 1 元钱，人们对其主观评价要高于未来 1 年后的 1 元钱。这也解释了为什么放款给别人需要收取利息。一个人推迟消费，进行储蓄，就是因为储蓄可以变成自己的投资，也可以变成他人的投资，其目的就是获得回报，实现货币的时间价值，更好地满足未来的消费需求。在自由市场经济中，消费是自主自愿的消费，储蓄是自主自愿的储蓄（含投资），均由每个经济主体根据自己对消费和储蓄的主观收益评价而自由选择。只要允许私人产权主导，劳动力市场、其他要素市场和产品市场是完全开放的，不受政策扭曲，相对要素与产权价格结构会自行调整。这些灵活的产品与产品价格能够引导经济主体根据主观的成本收益计算自行组织消费和储蓄选择。这也是保证哈耶克所强调

的、让储蓄朝着投资或生产方向转化的重要前提条件，也是推动
经济发展的重要制度基础。

💰 **思　考**

简述凯恩斯消费不足论的主要内容及其缺陷。

💰 **资　料**

1. 约翰·M. 凯恩斯. 就业、利息和货币通论. 北京：华夏出版社，
2013.

2. 亚当·斯密. 国富论. 郭大力，王亚南，译. 北京：商务印书馆，
2015.

课时 78

技术作为经济增长的推动力

黄春兴

本课要点

· 熟能生巧为内生技术，而来自师傅的指导为外生技术。

· 熊彼特说创新就是现有技术的重新组合，是内生经济增长的泉源。

· 罗默将熊彼特的抽象概念转化成具体的技术扩散过程。

请大家想象自己刚卖掉城市里的房子，打算到乡下当一个自由自在的自耕农。你买下的小农场不算小，但每天耕种不到 3 小时，你的体力就急速下降。用经济学术语说，这就是劳动力的边际产出迅速递减。3 个月后，你发现体能增强了很多。现在可以连续耕种 6 小时而不觉得劳累。这时的月均产出会比 3 个月前增加很多——这就是"产出增长"。如果大多数人也跟你一样，就可以说是"经济增长"。

这一结果的出现全因自己的体能改善，而体能改善又是每天耕种 3 小时的结果。耕种 3 小时是自己的"决策变量"，体能改善是执行决策变量而衍生出的"驱动变量"。当驱动变量的形成完全内生于个人的决策和执行时，其带动的增长就被称为"内生增长"。另一个类似的例子是：木匠每天重复习作，因熟能生巧，手艺变得精谌，边际产出跟着不断增加。这里，木匠的"重复习作"是决策变量，"熟能生巧"则是执行决策变量而衍生出的驱动变量，并推动了内生增长。

"内生"的参考基点是一个封闭的经济单位。在上面的例子中，这个单位是指包括当事人的生理特点和知识在内的"个人"。因此，在耕种 3 小时和重复习作中，个人不能食用维生素或聘请老师傅现场指导，这样才算内生增长；如果他利用了上述二者才增加边际产出，这样的增长就只能称作"外生增长"。但是，当我们把这个单位由个人扩展到社会时，只要维生素药丸和老师傅都是社会所产生的，这时的增长就可称作"内生增长"。

驱动变量是一点一滴累积起来的，带有时间性质。就如熟能生巧，内生增长的累积过程是缓慢的；外生增长就如聘请老师傅，其累积过程可以加快许多。再者，来自熟能生巧的技术称为"内生技术"，而来自老师傅指导的技术称为"外生技术"。

回到个人的小农场，你现在知道有两种策略可以改善技术。内生技术的生成过程很缓慢，技术内容也相当有限。不过，因它来自内部衍生的驱动变量，故其技术都是独一无二的，其产出在市场上也都有独占性。相对地，外生技术就像摆放在超市货架上的商品，购买后就能立即增加边际产出。既然是公开贩卖的商品，其产出绝不具有垄断性。

同样的论述可推及社会。一个社会可以仰赖自己生成的内生技术，也可以从国外购入外生技术。若是利用前者，所生产的商品种类可能不多，但都具有市场垄断性；反之，利用后者可以生产许多种类的商品，但都不具有市场垄断性。

社会是由许多个人组成的。个人的新的内生技术总是此起彼伏。当一项新技术开始出现边际产出递减时，只要有另一个人的新技术及时出来接替，就可以继续维持整个社会的边际产出。若及时出现的新技术够多，边际产出甚至可能出现递增。也就是说，一个人的新技术的生成虽然缓慢，但乘上社会的总人数之后就变得很可观了。

熊彼特说，创新就是现有技术的重新组合。当新技术逐一出现时，新的技术可以跟之前出现的各种技术组合成几何级数的新商品，也就构成了促使内生经济增长的源源不绝的泉源。保罗·罗默将熊彼特的抽象概念转化成具体的技术扩散过程。诚如诺贝尔经济学奖给他的颁奖理由：个别厂商投资于技术研究的成果，透过知识的交流扩散到其他产业，可以在各产业产生新的技术，并维持其边际产出。换言之，他把技术的重新组合从相同产业内的新旧组合扩充到跨产业的技术整合。

若不论他在技术方面的贡献——罗默对于技术扩散的贡献的确不是很大，若从整个经济学界来看，他开启了经济学者一窝蜂去寻找"可以促进内生经济增长又能于现实操作之决策"的研究模式。就以他成名的论文为例，"技术研究的投资"是个别厂商的决策变量，而其衍生出来的"技术扩散"则是可以推动内生增长的驱动变量。由于这条"决策变量—驱动变量—内生增长"的研究模式为现实社会做出了不少贡献，经济学界早已相信他必定能获此殊荣（诺贝尔经济学奖）。

在一些低度开发地区，居民因自给自足的生活方式，陷在贫穷之恶性循环中。如果有企业家选择于当地"建立当地生活所需的小工厂"的决策变量，衍生出他们"以劳动薪资购买新商品之生活形态"的驱动变量，就有可能帮助他们跳出贫穷陷阱。

💰 思 考

1. 请说明"内生增长"和"外生增长"的区别。
2. 请解释"决策变量—驱动变量—内生增长"的研究模式。

💰 资 料

1. 保罗·萨缪尔森，威廉·诺德豪斯. 经济学. 萧琛，等译. 北京：商务印书馆，2012.
2. 保罗·罗默. 报酬递增与长期经济成长. 政治经济学杂志. 1986.

驳郎咸平的"国资流失论"

朱海就

本课要点

· 郎咸平不理解价值的主观性,他从一个会计师而非经济学家的角度去认识经济现象。

· 资产流失论预设了一个没有流失的资产价值,这是不成立的,因为资本价值只能在市场中体现,存在于企业家的判断中,而不是某个人可以事先计算出来的,这正是"计划经济"的错误。

2004 年前后,郎咸平的"国资流失论"喧嚣一时,他认为国企的"管理层收购"使国资流失,之后国企的"管理层收购"也就停止了。那么他的"国资流失论"是正确的吗?这牵涉到企业的"估值"问题。我们认为,决定企业资产价值的是市场交易,而不是某个"评估师"的评估。财务出身的郎咸平正是从一个

"评估师"的角度去说明企业价值的，而这是不正确的。

在企业并购或资产转让过程中，一般都会牵涉到资产价值的评估。企业资产价值评估通常有三种方法，分别是收益法、市场法和成本法。收益法常用的具体方法包括股利折现法和现金流量折现法。市场法是比较被评估资产与最近交易的类似资产的异同，将类似资产的市场价格进行调整，从而确定被评估资产价值的一种资产评估方法。成本法是根据投入的成本来计算资产价值的方法。因为资产的价值和消费品不一样，其价值取决于未来的收益。因此被广泛使用的是收益法和市场法。

为了说明资产的价值是在市场交易过程中被发现的，我们首先要说明评估师和资产交易者（企业家）的区别。首先，企业家在交易时要押上自己的资产去承担风险，相比之下，评估师不需要押上自己的资产，也不承担市场风险。这也是因为两者的目的是不同的，企业家是用交易得到的资产去获利，而评估师是赚取评估费。其次，企业家对企业未来经营状况的预测是对他自己独有的知识的利用，而评估师利用的主要是评估方面的知识，并不是企业家知识。最后，企业是不同资产的组合，企业的价值在很大程度上存在于资产的"组合"中，这也意味着把企业中不同部分的资产价值加起来不等于企业的价值。评估师能够对企业中不同的资产，如机器和土地的价值进行评估，但不能对资产"组合"的价值进行评估。虽然机器和土地等要素有市场价格，但资产的"组合"是没有市场价格的，也没有可以参照的对象。在这种情况下，企业家对资产的评估和评估师对资产的评估是完全不同的。

　　而郎咸平正是从"评估师"的角度去看资产价值的。在他看来，企业资产的价格是由评估师决定的，而不是由企业家在市场上通过交易决定的。他可以拿评估师确定的资产价格去对照市场上的交易价格，从而做出资产是否流失的判断。显然这是荒谬的。

　　我们要区分价值和价格。价值是主观的，每个人都可以对资产做出他自己的估价。但这个交易之前的估价和交易后产生的价格是两回事，两者的差别可能很大。体现资产价值的资产价格最终取决于市场交易，而不是交易前的估价。资产交易产生的价格体现了企业家对未来的判断。郎咸平给出的只是他的"估价"，他的"估价"不能代替市场交易产生的价格。

　　评估师不是企业家，他只能服务于企业家的判断，他的服务对企业家来说有一定的帮助，比如给企业家提供一个参考值，他也可以根据企业家的判断，准备相应的评估材料。但是，假如有人认为评估师的估价可以决定企业家的估价，那就本末倒置了。

　　资产的价值是在竞争性的市场过程中不断被发现的，它不是由某个技术专家（如郎咸平）评估出来的。换句话说，资产的价值不是由某个评估师说了算的，而是由市场交易说了算的。在市场中，资产的价值在不断变化，所以并不存在确切的、客观的资产的价值。如人们认为郎咸平给出的资产估价就是资产的确切价值，那么这就相当于认为郎咸平比市场更聪明，他所做的财务计算可以取代形成价格的市场过程。但是，显然没有任何一个人可以替代市场来对资产价值做出评估。

　　因此，资产流失与否是一个"制度"层面的问题，而不是一个"技术"层面的问题。如交易过程缺乏规范的程序，那么就很容易出现国有资产流失。因此，我们应该把建立公开、公正与透明的规则，特别是完善的监督机制作为防止国有资产流失的关键。在这样的规则之下，我们应该促进国有资产的流动，也就是说，不能因为惧怕国资流失而限制国资的流动，因为只有在流动中资产才能得到更好的使用。

（王剑飞对本文有贡献）

💰 思　考

1. 评估师对资产的评估和企业家对资产的评估有什么不同？为什么说郎咸平的思想是"评估师"思维？

2. 怎样防止"国有资产流失"？

💰 资　料

国务院国资委产权管理局投资价值评估课题组. 投资价值评估. 北京：中国市场出版社，2016.

课时 80

以市场平台推动经济增长

黄春兴

本课要点

· 技术的潜在外溢效果只能在市场平台展现。

· 个人决策变量也能在市场平台展现正外部性。

· 勇敢地进入市场是个人决策，市场平台的竞争则促进内生经济增长。

我认为，2018 年诺贝尔经济学奖得主保罗·罗默的贡献是开启了寻找"可以促进内生经济增长又有操作内容之决策"的研究，让经济理论能应用到现实社会。就以他成名的论文为例，"技术研究的投资"是个别厂商能操作的决策变量，而其衍生出来的"技术扩散"之正外部性则属于经济理论。这种正外部性可以创造经济福祉，但未必能推动经济增长，因为经济增长是动态可持续的现象，并非静态的一次性效果。

那么，罗默的研究成果为何归类在经济增长？这可以从两点进行说明。第一点是，新技术是以涟漪方式扩散的，会产生长期但递减的正效果。只要第二家厂商的新技术能在波脉未静止前推出，经济就能继续增长，这是第二点。然而，这也是罗默遭遇到的问题：是什么内生力量诱使厂商持续进行新技术的研发？当然，不论假设它属于随机乱数，还是出于预设之规则，都会退回到外生增长理论。不过，罗默将这项任务交予政府补助，依然没跳出外生增长的理论范畴。

其实，当罗默提出"以决策变量衍生驱动变量"去促进内生经济增长的发展途径时，在新古典学派的传统中，已隐约假设了它是在市场平台下运作的。但他忽略的是，其实是市场平台让潜在的外溢效果得以展现。

我认为，个别厂商之于利润，取决于市场对于厂商采用新科技之于商品的反应。厂商得先拥有相关市场的知识与经验，才有能力计算采用扩散的新技术的预期利润。如果市场机制不完备，预期利润将难以正确评估，从而影响新技术的采用，也无法呈现技术扩散的外部性。

罗默建议政府补助厂商的技术研究，诱使他们研发更多的新技术，让社会享受到更大的正外部性。这个建议最多只适用于市场已经明确接受的外来技术的逆向研发，因为这时的预期利润已能利用市场数据去估算，而不会受到政府补助的影响。至于为了开发新商品而投入的技术研究，厂商只能凭其经验与知识去评估市场的反应和预期利润。如果这时的市场信息受到补助政策的干扰，可能导致厂商因估算错误而造成的损失大过政府补偿导致的损失。

除了技术研究外，还有不少的个人决策变量都能在市场平台上展现正外部性。大家最为熟悉却常遭忽略的就是邓小平当时提出的"让少数人富起来"的口号。在当时的经济环境下，他说这话的意思是很明确的：如果有一些人勇敢地进入不受政府干预的市场，只要其中有少数人因而致富，这股勇于致富的风气就能扩散出去，吸引更多的人来参与市场。

这里，"勇敢地进入市场"是个人的决策变量，个人因致富而产生的"勇于致富的风气"是具有正外部性的驱动变量。个人是否拥有致富的勇气和本事？这是毫无疑问的，因为只有个人才拥有相较于政策推动者更多和更准确的信息。同样，厂商是否有采用特定科技的本事，也只有它自己清楚。政府补助可以降低厂商的研发成本，但也会误导厂商，让他以为研发会受到政府的进一步关照，从而低估了失败的概率。

投资计划未必都会成功，不幸失败也是市场的常态。厂商会审慎思考其他厂商的失败经验，然后将失败概率和损失计算在内。若某些厂商不幸失败，其失败过程也会成为一项决策信息，会对其他厂商衍生出"谨慎以避免重蹈覆辙"的正外部性的驱动变量。相对而言，如果失败的厂商接受过补助，则其决策信息已遭受扭曲，能传递给其他厂家的市场信息就较为混乱。

事实上，市场平台上的竞争才是一条能促进内生经济增长的发展路径。在市场平台上，厂商在竞争压力下提出，新商品就是他的决策变量。不仅消费者对这些新商品给予消费面的评价，其他厂商也会透过这些新商品去展望市场趋势。这股压力是厂商随时都要面对的，而且这是持续的压力。新商品所带来的或所预测的市场趋势就是一项正外部性的驱动变量，虽然个别生产者的解读未必一样，但只要市场继续保持开放，这股正外部性力量将会推动其他生产者继续提供新的商品。

🎒 思　考

1. 为何罗默的理论未能清楚说明经济为何能持续增长？

2. 为何邓小平提出的"让少数人富起来"的口号也具有正外部性？

🎒 资　料

1. 保罗·萨缪尔森，威廉·诺德豪斯. 经济学. 萧琛，等译. 北京：商务印书馆，2012.

2. 保罗·罗默. 报酬递增与长期经济成长. 政治经济学杂志. 1986.

课时 81

延展性人类的定义

黄春兴

本课要点

· 演化是调整现有规范的过程，"心脏强"的个人勇敢创新并诱使其他人去模仿。

· 经基因编辑的人是延展性人类。

· 修改人类的定义是关于人类将走向何处的神学问题。

基因编辑曾一度成为社会事件。对此，社会上普遍认为当事人违背了基因研究的专业伦理，就如同医生违背了"希波克拉底誓词"一样。经济学界则存在不一样的论述：有学者认为基因编辑是在打造新人类的社会计划，也有学者认为只要不违背"不主动攻击他人的原则"就可以。

这事件显示出经济学界在使用"伦理"一词时相对谨慎多了，这的确是一个好现象。伦理不同于法律，法律是以司法的强制力去威吓企图违反或惩罚已经违反法律条文的个人；相对地，伦理则诉诸社会的主观标准去制裁违反伦理规范的个人，当然也含有事前威吓的目的。较具象地说，法律应尽早捉住违法者，不让他继续作恶；而伦理只是不希望有人去破坏规范下形成的秩序，但违规者若真想违规，谁也无法阻止他。

伦理的制裁并非使用武力，因为它是无政府或与政府的强制无关的运作方式。因此，制裁利用的"惩罚"就是说服大众断绝与违规者在生活上的所有合作，让他退回到只能自给自足的生活状态。当然，每个人的主观判断是不同的，并不是每个人都会同意规范的秩序内容，即使同意，也未必会去惩罚违规者。因此，只要违规者拥有较强的自给自足能力，包括物质的获得和精神上的抗压能力两方面，制裁就无法达到效果。

再者，规范早已存在，当违规者决意冒大不韪去违反规范时，他事先都把成本计算过了。会去违反规范的人都是"心脏强"的人，因此，制裁对这些人不具任何效力。既然制裁起不了作用，何不干脆奉行"不主动攻击他人的原则"？其实还是有些不同的。大多数人都习惯在既有秩序下生活，继续以他们习惯的方式与他人合作和生活。伦理可以避免他们因一时兴起而去破坏现行规范。

秩序虽好，但社会仍得继续往前迈进。对某些现有规范加以调整的过程就是"演化"，演化可以发生在人类身体上，也可以发生在社会文化中。不论是前者的"生物演化"还是后者的"文化演化"，人都拥有参与天地造化万物的能力。人类曾利用嫁接、配种等方式改变了动植物，现在正进行更激烈的基因改造。人类在文化演化方面的成就更惊人，从语言、文字、货币、法律等，到高跟鞋、裤袜、手机等器物的发明，无不一再刷新人类的生存和生活方式。

这些"心脏强"的个人就是喜爱新奇事物。他们不怕制裁，喜欢反抗，并诱使其他人去模仿。比如发现幽门螺杆菌的医生就曾以自身试药。如果没有他们，许多创新就不会出现。伦理让人以其主观去对违规者进行制裁，就是给演化留了个口，允许"心脏强"的人去参与造化。

回到基因编辑。现在，我们的关注点已来到人的形象方面。我们可以直接编辑基因去改变头发颜色或免疫功能，更进一步，还可以逐渐把自己转变成能够畅游于大海深处的美人鱼，或是千年不死的吸血鬼。那时，我们是否还能继续称自己是"人类"？还是再创造一个称作"延展性人类"的新词来称呼自己？

如果这世界上真有美人鱼或吸血鬼，或者还有未被发现的外星人，我们仍可以和它们进行异族合作，把我们的生活扩大到这个新的"延展性社会"。但是，基本问题还在，如果我们转变成它们，还能被叫作"人类"吗？

这并非只是名称的问题。人类社会并非只是生物性的存在，而是和社会演化同步的。没有社会的人类不能叫人类，而所有的文化论述，不论是自由、民主、人权、伦理、财产权等，都是在现有之人形的人类社会中产生的。就以"不主动攻击他人的原则"来说，其终极关怀也是人类社会的合作和发展。所以，当我们逐渐转变成美人鱼或吸血鬼时，我们是否愿意延伸人类的定义？

在自由的社会中，我们没有理由反对"不主动攻击他人的原则"，也没有理由去限制个人的各种创新。编辑孩子基因的问题的落脚点不在孩子的自主权上，而在需不需要修改人类的定义上。因此，我不认为这是属于社会科学或自然科学的问题，而是神学问题。神学并非局限于上帝或佛陀的旨意，而是关于"人类将走向何处"的问题。

💰 思　考

1.何为"不主动攻击他人的原则"？

2."生物演化"和"文化演化"有何异同？

课时 82

组织的激励与市场的激励

朱海就

本课要点

· 激励对"组织"有效，但市场不是一个"激励"问题，而是企业家的"判断"问题。企业家的行为不是对给定的激励做出响应，而是受自我的激励，即他发现的机会或他自己的目的所驱动。

· 各种补贴、产业政策和人才计划等都违背了上述原理。

我们要区分两种不同的激励，一是组织内部的激励，二是市场的激励。如果把前者扩展到后者，认为市场的激励也可以设计出来，那就陷入了计划经济思维。组织的激励对应可预期的成果的分配，它通过保障个体可以拥有这些成果的合法权益来实现。相反，市场的激励对应不可预见的和不确定的收益。前者是"分配"意义上的激励，因为在组织中，员工分配多少以及分配的方式等都是由企业家决定的；后者是"创造"意义上的激励，性质不同。不过，就企业整体而言，它是响应市场激励的单位。

这两种激励对应不同的规则。与组织的激励相对应的规则是人为设计出来的，企业内部的治理结构离不开企业家的"机制设计"，它要解决因委托—代理而产生的监督、约束问题。相比之下，市场的激励所对应的是演化产生的规则，它虽然处在企业之外，但因为这些规则不是某个人设计的，所以它属于哈耶克说的"内部规则"。这两种规则具有相互依赖的关系。假如一个企业的合法收益得不到保障，那么它设计企业内部规则也就无从谈起。同样，如果没有组织内部的良好治理，企业就无法实现利润，那么市场规则再完善也是徒劳的。另外，那些有助于保障产权的市场规则往往也源于企业内部。

当个体或企业可以获取其创造性劳动成果时，他自然而然有很强的动力（被激励）去创造财富。但是，仅仅有激励是不够的，更要看激励来自哪里。市场的激励包含价格和利润机制，它把市场主体的行为引向最能满足消费者需求的领域。相比之下，人为设计的规则或合约虽然也能提供激励，但无法保证这种激励一定会满足"消费者主权"，更不能保证这种激励具有"协调性"。当然，那些获取利润的成功企业能够把人为设计的合约引向更好地满足消费者的需求，即这些合约虽然是人为设计的，但却是市场导向的。

人为设计的规则一般只适用于组织内部，假如把它扩展到组织之外，用它去取代市场规则，那么就会破坏市场的运行。人为设计的规则可以视为企业家所做的"组织试验"，它允许失败，这种失败对市场整体来说危害不大，也只有在不断的试验中才会产生新的更有效率的组织。但市场作为一个整体不能被试验，对市场进行试验的代价高昂。

激励不能错置。解决市场的激励问题优先于解决组织的激励问题。如果把这个顺序弄错了，那么会产生破坏性的激励。我们需要解决的往往不是"激励"本身，而是使这种激励产生积极的效果，比如促进了经济增长。中国在改革之前，在全社会实施"组织的激励"，一种从上到下的层层"激励"，其实这对于发挥经济活动的积极性方面是负激励，是生产任务的层层分配，这里没有价格，也没有利润。这种激励模式无法解决有效地配置资源的问题，在改革之前就已经失败了。改革就是将这种"组织的激励"转变为"市场的激励"，使个体的收益与他自己的努力挂钩。包括农民在内的无数个体因而发挥了企业家才能，创造了市场，并产生了市场价格，在市场价格的引导下，个体追求自己的最大利益无形中促成了公共利益。

要注意的是，市场的激励不是通过对"特定主体"的激励而实现的。很多经济学家犯的一个错误是，他们把激励"地方政府"视为中国经济增长的原因。其中有代表性的观点是："地方政府竞争论""条块体制论""政治集权和经济分权论""晋升锦标赛理论"等。其中有的经济学家认为那些有利于激励的规则是中国在改革的时候"刚好"存在的，比如有的经济学家把国有和集体土地制度视为中国的"优势"，另外一些经济学家则认为那些规则是"设计"的产物，如持有"财政分权论"的经济学家。

市场的激励是"非特定激励"，即我们不可能事先知道谁是能干的，然后再去激励他。在市场中，激励方式是让个体自己发现利润机会，因此这种激励也可以说是主观的、内在的。从这个意义上说，市场不需要提供专门的激励，只需要市场允许个体把自己的发现变成现实行动。

此外，我们也不可能事先知道什么激励对社会是最有利的。比如各种补贴、产业政策和人才计划等在某种程度上都违背了这一常识。特定的激励，包括对特定个体的激励或特定形式的激励只在组织内部才具有可行性。

💰 思　考

1. 为什么说解决市场的激励问题优先于解决组织的激励问题？
2. 为什么说组织的激励是"分配"意义上的，而市场的激励是"创造"意义上的？

💰 资　料

弗里德里希·冯·哈耶克. 哈耶克文选. 冯克利，译. 郑州：河南大学出版社，2015.

诺奖得主诺德豪斯气候变化经济学
背后的"知识的僭越"

冯兴元

<table>
<tr><td rowspan="1">本课要点</td><td>

· 政府间气候变化委员会所推行的气候变化议程很可能是伪命题。

· 目前的研究成果既不能证明人类活动是造成全球气候变暖的主要因素，也不能证明不是。

· 要把对气候变化议程的支持或者反对与资源节约利用和防治环境污染分开来看。

</td></tr>
</table>

　　2018 年 10 月 8 日，宏观经济学家威廉·诺德豪斯和保罗·罗默教授获得了诺贝尔经济学奖。根据瑞典皇家科学院的新闻稿，诺德豪斯的贡献在于把气候变化整合到长期宏观分析之中，而罗默的贡献则在于把技术创新整合到长期宏观分析之中。国人对诺德豪斯的了解，大多限于他作为第二作者与保罗·萨缪

尔森合著的经典经济学教科书《经济学》。这本教科书里的宏观经济学部分其实非常糟糕，我们在此不做评述。本课将讨论气候变化议程的问题以及诺德豪斯这位经济学家在这里面能够发挥什么样的作用。

诺德豪斯是全球气候变化宏观经济学的权威专家。他认为政府应该采取行动阻止气候的不利变化，容忍一定程度的全球变暖。考虑到政府间气候变化委员会所提倡的全球气候变化议程可能带来的成本，他不主张"零碳增长"。他认为，允许全球气温上升2.3℃是最优的。诺德豪斯直言不讳地批评那些全球变暖论点的怀疑论者，还主张将全球普遍征收的碳税作为其气候政策建议的核心。

不过，政府间气候变化委员会所推行的气候变化议程很可能是个伪命题。全球大概有一半的诺奖得主对气候变化议程持怀疑态度。气候变化议程的支持者认为，人类活动造成了大气层二氧化碳含量的变化，从而成为造成气候变暖的主要原因。但是，如果说大气层的二氧化碳容量像乒乓球桌面那么大、那么厚，那么由人类活动造成的二氧化碳的排放量可能只占乒乓球那么大。造成大气层中二氧化碳含量变化的因素很多，比如长期性海洋温度周期、太阳温度转变等。气候变化的影响因子也有很多，二氧化碳含量只是其中之一。这些影响因子的数据——历史上各地的气候数据和二氧化碳排放数据都严重缺失。最早的一份政府间气候变化委员会的报告就是在缺失中国数据和很多其他国家数据的情况下通过模型计算出来的一个耸人听闻的气候变暖预测数字。诺德豪斯教授即便是个天才，也无法构造这么复杂的模型来预测全球气候变化。这种预测可以说是犯了哈耶克所批评的"知识的僭越"，哈耶克说："这种预测同江湖骗子相比有过之而无不及。"如果某位模型专家说自己能够预测出未来气候变暖，且能具体到几度的话，那只能用"涉嫌欺诈"来定义它。很可能是模型构造者先设定一个预测结果值，然后倒推许多参数和量值。

实际上，选择历史上的不同时点对气候变化进行预测，其结果也会不一样：选择这个时点，预测结果可能是气候变暖，选择另外一个时点，预测结果可能是气候变冷。

美国佐治亚理工大学教授柯里认为，要改变 1980 年后气候暖化的指标，应该考虑把自然内部变量作为基本要素。自然变量是指不受人为因素影响的条件，如上述长期性海洋温度周期、太阳温度转变等。英国东安格利亚大学气候专家琼斯认为，如果厄尔尼诺现象没有大规模发生，"全球变暖"将暂停一段时间。

著名经济学家哈耶克在其 1974 年荣获诺奖的晚宴上以"知识的僭越"为题作获奖致辞，他提出了对设置诺贝尔经济学奖的担忧。他认为，假如事先向他征询，他会毅然决然地建议不要设立此项大奖。他强调的唯一理由是，该奖将一种巨大权威授予一人，这在社会科学领域会让获奖者的理论和思想对外行产生不应有的强烈影响。诺德豪斯教授肯定才华横溢，但是他的研究方法及其预测力可能不足以让他做出有关气候变化的精准预测。对气候变化宏观经济学家授奖，确实会造成哈耶克所担忧的问题。哈耶克认为，社会科学或者经济学的预测往往只是一种"模式预测"：我们的预测能力也仅限于预测事件中的一般特点，其中并不包括预测每个具体事件的能力。

当前非常时髦的用语就是"低碳经济"或者"碳排放达标"。其预设前提就是人类活动是造成全球气候变暖的主要因素，其实这一看法是没有依据的。人为因素导致的碳排放多了，与 GDP 的增长基本上是正相关，但或多或少会成为影响气候变暖的一个相关因素，这个结论可能没有问题。不过，目前的研究成果既不能证明人类活动是造成全球气候变暖的主要因素，也不能证明不是。因此，审慎地对其做一些未雨绸缪的关注和研究仍然是有益的。但是人类试图精准预测气候变化，那确实是"知识的僭越"。哈耶克说过，现实世界中很多不合适的政策其实也是这种狂妄自大的产物。诺德豪斯提出在全球范围内征收碳税，也属于这一类做法。如果存在"气候变暖"问题的话，必然最终需要依托企业家的创新来解决。依靠碳税反而加重了企业的负担，还不一定控制得了碳排放。即便控制了碳排放，也不一定就控制了气候变化，因为我们并无证据表明人类是造成全球气候变暖的主要因素。无论如何，我们要把是否支持气候变化议程与资源节约利用和防治环境污染分开来看。无论气候变化议程是否属于真命题，资源节约利用和防治环境污染本来就应该推行，即便存在出现新资源的可能性。总之，对气候变化议程保持怀疑，同时给予适度的关注和研究，倒也无妨，属审慎之举。

💰 思 考

为什么诺德豪斯的气候变化经济学属于"知识的僭越"？

💰 资 料

弗里德里希·冯·哈耶克. 哈耶克文选. 冯克利，译. 南京：江苏人民出版社，2007.

课时 84

GDP 的衡量与三驾马车政策

黄春兴

本课要点

· GDP 可分别从生产面、支出面及分配面去估算。

· 三驾马车是指构成支出面的消费、投资与出口。

· 生产面和支出面都采用政府部门预算，是政府提高 GDP 估值的绿色通道。

GDP 本质上是市场机制下能够衡量的交易量。在教科书上，GDP 可以分别从生产面、支出面以及分配面这三个面向去估算。既然是三个面向，除了无法掌握的估算误差外，不同面向的估算值也就应该是一样的。本文要讨论的是从支出面去估算 GDP 的方式和值得注意的事项，因为这种估算法也是所谓"三驾马车政策"的源头。

当我们对个人及各事业单位在生产过程中的附加价值进行加

总后，我们获得了从生产面估算的 GDP。由于 GDP 是就一定时间和一定区域而言的，如 2017 年新加坡的 GDP。新加坡 2017 年的 GDP 也会在 2017 年中支出。如果新加坡只是一个封闭的经济体，同时每年也都把产出用得精光，我们就可以简单地把这笔 GDP 的支出分成两部分：民间支出与政府支出。不论民间支出还是政府支出，都可以各自再分为两部分：当期的消费支出和为未来消费而准备的投资。于是，GDP 就可以分成四部分：民间消费支出、民间投资支出、政府消费支出和政府投资支出。

当然，新加坡并非封闭的经济体，每年都会从国外进口外国产品，也会将本国的产品出口外国。因此，新加坡实际的支出总值就不会等于 GDP。换言之，GDP 的支出方式除了上面的四部分支出，还要加上本国生产但却出口外国的产品总值，然后再加上从国外进口的产品总值。后两项可以合并成一项，称为"进出入净值"。于是，GDP 在支出面就包括了五项：民间消费支出、民间投资支出、政府消费支出、政府投资支出和进出口净值。

这两种 GDP 估算法的最大不同在于计算的流向上。从生产面估算时，"GDP 等于所有个人和事业单位的生产总值"，这是一个等式关系，但这个等式关系同时也含有因果关系的内容。我们知道，只要某家厂商能增加它的产出，就会提高 GDP 的数值。反之，如果我们要提升 GDP，就必须想办法去要求某个人或某家事业单位提高其附加值。但在市场经济下，每个人都已经尽其所能去提高其附加值了，不存在任何可以提升 GDP 的操作空间。因此，在政策上要提高 GDP 就不能从生产面去思考，而要从支出面去考虑，即一般所称的"三驾马车政策"。"三驾马车"是指消费、投资、出口，更精确地说，就是从支出面估算时所归类的各项支出。

在从支出面去估算时，也可以得出"GDP 等于各项支出值的加总"的等式关系，但这个等式关系只是会计式，并不具有任何因果关系的内容。具体地说，如果某厂商想提高投资金额，这个等式告诉我们有两种途径可以实现。第一种是在 GDP 不变的情况下，减少其他支出。第二种是在其他支出不变的情况下，增加 GDP 的数额。

当然，政策关注的是第二种途径。为避免问题被偷换，我们假设所有的投资都能在瞬间完成生产。我们知道，GDP 只计算市场交易下的活动，并不包括被置放在厂商仓库中的存货。厂商增加的投资若要提升 GDP 的话，就必须保证它的产品不会被闲置在仓库中。但是，谁敢做这种保证？

同样，当我们希望以提高政府支出的方式去提升 GDP 时，同样要通过生产面去实现。如果这项政府支出是指国有企业的支出，就和之前讲过的民营厂商的问题是一样的。如果这笔支出属于兴建公路等基础设施，一样也无法保证它真的能提高 GDP。对此，宏观经济学家会大方地利用一项假设去解释：较好的基础设施可以提高所有生产活动的效率。

如果政府支出的方式是消费支出，问题就从生产实务转移到统计定义。由于政府雇员也是劳动者，他们的产出也应该被纳入从生产面计算的 GDP。问题是，政府生产仅有很小的一部分是经由市场交易完成的，而绝大部分是以租税方式向人民征收费用。于是，在现行的统计中，政府雇员对 GDP 的贡献就被直接定义为政府部门的预算支出。这种定义为保证政府支出从生产面提高 GDP 提供了一条绿色通道，但这条绿色通道完全取决于定义。如果定义改变了，结果也会跟着改变。比如，为了真实反映公私部门的相对效率，若定义上要求政府支出只能以五折去估算 GDP，这条通道也等于是被拦阻了一半。

思　考

1. 请说明从支出面估算 GDP 的方式。

2. 何谓三驾马车政策?

资　料

1. 格里高利·N.曼昆. 经济学原理. 梁小民，译. 北京：机械工业出版社，2003.

2. 张维迎. 经济学原理. 西安：西北大学出版社，2015.

课时 85

传统与创新

黄春兴

本课要点

- 传统就是承接过去，文化传统承接过去的文化，而学派传统承接前辈终身服膺的要旨。
- 年轻人厌烦传统，但老一辈忠诚于传统。
- 克里斯坦森建议公司，即使传统部门难改变，也要跟随趋势设立独立部门。

　　春节有很多习俗，从清扫房子、送神迎神到送红包、拜年、吃年夜饭。对此，年轻一辈常觉得烦琐，年老一辈也未必都喜欢。但对老一辈而言，即使想省略，也会有点不安，若真的省略，过不了几年，就觉得生活像失去了什么。有人说这就是"社会文化"，有人则说这是"个人的根"。个人不是孤单地活着，在空间上，他生活在社会中；在时间里，他依附在历史的根上。我则顺着世俗说，这就是"传统"。

传统就是承接过去，若说"文化传统"，就是承接过去的文化。民族文化、地区文化、公司文化都是文化传统的内容。就以公司文化来说，有很多大公司都会在网页上秀出自己的公司文化，包括硅谷的一些高科技公司。在这些公司上班的年轻人，有时也会随口说出他们的公司文化，嘴角还带着一丝骄傲。

若说"学派传统"，就是承接前辈终身服膺的要旨。比如"新奥地利学派"是否有其学术传统？当然，大家都会指向米塞斯所坚持的几点要义：主观主义、先验论、企业家精神等。我们会用这些要义去审视某人是否属于新奥派。也就是说，当有人在论述某人是否属于新奥派前，他已先接受了用以定义新奥派传统的要义。

年轻人对传统感到厌烦时，至少是不喜欢其中的某些要义。但忠诚于传统的老一辈则相信每一项传统都很有价值——也就是个人在时空生活中不可或缺的基石。就具体内容而言，那就是个人在学术生活中不可或缺的或是在社会生活中不可或缺的。同样，忠诚于公司文化的前辈也是坚持认为那些要义是维系公司生存和秩序不可或缺的基石。

上个月，我与一个企业家群讨论美国管理学者克里斯坦森所论述的"破坏式创新"。这个词表面上看和熊彼特的"创造性破坏"很接近，但意义却有些对立。简单地说，创造性破坏是指，如果市场的主流企业忽略了新技术，其市场地位很可能在短期内被采用新技术的企业所取代。破坏式创新是说，市场的主流企业若忽视低阶市场的发展，很可能也会忽视低阶市场出现的创新技术，而在不知不觉中遭其颠覆。

克里斯坦森认为许多主流大公司之所以惨遭颠覆，其原因是它们的主流顾客较低阶市场的潜在顾客能带来更高的利润和更稳定的交易量。换句话说，传统的交易规模和利润越大，惨遭颠覆的可能性也越大。也可以这样说，当前的利润基础越稳定，其被颠覆的可能性就越大。对此，克里斯坦森提出的建议是：公司越大，越要关注新商品和新交易模式的出现；即使内部的传统部门难以改变，至少也要分出新的独立部门去跟随趋势。

前面说，传统就是承接过去。忠诚于传统的人之所以愿意承接过去，是因为他们相信这些在过去成功地维系生存和秩序的要义依旧能在今天和未来维系他们的生存和秩序。所以，在过去的表现越是成功的要义，也就越容易被现有的经理人所承接。这就是克里斯坦森对大企业的忧虑。

这种"高处不胜寒"的忧虑，不仅存在于管理学界，也曾出现在经济学界。诺贝尔经济学奖得主布坎南于 2013 年逝世。两个月后，他的同事、学术伙伴和他的追随者为他举办了一场追思研讨会，定名为"布坎南的盖棺论定研讨会"。会中只让布伦南单独提出一篇和会议同样名称的论文，而其他参与者的任务是针对布伦南的文章提出批评，然后再相互评论。布伦南和布坎南合作了十多年，如合作出版著名的《规则的理由》一书。他的文章先简单地陈述了布坎南对经济学的贡献，接着重点提出了对布坎南理论的"六大质疑"。

可以想象，会场中会有一些人感到不舒服，但这种氛围很快就被两位大学者的发言所化解。首先发言的是常和布坎南联名发表论文的德国教授范伯格，他说对于大师所留下的理念，我们有两种态度面对它。第一种是以科学的态度，视其为一种假说，并设法加以证伪。第二种则是米塞斯的弟子所发展出来的模式，即围绕其理念建立一个神圣的教派。

接着发言的是担任朝圣山学会会长的勃特克。他在认同了对布伦南的两点质疑后，说了一句值得我们深思的话。他说："布坎南从他的老师法兰克·奈特那里学到了许多东西，其中最珍贵的就是，我们心中不可抱持任何神圣不可批评的理念，而是对所有事物都要加以批判。"

💰 思　考

1. 请简要说明美国管理学者克里斯坦森所论述的"破坏式创新"。
2. 布坎南从他的老师法兰克·奈特那里所学到最珍贵的东西是什么？

💰 资　料

布坎南，布伦南. 宪政经济学. 冯克利，秋风，王代，等译. 北京：中国社会科学出版社，2012.

"市场失灵"之声对头吗？

黄春兴

本课要点

- 要受批评的是没尽到监督责任的网约车公司，而不是市场机制。
- 如果市场没受约束，就会出现比现在的网约车公司还强的新公司，并取而代之。
- 市场也会出现和网约车公司互补的次级产业，去改善现有产业的缺点。

2018 年的一天，意大利通往法国的莫兰迪大桥突然断裂坍塌，30 部行驶中的车辆坠落，导致 39 人死亡。事发后，媒体首先指出长期维护桥墩的是一家民营公司。还有报道说，若是国营公司在维护，就不会出这种事。意大利交通部长随即表示要对该公司处以 1.5 亿欧元的罚款，大有把一切责任都推给民营公司的嫌疑。

曾经，某网约车公司发生过司机伤害女乘客的命案，再度掀起人们对网约车安全性的质疑。网络上甚至流传受害者的朋友在当时要求某网约车公司迅速救援未果的帖子。于是，"市场必须严加管理"的说法再度甚嚣尘上。

莫兰迪大桥事件发生几天后，有位意大利的资深建筑师指出，该大桥兴建于 50 年前，当时就被认定有设计缺陷。当然，这种说法会被认为是在帮桥梁维护公司脱罪。类似地，某网约车公司是否已尽到监督出租车的责任，就如同维护桥墩之民营公司，都必须接受司法的判定。但是，不论最后的判定如何，我们都无法否认市场不可能没有"利己害人者"的事实。理论上，严格管制会有点成效，但仍无法完全压制他们利己害人的行为。

既然利己害人者确实存在，且随时伺机而动，倘若监督不到位，他们就会制造伤害事件。某网约车公司的恶性事件的确令人质疑该公司的监督工作。但是，就算是某网约车公司完全没有尽到监督责任，我们要批评的也应该是某网约车公司，而不应该是市场机制。

的确，我们无法判定某网约车公司的责任感。逻辑上，即使该公司知道它在服务方面还有许多可以改善的地方，也未必会去改善。改善服务而增加的成本，很可能会转嫁到消费者身上。或许有些乘客愿意为更舒适和更安全而多付打车费，但可能更多乘客并不这样想。因此，我们无法简单地论述某网约车公司该不该进一步去改善服务。

我没想要批评某网约车公司，也没想为它说话，事实上，网络上有太多两极分化的评论。作为经济学家，我要说的是，为何在思考如何避免再度发生这类事件时，人们只关注某网约车公司？它只不过是市场中的一个参与者。的确，我们应该关注的是整体市场的能力和活力。也就是，如果市场机制没有遭受过多的约束，并且某网约车公司不想改正自身的缺点，那么，会不会有人用市场行为去改正它？

最直接的想法就是，市场上出现了一家比某网约车公司还强的新公司，它有能力和某网约车公司竞争，甚至取而代之。理论上这是可能的，但在现实中这并不容易出现。再者，即使真的出现这么一家公司，也只不过说明了市场上随时都可能出现竞争者的机能。相较于仅把市场看成价格的决定机制，这种观点对市场机能的认识深刻多了。然而，市场机能能做的不止于此。

回想一下，当外卖盛行时，许多大学校园禁止外卖服务员进入校园。于是，就有学生想出新点子，充当校内接送员，补齐了从校门到宿舍这一段路的外卖服务。学校的管制只能把外卖服务员挡在校门外，却挡不住外卖商品进入校园。

回到某网约车公司。有评论说，可以要求外派车在后座装上某种能让乘客和公司随时保持联系的设备，但该公司没装。某网约车公司没装设备这一事实，不就像是大学把外卖员挡在校门外一样？如果市场是足够开放的，我相信会出现一家民营的"网约车乘客安保公司"。公司会有自己的App，让会员在搭上网约车时就立即和公司联机。公司可以随时监视车子的动态，也能实时以行动保护乘客的安全。

在市场中，任何产业除了要面对不时出现的竞争者外，也会发现许多与该产业互补的新的次级产业的存在。他们设计的商品都是为了补足该产业的缺点，让它提供的服务更加完备。微软的操作系统就是最有名的例子，它向软件设计公司开放，让它们添加各种应用软件。后来的苹果手机也采取此模式，只不过把应用软件改称为 App。

市场是一个开放的平台。市场的参与者没有权利去限制他人，也无权去管理他人。但是，每一个参与者都是消费者，同时也可以是生产者。作为消费者时，他有选择的权利去发挥消费者主权。不过，他能选择的机会在大部分时候都是有限的，怎么挑都不能令人满意。这成就了他可以扮演生产者的机会：只要市场进入没有太多约束，他就可以开创次级产业，提供互补商品去改正现有产业的缺点。

思 考

1. 一家提供服务的公司知道自己还有可以改善的地方，为什么未必就会去改善？

2. 如果一家提供服务的公司不愿意改正其缺点，市场会出现哪些现象？

资 料

张维迎. 经济学原理. 西安：西北大学出版社，2015.

经济问题的发现与探讨——以外部性为例

黄春兴

本课要点

· 解决外部性的办法从界定产权到签订合同，也有期待市场作用的。

· 动辄诉求于政策的现象导致奥派学者对外部性问题普遍反感。

· 外部性和外部效果都是经济现象，只要定义清楚，经济学家不必避讳。

　　一位朋友问我为何要使用"外部性"？我想起，那应该是我在讨论罗默对内生经济增长之贡献时说到的，因为他认为个别厂商在研究发展的投入成果时会带给其他厂商"正外部性"。同时，我也知道，有不少奥派学者是反对使用外部性这一术语的。我就利用这个机会说明一下，并借以陈述我对经济问题的看法。

先以一个例子来说明"外部性"。假设妮可每天都走路去上班，而她从家到办公室有两条小路可选择。这两条小路，除了以下陈述不同外，其他环境都一样。小路 A 并没有什么特殊的景观，而小路 B 有一段很长的开放式私人花园。妮可喜爱花香，每天都选择走小路 B。遗憾的是，某天，花园的主人决定铲除花园，改建一座收费的大型停车场。从此后，妮可只好改走小路 A，而不再选择小路 B。

为何妮可的行为会发生改变？导火线当然是花园被改建成停车场。但我们不知道妮可不喜欢什么？是停车场的乱象，还是从停车场飘出的汽车废气？就简单假设妮可非常讨厌停车场产生的汽车废气。

改建后，汽车废气就成为客观而真实存在的（附属）产出品。废气会飘散到停车场附近，妮可只好远离这个区域，改变了她原先选择的小路。这里，妮可对汽车废气的评价和行动选择是主观的，但这无法否定汽车废气的客观存在。

我们进一步将"汽车废气"加以一般化，并称之为"外部性"。也就是用外部性作为噪声、污染、废气、花香等的通称，并借妮可和汽车废气的例子对其加以定义：若独立之经济单位甲的产出品或附属产出品，侵入到另一个独立之经济单位乙的消费或生产过程中并进而影响其消费效用或生产效果时，这些侵入物就成为单位乙的"外部性"。比如，汽车废气是停车场产生的附属产出品，并不是妮可买来或邀请来的。

如果该外部性能提高单位乙的消费效用或生产效果，单位乙就会称它带来"正的外部效应"，或简称为"正外部性"。反之，如果该外部性降低了单位乙之消费效用或生产效果，单位乙就会称它带来"负的外部效应"，或简称为"负外部性"。例如，妮可认为汽车废物带来负的外部效果，所以她改走小路 A。

上述定义要表达的内容都是很清楚的。对于定义清楚的术语，经济学家不必避讳。至于他是否会采用这一术语，则取决于他能否利用它去诠释一些现象。不过，在使用时得注意主观和客观的区别。虽然外部性是客观存在的，但个人对侵入他的外部性的评价则是主观的。又如罗默提到个别厂商的研究成果是客观的外部性，但这种外部性对于其他厂商的效果则取决于其他厂商的主观评价，所以它未必就是正确的。

再者，外部性只是通称，其内容是真实而客观的存在。这和GDP 不同。GDP 不是通称，而是建构的概念。我们无法在真实世界中看到 GDP，除非先建构出它的概念和估算方法。估算之后，GDP 才会出现。

客观的外部性和主观评价的外部效果都只是对现象观察的陈述，并未触及经济学问题。外部性的经济学问题在于，如果被侵入者被认定为负外部性，有哪些行动可以减少这些外部性的侵入？如果说侵入者被认定为正外部性时，有哪些行动可以增加它们的侵入？既然评价是主观的，这些经济问题也只有被侵入之个人能够提出来。问题提出之后，才能考虑解决的办法。

经济学家对外部性问题想出了各种解决办法，从清楚地界定产权到签订合同，也有人期待市场能出现专业的解决外部性问题的专家。但遗憾的是，也有不少经济学家忽视了个人和市场解决外部性问题的能力，不加思索地就把政府请了出来，建议政府利用租税或补助等政策去改变各方的行为。在我看来，当前经济学界动辄诉求于政策的现象，导致奥派学者普遍对外部性问题感到反感。然而，这并不是外部性的错误，而是经济学家自己的错误。

社会上有许多经济现象，我们只要能清楚它的定义，就能够提升对经济活动的认识。比如，张五常曾讲了一个他在美国华盛顿州做田野调查时的例子。他说，果农很期待在开花期能有更多蜜蜂去采蜜。蜂农知道这种期待后，就去找果农，双方约定在开花期蜂农将蜂巢搬到果园，然后再根据双方获益多寡来决定该由谁付钱给对方。工厂内的分工现象也是和外部性一样的真实存在。亚当·斯密发现了这一普遍现象，进一步将它精练成分工理论。这些从现象观察中一点一滴精练出来的小理论，堆沙成塔地累积出伟大的经济学。

思　考

1. 请定义"外部性"和"正外部效果"。

2. 当蜂农和果农约定在花开期将蜂巢搬到果园时，你认为谁会付钱给对方？

资　料

1. 保罗·萨缪尔森，威廉·诺德豪斯. 经济学. 萧琛，等译. 北京：商务印书馆. 2012.

2. 保罗·罗默. 报酬递增与长期经济成长. 政治经济学杂志. 1986.

课时 88

外部性的通识内容

黄春兴

本课要点

· 有些经济学家认定黑烟有害，若课征污染税，虽然减少了黑烟，但也减少了球鞋的消费。

· 只要双方愿意谈判，签个合同，黑烟就不会"不邀自来"了。

· 签订合同是通过利益将双方结合成共同决策的经济单位。

早期经济学教科书讨论"外部性"的例子是这样的：球鞋工厂在生产时排放的黑烟会飘到附近的洗衣店，将其晾晒在屋外的衣服染黑。我们现在回看这个例子，会觉得有些离谱，因为黑烟染黑衣服是明确的侵权问题，而且侵权程度也很容易衡量。不过，这个例子把"外部性问题"陈述得很清楚：工厂排放的黑烟

"不邀自来"地染黑了洗衣店晾晒的衣服。

　　飘来的黑烟就是洗衣店面对的"外部性"，而染黑晾晒的衣服就带来了"外部效应"。虽然说没有黑烟排放就不会形成外部性问题，但除非生产技术得到改进，否则黑烟会一直伴随球鞋被排放出来。市场需要多少球鞋，工厂会排放多少黑烟，这是由生产决定的。如果人们抵制黑烟，就得减少对球鞋的需求和生产，别无他法。

　　有些经济学家在处理外部性问题时，先认定黑烟对社会有害，然后课征污染税。这种做法既减少了黑烟，也减少了消费者对球鞋的消费。

　　黑烟和球鞋这两种产出是分离的，厂商只会卖给消费者球鞋。消费者感觉不到黑烟减少了，只知道球鞋变贵了，因而消费量也减少了。的确，洗衣店晾晒在屋外的衣服已经没那么黑了，黑烟虽减少了，但还是会继续飘过来。较明确的是，政府得到了税收。

　　有些经济学家认为人们可以把税款省下来，只要把财产权确立好就可以。也就是说，每个人都有权利"不让黑烟飘进他家"。问题是，黑烟的排放者是不会同意设置对他不利的财产权制度的。洗衣店只好聚众到工厂抗议，但这不是个好办法，因为工厂财大气粗，真的惹不起。看来，除非做出违法的事，否则也只好承认政府有制定财产权和保护财产权的权力。

　　工厂方面或许也会自我节制一点。工厂不想让黑烟直接飘去洗衣店，只是还想不出办法来解决这个问题。不过，工厂不会再把废水倒进附近的沟渠，而是装进水肥车，等到深夜再运到山谷、溪流或大海去倾倒。当然，也会有更过分的，像有些建设公司就利用大卡车装载建筑废料，也是趁着深夜，倾倒在废弃的果园等地。这些果园都是私有土地，但地主没有足够的财力去保护土地。

黑烟问题怎么解决？既然消费者不想减少球鞋的消费，那就只好设法避免黑烟的"不邀自来"。获得诺贝尔经济学奖的科斯认为，财产权确立之后，黑烟的问题就容易处理了。只要双方愿意坐下来谈判，签个合同，问题就可以解决了。大致上，工厂会付点钱给洗衣店作为补偿。这样，黑烟就不再是"不邀自来"了。

这时，消费者不必减少对球鞋的消费。黑烟的排放量虽然没有减少，但洗衣店已经不再抱怨了。既然没人抱怨，外部性问题也就解决了。

虽然外部性问题解决了，但黑烟还真实地存在。黑烟虽然还在，但外部性问题却消失了，这是合同的魔力。外部性是指独立工厂排放的黑烟影响到一家独立的洗衣店。双方签订合同后，就等于彼此在利益结合下"合并成"一个经济单位。

再以一个真实的故事为例。新盖的核电厂距离某个小渔村有5公里。村民害怕核电厂会带来辐射，要求核电厂以免费供电作为补偿。不料，他们收到核电厂这样的回复：电厂的员工宿舍距离电厂只有2公里，但他们并没有辐射方面的忧虑。这一回复是不对的。核电厂的员工也担心辐射，只是薪资中已包括了电厂给他们的补偿。

其实，工厂内的许多部门都会有来自其他部门的"外部性问题"，如噪声、臭味等，但因同属一个经济单位，它们会转化成薪资的一部分。在劳动市场完全开放的条件下，如米塞斯在"社会主义之经济计算"中所讨论的，这些噪声、臭味等会以合同价格反映到员工的薪资里。如果劳动力市场是完全封闭的，这些噪声、臭味等因没有合同价格可供参考，往往会以较低的补偿反映到员工薪资里。

所以，黑烟成为独立经济单位间的外部性问题，虽会困扰洗衣店和球鞋工厂，但当它在开放市场中达成合同价格后，就可以确立市场处理黑烟的成本。如果开放市场不存在，黑烟的处理成本就会被低估，进而导致排放出较多的黑烟。

🎒 思　考

1. 是否只要把财产权确立好，就可以完全解决外部性问题？
2. 作者是如何借用"社会主义之经济计算"去论述封闭社会排放出较多的黑烟？

🎒 资　料

1. 保罗·萨缪尔森，威廉·诺德豪斯. 经济学. 萧琛，等译. 北京：商务印书馆，2012.
2. 路德维希·冯·米塞斯. 人的行为. 夏道平，译. 上海：上海社会科学院出版社，2015.

外部性问题中的两种产权

朱海就

本课要点

- 界定产权边界是解决外部性的办法，但这需要花费成本。产权边界的界定应该被视为自发的市场过程的结果。

- 外部性会进入个体的主观评价，个体根据其成本收益的计算，决定是否消除他认为的外部性。

外部性通常是指一种行为使他人受益或受损，但他人并没有因为受损而得到合理的补偿，或因为受益而支付成本。比如环境污染就是典型的外部性问题。在外部性问题上，传统理论所关注的是权利的界定与明晰，这一理论认为，之所以出现外部性，是因为产权不清晰或产权界定的成本很高，当然，这也就意味着需要政府的介入。但实际上，外部性与产权清晰与否关系不大，可以说，即便在产权边界清晰的情况下还是会有外部性问题。

"物的产权"与"发挥企业家才能的产权"

"物的产权"容易理解，通常指的就是财产权，"发挥企业家才能的产权"是指从行动中获得正当收益的权利。由于外部性不可避免，即物的产权总是在一定程度上被侵犯，但只要个体有发挥企业家才能的产权，他就会"经济地"应对他所遇到的外部性问题。实际上，从外部性总是存在这个意义上说，物的产权总是有一定的模糊性。当一个人可以发挥其创造性才能并能获得回报时，我们就可以说其产权是清晰的，换句话说，产权清晰的含义应该是指对"发挥企业家才能的产权"的保障，而不能仅仅从物的产权边界是否明晰的角度去认识。

区分这两种产权的目的是说明在外部性问题上存在"物的产权"与"发挥企业家才能的产权"这样两个不同的视角。科斯等新制度经济学家是从"物的产权"的角度去理解的，如权利边界能够清晰界定（或界定的成本比较低），据此就可以采用"市场"的办法去解决外部性问题；反之则可以采用"政府干预"的办法，它把权利界定清晰视为"市场"的前提条件。"物的产权"边界一定程度的模糊是市场的常态，企业家才能的发挥和市场主体的互动自身就能产生主体间的合作规则，包括产权界定规则。但这并不是说不需要保护"物的产权"，实际上，"物的产权"的保护是个体发挥企业家才能的重要前提。

产权明晰的两种含义

对应于这两种产权，我们要区分两种不同意义上的"产权明晰"，一是"作为正当规则"意义上的产权清晰，当存在正当规则时，我们可以根据这种规则判别究竟是谁侵犯了谁，它与发挥企业家才能的权利相关，同时正当规则也规范了企业家行动的边界；二是在出现外部性时，政府或经济学家把它作为一种"解决外部性手段"意义上的产权清晰，它对应的是"物的产权"。前面那种"产权清晰"没有问题，但后面这种"产权清晰"则不成立，因为这意味着人们可以脱离现有的规则，完全根据政府或经济学家自己的"成本计算"来确立产权，这样，就把正当性问题变成了一个与当事人的成本无关的问题。

当个体能够发挥其自身的企业家才能时，就意味着个体有机会对他所遇到的外部性进行评价，并采取相应的行动，这时就出现了市场秩序的扩展。所以，市场不是在物的产权都界定清楚之后才出现的，同时，市场也不意味着需要政府去把（物）权利界定清楚，甚至也不意味着出现外部性（个体的权利被侵犯）时必然需要政府的介入，其中重要的是个体有没有发挥其企业家才能的权利。可见，外部性并不意味着所谓"市场失灵"，相反，市场是个体解决外部性问题的主要桥梁。

在市场中，一些权利不断地被界定清楚，但同时也有很多权利保持在模糊状态。权利是否需要被界定，以及在多大程度上需要被界定，只能由当事人自己决定，如当事人觉得权利界定对他来说是"经济的（有利可图的）"，那么他就有可能去界定那些之前难以界定的权利，如使用防伪标识码等来防伪。个体的权利边界是在行动中不断地，也是自发地得到调适的。如果政府根据自己的意志，而不是根据公正的行为规则去界定个体的权利，那么很大程度上这就是对个体自由的干涉和侵犯。

通常，经济学家认为，政府需要对外部性进行干预，这种干预包括产权明晰以及庇古提出的征收排放税等。但本文指出，外部性即便是在产权明晰的情况下也会出现，产权（行动边界）不明晰是常态。为此，我们对外部性不能一概而论，要区分限制人们发挥企业家才能，或者说正当性规则被破坏，不允许规则得以改善时存在的外部性与相反情况下存在的外部性。科斯等新制度经济学家把产权明晰作为市场交易（解决外部性）的前提，是因为他没有看到企业家才能的产权，没有意识到假如允许人们发挥企业家才能的话，市场并不需要以产权明晰为前提，实际上，市场就是在这个过程中不断演进的。

💰 思　考

1. 为什么用产权的办法解决外部性问题比用管制的办法更好？
2. 外部性是一个主观概念还是客观概念？为什么？

💰 资　料

科斯. 财产权利与制度变迁——产权学派与新制度学派译文集. 上海：格致出版社，2014.

课时 90

外部性与企业家才能的发挥

黄春兴

本课要点

· 明晰界定物的产权可以止争，但外部性也随之出现。

· 合同可以解决外部性，但前提是利害关系人要清楚。

· 创造企业家才能的产权可以保证个人拥有从解决外部性的行动中获得利润的权利。

本课的灵感来自朱海就老师上一课的内容，那是很有创意的文章，但限于篇幅，还有不少细节无法写清楚。该文最大的贡献是，它纳入了往常被某些奥派学者批评的概念，并进一步利用奥派概念重新去发展它的意义。对我来说，这是今日奥派经济学必须走的路。

海就在文中先区分了两种概念："物的产权"和"发挥企业家才能的产权"。前者一般是指财产权，而后者是指个人能从行动中获得正当收益的权利。接着他指出，对社会较为重要的并不在于物的产权是否界定明晰，而在于个体有没有发挥企业家才能的权利。本文将用两个例子帮助大家继续深入理解这些洞见。

经济学起源于政治经济学，而政治经济学的论述起点是想象自己是遗世独立、自给自足的个人。在与他人合作的规则还未发展出来之前，人与人之间的冲突常会导致个人的实际产出和生活状态无法达到自给自足的理想状态。于是，"止争"就成为彼此的期盼和人类走向文明的前提。他们发现，明晰界定物的产权是止争的有效手段。

若以我们常用的制鞋工厂和洗衣店的例子来说，刚开始的财产权界定只关心"鞋子"和"洗衣服务"这两个产出的产权，还未涉及"黑烟"。直到人口密集，独立生产单位之间的缓冲地带被大幅缩减后，"黑烟"问题才出现，也就是出现了外部性问题。当然，也有此一说：当所有的物的产权都明晰界定之后，外部性问题就会随之出现。

止争只是文明的起点，文明的发展还需要另一种驱动力——企业家精神。这种精神呈现在早期人类身上是好奇心，而在商业社会则表现为利润计算，也就是"求富"。止争机制未必能带来求富。举个例子，农家两兄弟在清楚地分配完父辈遗留的农地后，可能仍各自过着传统的农耕生活。他们的生活方式并未因财产权的重新界定而有任何改变。止争是传统太平盛世下的思维，只能保证自给自足理想的实现。

这种思考也反映在经济学中。法经济学的兴起重新厘清了财产权和初始财产权之界定的重要性。他们所称的财产权是物的产权，探讨的是传统法学中的概念。的确，只要物的产权界定明晰且市场开放，物的种类和质量就会不断演化。为了解释这个演化过程，法经济学家们把财产权区分成"使用权""移转权"和"衍生利益之享有权"。前两项是说：所有权者拥有对该物的自由利用和自由转让的权利。后者是说：所有权者享有因为利用该物所产生之收益的权利。这也是海就所称的发挥企业家才能的权利。

如果海就所定义的新权利仅指向该物，意义就不大了。然而，他是在讨论外部性时提出这个问题的，对象指向外部性。外部性是在物的产权界定之后出现的新冲突。本来鞋类和洗衣服务的产权已经被清楚定义了，哪知社会拥挤之后，竟然出现尚未定义的黑烟。现在，双方必须去寻求解决黑烟的办法。

哈耶克曾说，如果人们只躲入自给自足的世界，文明是不会开始的。双方只有不怕冲突，才会展开对话，才会开始交换彼此的期待和想法。任何一种学说，如果不想和其他学说对话，迟早会沦为近亲繁殖式的智障。

回到物的产权。外部性促使独立的个体之间产生对话，对话并非要双方面对面地交谈，而是让他们理解自己的福祉深受对方行动的影响，从而去探索可以和谐共利的规则。在商业世界，这种探索意在利用交流的机会去产生利润，这是企业家精神的一种表现。下面我分别就正外部性和负外部性各举一例，来说明海就提出的发挥企业家才能的权利。

罗默提到的"个别厂商的研发成果"就是正外部性的好例子。当其他厂商看到"飘来"的新技术时，不论该新技术的产权是否已经界定明晰，他总能够看清楚外部性的性质并警觉地利用它能创造出来的新商品。比如手机出现后，许多开发各种 App 的厂家随之出现。

至于负外部性的故事，可以苹果手机的 Siri 为例。Siri 本是爱琴海传说中的女妖，她的甜美歌声会迷惑船员令其撞向礁石。尤里西斯知道后，吩咐船员先把他捆绑起来，然后强迫船员以蜡封住耳朵，躲过了 Siri 的歌声。如果这种事情发生在当前的商业时代，企业家将如何利用这种负外部性？一个可想象的旅游市场是：游艇公司雇用以蜡封耳的船员，把观光客绑在安全无虞的座位上聆听 Siri 甜美的歌声。可以预料的是，这会是利润很高的新商机。

思　考

1. 请讨论"物的产权"和"发挥企业家才能的产权"这两个概念的差异。

2. Siri 本是爱琴海传说中的女妖，她的甜美歌声会迷惑船员令其撞向礁石。我们如何能将这负外部性转化成商机？

资　料

保罗·罗默. 报酬递增与长期经济成长. 政治经济学杂志. 1986.

第六部分

公共治理

课时 91

村民自治与业主自治

冯兴元

本课要点

- 村民自治其实类似于小区的业主自主治理，最终要体现为"治理有效"，也就是善治。
- 不同类型村级服务的管理，完全可以根据情况委托给村内村外、屯内屯外的不同组织，甚至个人，比如村务经理。
- 很多事务都是村民或者部分村民自主治理的内容。原则上，根本没有必要由村民委员会独家垄断村务管理。

村民自治其实类似于小区的业主自主治理，最终要体现为"治理有效"，也就是善治。

从制度安排层面看，村民会议类似于业主大会，两者分别为所有村民和全体业主组成的决策机构；村民代表会议类似于业主委员会会议，两者分别为由村民会议和业主大会委托的、由村民代表或业主代表组成的决策机构。

在城市小区自主治理当中，单纯通过召开全体业主大会或者业主委员会会议来进行决策并不总是有效的，因为小区治理的公共事务是分层的：同楼道几户居民之间的共同事务、同一单元全部或者部分业主的共同事务、同楼业主的共同事务、几座楼所有业主的共同事务或者整个小区所有业主的共同事务。

在村庄的治理当中也存在类似的情况。并非只要是由行政村层面的村民会议或者村民代表会议作出的决策就是有效的决策。村庄的公共事务也是分层的：邻近几户之间的共同事务、几个村民小组的共同事务、自然村中部分村民的共同事务、整个自然村全体村民的共同事务、几个自然村的共同事务或者整个行政村全体村民的共同事务。

在业主自主治理中，根据产权保护和辅助性原则，所涉及事务的直接当事人应当首先进行自主决策和自主管理，包括解决相互之间的纠纷，以及共同出资处理共同的事务。只有在涉及业主大会全部成员的共同事务或者所涉及的业主无法自行处理某种共同事务，需要由业主大会或者业主委员会出面更容易决定和协调解决时，才由其出面承接。也就是说，很多事务是不需要召开业主大会或者业主委员会会议来决定的。

在村民的自主治理中，根据"四大民主"原则（对应私人领域的产权保护原则）和辅助性原则，所涉事务的直接当事人应当首先进行自主决策和自主管理，包括解决相互之间的纠纷，或者共同出资解决共同的事务。在涉及行政村全部村民的共同事务，跨自然村或跨村组的事务，或者所涉自然村或村组无法自行处理的事务，而由整个行政村的村民会议或者村民代表会议出面决策、由村两委更容易协调解决时，由村民会议或者村民代表会议出面承接和作决策才较为合理。也就是说，很多事务是不需要村民会议或者村民代表会议决定的。

在选择和委托管理具体事务的组织机构方面，村民自治实践与业主自主管理也有可比性。在小区业主治理过程中，应由业主大会或者业务委员会聘用物业公司，委托其执行物业管理。根据委托—代理理论，业主大会或者业务委员会为委托人，物业公司为代理人。代理人应该遵照约定为委托人提供物业管理服务，不能反客为主。由于物业管理是多种多样的，委托人完全可以把不同类型的物业管理业务分拆之后，委托给不同的物业管理公司，并以此引入竞争，提高物业管理的效率，增进业主的公共福祉。如果某家物业管理公司能够在综合管理全部物业管理业务方面实现范围经济，也不排除把所有物业管理业务委托给这样一家物业管理公司。这里的范围经济是指由一家公司或机构来经营管理相关业务，有时能发挥成本节约效应、管理效率提升效应和技术利用上的协同效应，从而总体上实现较高的成本收益比。不过即便如此，决策的主动权仍然在委托人手中。

在村民自治过程中，情况也类似：不同类型村级服务的管理，完全可以根据情况委托给村内村外、屯内屯外的不同组织，甚至个人，比如村务经理。很多事务都是村民或者部分村民自主治理的内容。原则上，根本没有必要由村民委员会独家垄断村务管理，而且村民委员会或者其他村级治理组织不能反客为主。更不用说，很多公共事务只涉及几家村民，单个或少数村组，单个或少数自然村，其中很多事务不是村级组织所需要管理的内容，而首先是这些当事人自主治理的内容。

思　考

1. 村民自治实践与小区业主治理有何异同？

2. 村庄共同事务和业主公共事务是如何分层的？这意味着如何推行村民自治和业主的自主治理？

3. 村民会议、村民代表会议与村民委员会有何委托代理关系？

4. 业主大会、业主委员会与物业管理公司有何委托代理关系？

资　料

柯武刚，史漫飞. 制度经济学——经济秩序与公共政策. 韩朝华，译. 北京：商务印书馆，2000.

课时 92

"公地的悲剧"与自主治理的逻辑

冯兴元

本课要点

· 在"公地的悲剧"故事中,个体理性行为与"集体非理性"(这里的集体,更准确地说是指"群体")形成了鲜明的对照:在个体层面,每个牧羊人作为追求效用最大化的理性人,都增加羊只,以期自己的收益最大化;在群体层面,过度放牧和草地退化使得草地的羊只可承载总量下降和全体牧羊人的收益总体下降。

· 有关公共牧场或类似公共牧场的"公地的悲剧",比较妥善的解决方法是已故诺贝尔经济学奖得主埃莉诺·奥斯特罗姆教授的"自主治理"解决方案。

在公共牧场,每增加一只羊会有两种结果:一是获得增加一只羊的收入；二是加重草地的负担。随着放牧的羊的数量的增加，到了一个门槛之后，就可能出现草地过度放牧造成草地退化，最终影响羊群的可承载总量以及全体牧民的收益。但是，单个牧羊者往往会不顾草地的承受能力而增加羊群数量。这样，他便会因羊只的增加而增加收入。看到这样做有利可图，许多牧羊者也纷纷效仿。由于羊群的增加不受限制，牧场最终被过度放牧，也使得草地迅速退化。这样就产生了每个牧羊人都不愿意看到的悲剧结果：过度放牧导致草地退化，导致草地可承载羊只总量的减少和全体牧民收益的下降。

上述现象就是英国学者哈丁所指的"公地的悲剧"，他在1968 年发表了题为《公地的悲剧》的文章，描述了上述悲剧故事。在"公地的悲剧"故事中，个体理性行为与"集体非理性"（这里的集体，更准确地说是指"群体"）形成了鲜明的对照：在个体层面，每个牧羊人作为追求效用最大化的理性人都增加羊只，以期自己的收益最大化；在群体层面，过度放牧和草地退化使得草地的羊只可承载总量下降和全体牧羊人的收益总体下降。

哈丁所说的公共牧场的"公地悲剧"也适用于中国的牧区。现在我国牧区的一种做法是推行禁牧圈养制度，即禁止自由放牧，而是把牧场切块，在牧场间筑起围栏或者拉起铁丝网，把使用权分给牧民家庭。牧民分到的草地部分用于种草，部分则转为耕地。我们在内蒙古的阿拉善能够看到这种情况。但是随着这种做法的推行，草地资源并不一定会落到最能充分利用草地者的手里，而且我们仍然可以看到很多退化的草地。草地继续退化的原因有很多：一是很多牧民家庭分到的草地不一定有水源，结果就需要打井，这加速破坏了生态环境；二是牧民围栏种草导致生态区的碎块化，使得草原生态脆弱；三是适当放牧本来可以刺激植物发挥顶端优势（例如绵羊吃草的上端），牲畜粪便本身就是肥力，可以提升草地密度，而现在无法发挥这一优势；四是种草之后，为了保持草地肥力，估计需要跟种水稻一样使用化肥农药，结果使得草地的农药化肥残余量累积增加。

有关公共牧场或类似公共牧场的"公地的悲剧"，比较妥善的解决方法是已故诺贝尔经济学奖得主埃莉诺·奥斯特罗姆教授的"自主治理"解决方案。奥斯特罗姆分析了分布在世界各国的具有代表性的各种类似于公共牧场性质的所谓"公共池塘资源"案例，包括瑞士和日本的山地牧场及森林的"公共池塘资源"，以及西班牙和菲律宾群岛的灌溉系统的组织情况，等等，提出了组织"使用者协会"实现自主治理。这里涉及严格意义上的"公共池塘资源"，就是在消费上（也就是使用上）一方面具有非排他性、另一方面具有竞争性的物品，它们是一种人们共同使用整个资源系统但分别享用资源单位的公共资源。奥斯特罗姆总结和界定了八项构建自主治理制度的原则：一是确立清晰的界定边界，即明确界定有权使用"公共池塘资源"的使用者范围；二是要结合当地条件及所需人力、物力和财力的供应规则来确立有关占用"公共池塘资源"的时间、地点、技术和资源数量的规则；三是集体选择的安排，要体现绝大多数受操作规则影响的个人能够参与对操作规则的修改；四是实施监督，即积极检查公共池塘资源状况和占用者行为的监督者，要么是对占用者负责的人，要么是占用者本人；五是推行分级制裁，也就是违反操作规则的占用者很可能要受到其他占用者、有关官员或他们两者的分级制裁，制裁的程度取决于违规的内容和严重性；六是确立冲突解决机制，使得占用者和他们的官员能迅速通过低成本的地方公共论坛，来解决他们之间的冲突；七是确保占用者的自组织权得到最低限度的认可，即占用者设计自己制度的权利不受外部政府权威的挑战；八是利用多层分权制企业组织形式，这里涉及一个较大规模的"公共池塘资源"在一个多层次的分权制企业中，对占用、供应、监督、强制执行、冲突解决和治理活动加以多层次的分权式组织。

与公共牧场这种有形的"公共池塘资源"相差较大的、无形的、广义的"公共池塘资源"，也有可能产生"公地的悲剧"。比如，社会信用环境就是这样一种广义的"公共池塘资源"，如果被很多个体滥用，就容易恶化，导致"劣币驱逐良币"，即由于赖账者太多，愿意还钱而且有能力还钱的借款人也变得不容易借到钱，即便能够借到，其利息也会因为放贷人或者信贷机构考虑风险溢价而大大增加。曾经我国 P2P 网贷平台数量众多，但是问题平台和跑路老板也很多，信用环境的恶化就容易使得整个行业走向"公地的悲剧"。解决这一问题的方式是法治下的自主治理。

连政府的诚信也可视为一种广义的"公共池塘资源"，也可能遭遇"公地的悲剧"。很多人都听说过"塔西佗陷阱"：当公权力失去公信力时，无论它发表什么言论，无论做什么事，社会都会给予负面评价。这里的"塔西佗陷阱"就是"公地的悲剧"。针对社会信用环境恶化和政府诚信遭遇"塔西佗陷阱"问题，其出路还是法治下的自主治理：就像美国和瑞士这样的国家，每一级辖区都是在法治下自主治理，除了公共治理领域之外，经济治理和社会治理也都是法治下的自主治理。

💰 思　考

1. 简述什么情形会构成"公地的悲剧"。

2. 导致"公地的悲剧"的原因有哪些？

3. 什么是"公共池塘资源"？

4. 奥斯特罗姆就治理"公共池塘资源问题"提出了哪些构建自主治理制度的原则？

💰 资　料

埃莉诺·奥斯特罗姆. 公共事物的治理之道：集体行动制度的演进. 余逊达，陈旭东，译. 上海：上海译文出版社，2012.

政府只提供公共品和公益品吗？

冯兴元

本课要点

· 政府提供的产品和服务可由非市场部门（政府或社会组织）提供，也可由市场部门提供，两大部门不一定存在非此即彼的关系。

· 有些产品与服务可由市场部门提供，有些可由非市场部门提供，有些则可由两者共同提供。

· 政府供给品既可能是"公益品"，比如政府组织修路，也可能是"公害品"，比如纽约警察打人。

我们往往想当然地认为政府是"垄断性政府"，即认为政府垄断公共权力，排他性地提供公共产品与服务。主流经济学家往往就这么认定。就连公共选择学派创始人、诺贝尔经济学奖得主布坎南也是这么认定的，然后去进一步分析政府行为。像马斯格雷夫这样的财政学大家，不仅认定政府是"垄断性政府"，而且坚信政府是"仁慈性政府"，也就是怀好心、做好事的政府。在有关"仁慈性政府"的认定方面，布坎南倒是不上其他经济学家的当。他除了认定政府是"垄断性政府"之外，还认定政府是"自利性政府"。政府的自利性取决于官员是否具有很大的自利取向，所以对于很多政府部委的部门利益本位非常明显就不难理解了。官员具有很大的自利取向，其实这一点都不稀奇。社会学家马克斯·韦伯在《新教伦理与资本主义精神》一书中就这样写道："中国的官吏、古罗马的贵族、现代的农民，他们的贪欲和任何人相比都毫不逊色。"

经济学家分析政府行为，可以假定政府是"垄断性政府"，然后分析在这种假定下的政府行为及其利弊。这只是一种分析方法，并不能把"假定政府是什么"与"政府确实是什么"等同起来。说政府是"垄断性政府"，其实不是事实。比如，有关个人安全的保护，实际上很多主体会参与其中：你得投资你自己住房的门和锁，防止有人入室偷盗；你和小区里的其他业主得一起出钱，让物业公司雇用保安人员巡视守卫小区；你的小区位于北京市，你和其他市民缴纳了税金，市政府为此设有庞大的警察部门；你和其他纳税人的钱也用于国防，整个中国处于军队守卫保护范围之内。这里，警察保护也不是万无一失的，比如在电视新闻中，我们也偶然看到美国警察滥用权力。这个时候，受害人需要自己保护自己。可见，城市内的公共安全也不一定全由警察提供保护。此外，国防也不仅仅由中央政府提供，中央政府确实应该主要负责国防，但是地方人民武装部也为国防做了很多贡献，比如组织实施本地征兵工作。地方政府还要花费不少精力和财力安置退伍和复员军人。

从上面的分析看，认定政府事实上是"竞争性政府"才正确。实际上政府是"自利性政府"和"竞争性政府"的结合。政府之所以表现为"自利性政府"，其原因在上文已经述及。

提出"竞争性政府"分析范式的学者是加拿大经济学教授阿尔伯特·布雷顿。他认为，在联邦制国家中，政府间关系总体上来看是竞争性的，这是他关于"竞争性政府"的原意。这种"竞争性政府"涉及的政府竞争包括政府间竞争、政府内竞争和政府内外之间的竞争。这些竞争是真实存在的，竞争是政治生活的主要驱动力量。

虽然中国是单一制国家，但中国的政府体系事实上是竞争性的，符合布雷顿所强调的"竞争性政府"概念。改革开放以来，我国在许多领域积极或消极地推行了地方分权，如农村的包产到户制、财政收支权力的下放、外贸权力的下放、非公有企业的发展、地方国有企业及地方投资的扩展、经济特区与开发区的发展以及金融权力的地方化等。这种地方化为各地的地方政府获得和维持独立利益和自主地位创造了条件。正是在地方化格局的基础上，中国的政府体系实际上表现出竞争性。在此，我们要注意区分政府体系的实际运作情况和书面规定情况。根据书面统一规定，个人应该服从集体，地方服从中央。实际执行和运作情况则与这种统一要求大相径庭。

中国的地方政府行为在很大程度上可以用布雷顿的"竞争性政府"理论范式来加以描述和分析。地方政府在提供"地方政府供给品"方面发挥着重要作用。"地方政府供给品"不仅包含通常的公共产品和准公共品，还包含一些私人品，比如，灯塔被认为接近于公共品。这里公共品是指在消费上无竞争性和排他性的产品；拥挤的公路被视为准公共品，这里准公共品是指在消费上具有有限的非竞争性或有限的非排他性的产品；对农户的粮食直补就是私人品，教育也是私人品，这里的私人品是指在消费上具有竞争性和排他性的产品。对于教育是私人品这一点，连左翼经济学家、诺贝尔经济学奖得主斯蒂格利茨也是这么说的。他在其教科书《经济学》一书中指出，教育是私人品，但经常由政府提供。如此看来，很多经济学者想当然地认为由政府提供公共品，由市场提供私人品这种观念是完全错误的。

布雷顿认为，政府提供的产品和服务也可以由非市场部门提供或者由市场部门提供，这两大部门不一定存在非此即彼的关系。这里非市场部门含政府与社会组织。他认为，有些产品与服务可以由市场部门提供，有些可以由非市场部门提供，有些则可以由两者共同提供。

更有甚者，政府供给品既可能是"公益品"，比如政府组织修路，也可能是"公害品"，比如纽约警察打人。总的来说，若政府从管治走向治理，从无限政府走向有限政府，政府提供的"公益品"就会增多，"公害品"就会减少。

💰 思　考

政府只提供公共品和公益品吗？还提供什么产品？

💰 资　料

冯兴元. 地方政府竞争：理论范式、分析框架与实证研究. 南京：译林出版社，2010.

课时 94

"约束政府"的两个层面

朱海就

本课要点

· 政府的治理必须受法律的约束，即在政府治理之上，还有更高层面的法律问题或正当性问题。这个问题先于治理问题本身。

· 政府只能是正当规则的执行者，不能为了实现自己的目标而把相关规则强加到个体头上。

我们知道，法律体系是繁荣的根本保证，这样法治就显得尤为关键。"法治"通常被理解为约束政府，那么怎么理解"约束政府"？本文认为，这一问题涉及"政府与法律"问题的两个层面或两种规则。

第一层面　产生良好的立法者的规则

为了说明这一问题，我们把政府区分为三种类型：追求执行正当规则的政府、追求满足自己利益的政府、迎合选民（大众）利益的政府。合格的政府是第一种，第二种和第三种都是不合格的，相对而言，第二种会更糟糕。这三种类型也可以归为两类，即满足规则型（第一种）与满足利益型（第二和第三种）。当然，这三种类型的政府之间的边界并不是非常明确的，如追求自己利益的政府有时也会执行正当规则。

"约束政府"首先要解决如何产生第一种类型的政府这个问题。但这个概念通常没有对上述三种类型的政府加以区分，没有指出约束政府的目的：究竟是让它执行正当规则，还是不让它满足自己的利益，还是努力满足大众的利益。显然，让政府执行正当规则才符合这个概念的应有之义。

我们把解决如何产生良好的立法者（政府）的问题的规则称为"元规则"。政府是元规则的产物，良好的元规则是产生第一种类型的政府的规则。政府的运作本身涉及具体规则，而元规则既有具体的一面，也有抽象的一面。

民主制度是一种元规则，它解决政府如何产生的问题。它由有关民主程序的规则和有关票决的规则等构成，这些规则保持一个竞争性的政治市场。同样的民主国家，在这些规则的内容和执行方面存在非常大的差异。这就导致不同的民主国家虽然都有民主之名，但实际上建立的政府可能是上述第二或第三种类型的。

一个鲜明的对比是，德国民主制度曾选出希特勒政府，而美国民主制度选出了里根政府，差异何其之大。这种结果除了与上述元规则相关外，还与大众对正当规则的认识有关，这种认识本身也可以归入元规则之中。比如大众并不是苛求公正的规则，而是要求更多福利，那么就有可能使政府变成一个"利益分配"机构。

我们可以说，不知道何为正义的民族也不可能有优良的政府，即便有民主制度也无济于事。当然，民主制度的一个好处是可以让大众吸取教训，从而有可能不断地改善元规则，推动政府的改善。比如德国民众从希特勒的战败中吸取了教训，对纳粹更加提防。

第二层面　立法者制定和执行的规则

"约束政府"的第一层面是有关如何产生"好"的政府的问题，在上面，我们把相关规则称为元规则。第二层面是政府产生之后，它制定和执行什么规则的问题。第一层面的规则通过第二层面的规则得以体现。例如，第一种类型的政府一般来说是以制定和执行正当规则为特征的。这也意味着，假如第一层面的问题已经解决，也就是已经建立了优良的政府，那么第二层面的问题一般来说就不会特别严重，因为制定和执行正当的规则本身就是优良政府的一种自然而然的行为。当然对优良的政府来说，某些情况下也有可能执行和制定不正当的规则。对第二种和第三种类型的政府来说，执行和制定不正当的规则相对来说就更为常见。

无论是哪一种类型的政府，假如它们制定和执行了不正当的规则，那么也就存在"约束"的问题。这种约束可以回到元规则层面实施，让有不良行为的政府下台，这属于"政府层面"的竞争；也可以在第二层面实施，这是"具体规则"层面的竞争，如企业家用更好的规则吸引消费者，把政府制定的不良规则淘汰掉，例如打车软件与出租车的竞争。

"约束政府"最好是在两个层面都能进行，在尚不具备第一层面规则的情况下，那就多在第二层面进行，即个体发挥才能去进行制度竞争，这本身就是法治的重要内容，也为通往第一个层面的良好规则创造条件。

💰 思　考

1. 举例说明第一层面的规则和第二层面的规则。
2. 法治牵涉哪两个层面的制度竞争？

💰 资　料

黄春兴. 当代政治经济学. 杭州：浙江大学出版社，2015.

从"政府监管市场"到"市场监管政府"

朱海就

本课要点

· "政府监管"需要解决信息与激励问题，但政府并不总是能够解决这样的问题，所以，指望政府监管市场的观点往往是不成立的。

· 放松管制，促进竞争，让市场对企业进行监管，这种监管有时比政府的监管更有效。市场的监管过程就是生产与创新过程，不需要额外花费纳税人的钱。政府监管应该最小化。

　　曾经发生的一些事件，如长生疫苗和 P2P 跑路等让人们开始思考为什么政府监管有时没有发挥应有的作用。本文将对监管问题做一个探讨。在此之前，首先说明监管和管制的区别。虽然两者都是"管"，也都是政府行为，但有着根本区别。监管是执行法律，而管制是政府为了特定的目标而采取的行动，如为了限制房价而管制价格。监管属于执法，但执法本身不是监管的目的，监管的目的是产生好的秩序。

政府依据相关法律和法规监管当事人的行为，就是常说的监管。比如交通部门根据交通法规监管司机驾车过程中有没有违反交通法规。在市场中，有各种专门的监管部门，如环保部门根据环境保护的法规，监管企业是否达到（废水）排放标准；食品和药品监督部门根据食品和药品的安全标准，监督产品的质量；股市有证监会，银行和保险业有银保监会；等等。政府设立这些机构，其目的在于维护市场的正常运行。监管部门提供这种服务不是免费的，纳税人需要为此缴纳税金，这可以视为纳税人和监管部门之间的一种交换关系。

有时产权保护比监管当事人的行为更有效。比如科斯指出的，如果排污权得到界定和保护，那么企业有减少污染的激励，这时根本无须政府去监管企业的排放，企业会以自己认为成本最低的方式解决污染问题，使外部性内部化。在这种监管方式中，政府部门不是直接监督企业的污染排放，而是代之以产权保护。这种方式的优点是让企业有很强的自我监管的激励，因为企业少排放就可以多赚钱。当企业自己可以承担起监管的职责时，就降低了政府监管的成本。

这种监管的另外一种优势是让市场自动地实现合理的监管水平。我们知道，并不是越安全、越环保就越好，因为越安全或越环保对企业来说意味着更高的成本，但安全或环保水平在经济上何时是最优的，这个信息政府是不可能事先知道的。假如政府人为地制定一个高于企业承受能力的安全或环保水平，可能会导致大批企业倒闭。经济上合理的安全或环保水平只能通过市场竞争去发现，同时它也会体现在不同的产品价格中。

很多人会认为一旦离开政府的监管，企业就会生产假冒伪劣商品坑害消费者。然而，这是一个普遍的误解。在市场竞争中，产品越安全、质量越高，越能赢得消费者，换句话说，市场提供了很强的激励引导企业为消费者的利益服务。只有更好地服务消费者，企业才能获得更多利润，才能在竞争中胜出。产权保护为企业的自我监管提供了强大的激励，比如阿里巴巴会打击淘宝上出售假货的行为，京东更是把"卖真货"作为招牌。

在政府监管模式下，存在谁来监管"监管者"的问题。拥有权力的监管部门容易出现以权谋私、选择性执法或干脆睁只眼闭只眼，对违法行为视而不见等问题。还有一个问题是监管部门会被政府的其他目标所俘获，比如银保监会可能不得不服务于政府宏观调控的目标，这些目标和监管的目标往往会发生冲突，导致监管的弱化。我们说，政府监管建立在官员廉洁奉公以及拥有更多信息等假设的基础之上，显然，这些假设是难以成立的。之所以出现上述问题，与监管部门的垄断性质有关。假如监管部门本身是竞争性的，那么这些问题就可以避免。

如监管本身可以变成一项营利性的商业活动，比如保险公司和律师事务所事实上承担了某种监管的功能，当然未来可能会演化出形式更多的监管类服务机构。当所有企业都可以参与竞争，那么监管的垄断性就可以被打破，上述问题也可以解决。

从哈耶克"市场是一个发现的过程"的角度看，这种市场化的监管有其合理性。传统的监管方式存在信息获取难和信息不对称的问题，经济学家也主要是从这些方面去思考如何改善监管，但为什么监管就不可以是利用信息和创造信息的问题呢？这要求打破监管的垄断。当不同的监管机构（企业）相互竞争时，更有效的监管手段就会产生，信息会得到充分利用，监管的效率也会大幅提升。

当监管变成一种市场化的服务时，谁需要监管服务谁就付费：需要监管服务的个体将购买这种服务，提供监管服务的公司向肇事企业进行索赔。这样就形成比较发达的监管市场，当然，在刚开始的时候，一些人可能因为没有购买这种服务而受到侵害，这时还需要社会为他们承担风险，从长远来看，当更多人从购买监管服务中获得好处时，受侵害的情况会越来越少。相比之下，在政府主导的监管体制下，所有纳税人都要为政府的监管买单，不管他是否需要监管服务。显然，市场化监管减轻了纳税人的负担。

就如政府监管一样，市场化监管本身也不是完美的，但会更为有效。同时，我们也认为在目前的情况下，监管应该是多重的，只强调一种监管是不够的。但大的方向应该是从"政府如何更好地监管"向"如何更好地利用市场自身的力量实现监管"过渡，即从原先的"政府监管市场"向"市场监管政府"过渡。

💰 思　考

1. 为什么政府监管存在"失灵"的问题?

2. 市场化监管比政府监管更为有效的原因是什么?

💰 资　料

黄春兴. 当代政治经济学. 杭州:浙江大学出版社,2015.

另类"公地的悲剧"

黄春兴

> **本课要点**
>
> · 公地的悲剧：没有个人或单位拥有其财产权的土地，没人会去经营它。
> · 集体地的悲剧：由于共同持有，导致有人不愿意配合而无法提高该土地的生产力。
> · 反公地的悲剧：私有产权过细划分，不利于该土地的重新利用。

　　公地是没有个人或单位拥有其财产权的土地。由于没人拥有它的财产权，也就没人会去经营它，因为人们无法确保辛苦经营的成果。于是，大家都只想享用它，连维护它的一丝心力都想省下来。这就是"公地的悲剧"，也就是：这土地废了，因为没人愿意去经营它。

"公地的悲剧"指的不是公地上的果树所结出的果子，因为摘果子的人会好好地享用它。它指的是土地，因为它的生产力没有被发挥出来，以至于不能长期结出好果子。但是，为什么我们期待土地结出很多果子？读者不妨想象下面的例子。

客家族群在历经千年的多次迁移后，逐渐发展出两个代代传承的观念：第一，有土斯有财——土地只能买而不能卖；第二，群策群力——族人必须团结。大家若到客家村一游，通常看到的是家族聚落的村子，看不到的是许多土地的财产权都是多人共同持有。因为共同持有，土地就不容易被卖给外人。越是祖产——被继承很多次，越不容易被卖出。

集体所有的土地不是公地，也不是私地。当土地被清楚地分割成独立的私人产权时，毫无疑问，它们都会被经营得很好。当然，外部性是另外的问题。如果是集体所有，公地上的任何建设和产出的分配都必须经过大家同意才行。如果集体中的人数不多，协商成本不会太高，其效率未必会较私人产权差。但如果集体的人数甚多，问题就很麻烦了。不过，这时的集体产权也许会变成国有，政府的决策替代了集体的协商。只要财产权能界定清楚，能保证投资者可以收获果子，不论是私人产权、集体产权还是国有产权，都比维持公地的形式好。至于哪一种产权好，则是另外的问题。

有一天，高速公路的立交桥刚好落点在该客家村附近，某企业集团计划购买该村土地并改建为大卖场。由于村子的许多土地都是多人共同持有，也因为有许多族人不愿意违背"不卖祖产"的客家祖训，大卖场的计划终归失败。借用"公地的悲剧"的说法，这算是"集体地的悲剧"，因为"有人不愿意配合而导致该土地的生产力无法提高"。

不只客家村子存在这类"集体地的悲剧"，旧市区的改造计划也常遭遇这些问题。比如一栋五层楼的老旧集体住宅，每层楼各有不同的私有产权。由于每层楼的所有权人都有权利反对大楼改建，旧大楼就无法改建了。

同样借用"公地的悲剧"的说法，"只要有人不愿意配合而导致该土地的生产力无法提高"，可否称作"私有地的悲剧"？不可以，这被称为"反公地的悲剧"。这是美国赫勒教授于1998年提出的概念，他认为，土地若被过度细分成私有产权，也会导致资源无法充分利用。它的意思是，如果某建设需要利用很多块相邻的私有土地，而这些土地又由不同人持有，则该建设往往很难成功。这个概念是出于对过度私有产权化的反省，但无意中却打开了"政府应该干涉私有产权"的另一扇窗口。

事实上，城市建设和客家村的例子都发生在有人想变更土地的原使用目的的前提下，它不同于"公地的悲剧"是出于对土地开发的关怀。

分析这个问题时，刚好看到一则新闻："台湾地区的百年老店——大同家电集团的经营权恐变天，掌控52%股权的地产大亨展开争夺战"。信仰亚当·斯密的林挺生在生前创立了大同集团，也创办了大同大学。该集团拥有多处土地，其市值超过其股价总值。他为了避免市场派以获取土地为目的去争夺集团经营权，而让大同大学和大同集团共同持有这些土地的所有权。所以，即使地产大亨真的掌控了大同集团，也未必能开发这些土地。

"反公地的悲剧"论指出，私有产权的过细划分会不利于该土地的重新利用。但是，土地的再利用问题并不是经济效率问题，因为持有者的效用是各自独立且不能加总的。而"公地的悲剧"讲的是不同的故事，那是关于一块公地的开发的问题：它只要得以开发，就是对社会的改善，因为它不涉及产权的侵犯问题。

思　考

1. 请分别陈述"公地的悲剧"和"反公地的悲剧"之内容。
2. 为何私有产权的过细划分会不利于该土地的重新利用？

课时 97

善意不能保证善果

冯兴元

本课要点

· 政府的政策一般带有具体的目的，这种目的大多体现为某种善意，至少体现为决策者的自辩态度。

· 善意的政策不一定带来直接的善果，往往会带来非意图的结果，而且可能是负面结果。

· 其实历史上很多政策的出台是否出于善意是不可观察的。

明代王阳明是心学大师，他的心学总体上可以分为三个方面，也体现为他的心路历程的三个阶段。一是"心即理"。万物之理与心相通，理在心中，道在心中。是非求之于心，学问求之于心，天理求之于心。二是"知行合一"。良知与行动为一体，相互佐证。三是"致良知"。所谓格物致知，不是朱熹所提倡的探究外部事物的道理，而是向内心格物，存善去恶，达致自己的良知。王阳明的心学思想因此也体现在他的"四句教"中："无善无恶心之体，有善有恶意之动，知善知恶是良知，为善去恶是格物。"

王阳明的心学思想据说影响了日本的明治维新。如果将他的思想运用于实践，则要注意：一是很多人认为是"恶"的东西，可能成为人类社会发展的动力，因而结果可能是"善"。比如，斯密的"看不见的手"原理，道出了在市场社会，每个人追求自利，但无形中增进了公共福祉。二是出于善意的行动或者政策，也可能导致"小恶"甚至"大恶"的结果。20世纪50年代末我国曾经大办公社食堂，情况就是如此。各村生产队都成立了公共食堂，"吃饭不花钱"的宗旨得到空前发展。结果多数食堂已经寅吃卯粮，一些地方甚至连来年下种的种子都煮了吃。善意保证不了不生恶果。

上面的事例佐证了荷尔德林的一段话："总是使一个国家变成人间地狱的东西，恰恰是因为人们试图将其变成天堂。"经济学家哈耶克在其著名的《通往奴役之路》一书中专门引用过这段话。

政府的政策一般带有具体的目的，这种目的大多体现为某种善意，至少体现为决策者自认为的"善意"。除了上述大办公社食堂一例可作佐证之外，著名的"猪湾事件"也是如此。肯尼迪政府于1961年发动战争入侵古巴猪湾，即便属于"善意"，但以失败告终，而且导致美国与苏联严重对峙，引发了1962年的古巴导弹危机，差一点酿成两个超级大国之间的核战争。

善意的政策不一定带来直接的善果，往往会带来非意图的结果，而且可能是负面结果。这一点，经济学家米塞斯和哈耶克都特别强调过。上述公社食堂事例和"猪湾事件"都导致了严重的直接负面结果，也导致了严重的非意图负面结果。

公社食堂事例和"猪湾事件"似乎已经是很遥远的事情了，几乎与现在的我们不相干了。其实这类事情一直发生在我们的身边。一些县的政府为了促进农民创收，大范围推行"订单农业"，号召全县农户种植某种中药材或者农作物，组织一些地方龙头企业与农民签约，提供种苗和技术支持，并按一定价格购买中药材或者农作物。结果市场价格下跌，龙头企业自身难保，无法按合同购买农户的产品，酿成严重的后果。多年前，还有一个县政府在一个集镇建造了一处很大的海鲜交易大棚，鼓励众多海鲜养殖场也就是海塘和外地采购海鲜的商贩到交易大棚进行交易。但是商贩们习惯于直接到海塘边采购青蟹和龙虾，海塘的农户也更愿意直接在现场交易，结果海鲜交易大棚成了一个不成功的形象工程。

对于一个大国来说，一些地方"订单农业"和海鲜交易大棚工程的失败只是小事一桩。但是，正如老子所说，"治大国如烹小鲜"，要防止善意的重大政策导致负面的结果，无论这种负面结果是直接后果，还是间接后果。这种负面结果可能最初并不明显，但是随着时间的推移却越发明显，对于这一点，看看我国一些地方的运作即可理解。由于地方政府的政策有其周期性，决策者在其主导理政阶段一般很难自行修正其决策。我国一个省的大小就相当于欧洲一个国家，很多地方政府的决策都有"理性建构"，搞大型形象工程的问题。地方的重大决策绝非小事，会影响千家万户。因此，对于重大决策，需要提前确立一些纠偏机制，对其进行定期或者不定期的审视，必要时做出修正。要防止其走上一条不归路，也就是避免一种最终陷本地民众于不利的"路径依赖"。

一项政策可能事与愿违，这种现象很常见，也不可怕。重要的是须对任何一项政策采取开放试错的态度。哈耶克赞同波普尔有关"零星社会工程"的主张。波普尔认为："零星社会工程技术……允许重复试错，而且允许逐步改进。"按照他的批判理性主义逻辑理论，只有通过不断试错、猜测和推翻，才能逐步逼近真理。这里，科学成为"试错、猜测和推翻的交替变化关系，一条可能犯错的、旨在消除错误的道路，而不是一条不会犯错的、通往真理的道路"。哈耶克认为，我们所能做的就是上述意义的试错式"零星建构"。在整个试错式"零星建构"过程中，我们需要保持"理性的谦卑"，而非"理性的僭越"。比如，让社会各阶层参与制定和修正一项决策，就是这样一种态度。

💰 思　考

1. 王阳明的心学思想有何不足之处？

2. 举例说明如何防范政府的政策可能导致的非意图的负面结果。

💰 资　料

1. 格尔哈德·帕普克. 知识、自由与秩序. 黄冰源，赵莹，冯兴元，等译. 北京：中国社会科学出版社，2001.

2. 弗里德利希·冯·哈耶克. 法律、立法与自由. 邓正来，张守东，李静冰，译. 北京：中国大百科全书出版社，2000.

知识市场：扭曲的委托代理

朱海就

本课要点

· 知识工作者为大众或纳税人服务才符合职业道德，因为纳税人是他们的真正雇主。在政府垄断知识市场的情况下，虽然雇主理论上依然是纳税人，但政府却成了雇主，成了知识工作者的服务对象。

· 政府的作用应该是为个体充分发挥其知识创造力提供服务，而不是限制其内容的生产。

现在大部分知识分子在政府资助的"公共部门"工作，比如高校与科研院所。这样，他们就会认为，他们是拿政府的钱，所以为政府辩护是理所当然的。但是他们没有想到，政府只是纳税人的"代理人"，真正为他们的研究提供资助的是纳税人，他们拿的是纳税人的钱，而不是政府的钱。因此，纳税人才是他们真正的"雇主",为纳税人辩护才符合职业道德,或者说,为政府辩护是违背职业伦理的。知识分子的错误认识是导致知识市场扭曲的一个重要原因。

政府摇身一变:从代理人变成了委托人

知识分子拿政府的钱,为政府辩护时,往往就是在支持政府干预。政府维护或扩大自己的权力也需要知识分子提供支持。知识分子往往会忘记他们的真正雇主——"纳税人"需要的却不是这种干预主义的思想,他们需要的是弘扬市场作为自发秩序的思想。这是因为作为自发秩序的市场对纳税人来说是最为有利的,比如市场作为自发秩序意味着减少税收,意味着减少行政垄断,等等。可见,假如知识分子为市场辩护,那就是为纳税人辩护。

在知识市场中,真正的交换关系发生在纳税人和知识分子之间,而不是在政府和知识分子之间。知识分子为作为自发秩序的市场做出辩护,是纳税人需要的,因此也是有"价值的",知识分子提供这种辩护也是在满足市场的需求。相反,假如知识分子为政府干预辩护,那么他们生产的知识,往往是损害他们真正的雇主"纳税人"的,因为人们没有理由认为政府的利益就等同于纳税人的利益。

所以,现代社会的知识生产就面临这样一个困境:纳税人往往必须通过政府才能实现他们和知识分子之间的"交换"关系。但是,当政府介入这种交换关系时,纳税人与知识分子之间的交换关系就被扭曲了,因为政府会利用自己的垄断权力,让知识分子为自己服务。政府从"中介"变成了"主人"，这种垄断给知识生产造成了很大伤害，使得纳税人的权益无法得到保障。

政府成为委托人的后果

政府摇身一变，从代理人变成委托人之后，"纳税人"作为真正的委托人被架空了。知识分子听命于政府的指使与安排，这产生了一些严重的后果。首先是低效或无效的知识生产。政府垄断知识市场，也就意味着专家评价代替了市场评价，行政主权代替了消费者主权。大量毫无价值的知识产品被源源不断地生产出来，比如著名经济学家麦克洛斯基说，"采用现代主义的经济学方法，不仅没有得到什么，反而还失去了很多"，而她认为当下"经济学的主流方法就是现代主义"。政府垄断的科研体系制造了大量无效的论文，同时也催生了大量的学术"假冒伪劣分子"，让一些投机取巧的人成为"学术明星"。这种学术泡沫不像金融市场中的泡沫一样容易被戳穿。

不仅如此，政府垄断的科研体系还造成了知识产品的价格扭曲。比如政府资助一个基金项目几十万元，但项目生产出来的却是毫无价值的垃圾。有的自媒体上的文章，其价值要远远高于在政府大力资助下生产出来的产品，但这些自媒体文章的作者得到的收益往往很少，远远不能与获得政府资助的人相比。

政府垄断的知识生产阻碍了知识进步。比如出版社拿到作者从政府那里得到的课题经费之后，无论作者提供什么样的书都愿意出版。相反，一些高质量的书由于没有资助，出版社就不愿意出版。这样就造成了逆淘汰。同时也导致学术市场的萎缩和扭曲，因为出版社拿到政府的课题资助后，就不会再去开拓学术市场。

当知识分子服务政府之后，他们就着眼于政府需要什么，而忽视了真正重要的问题，特别是那些与市场经济的一般原则相关的问题。他们"研究"很多荒谬的问题，比如我之前看到有人研究天气变化对工作时间的影响这种问题。

政府垄断的科研体制犹如皇帝的新装，由于没有真正的市场评价，它只是假装在生产知识。虽然生产的知识毫无价值，但会伪装得很"高大上"，并且用"排名"这种反市场的信号来欺骗大众。杨小凯就曾对政府垄断知识生产提出批评，他举例说，当时法国老是强调政府的科技奖励制度，就是由政府来判断奖励谁不奖励谁，这阻碍了技术的商业化。

另外，当知识分子为政府生产时，也就失去了尊严。他们不能实现自我，只能做可怜的寄生虫。他们事实上不是用自己的产品去交换价值，而是用自己的尊严去交换稻粱。

政府的正当角色

如前所述，政府理论上应该是知识市场的"代理人"，它不应该反客为主，扮演委托人的角色，在前一部分，我们也阐述了政府扮演委托人的危害。那么作为代理人的政府，其角色应该是什么呢？我们说，政府自己也是纳税人的代理人，要服务于纳税人。由于对纳税人来说，让每个知识生产者充分发挥自己的创造性是对他们最为有利的，那么政府就要服务于这一目的，即充分保障个体知识生产者的正当权利。

　　这里存在两种知识生产体制，一是纳税人把钱交给政府，委托政府让知识分子替他们生产知识；二是纳税人从市场中购买知识生产者的服务，让政府保护知识生产者的权利，即他们并不直接把钱交给政府。在第一种体制中，纳税人需要监督政府对这部分资金的使用；而在第二种体制中却不需要，因为它明显少了一层代理关系，因此第二种体制是更为有效的。

　　以上论述表明，政府拿纳税人的钱来进行知识生产的任何做法都是错误的，与正当的委托代理关系相违背。当纳税人、政府和知识生产者的委托代理关系被厘清时，一个符合自发秩序理念的知识市场才会出现。

思　考

1. 为什么说知识分子为作为自发秩序的市场辩护才是正当的？
2. 知识市场中"正当的"委托代理关系应该是怎样的？

课时 99

规则的来源

冯兴元

本课要点

· 从主观的角度看规则或制度，规则就成为一个群体中成员们在其行动中所遵循的"共享信念"。从组织学视角看，规则或制度属于群体或者组织所实际遵循的"惯例"。

· 规则是分层面的，大致包括基本规则和操作规则。其中基本规则是"规则的规则"，操作规则则是较低层面的规则。

· 规则大概有以下五种来源：一是一些宗教的教义或者启示，二是自然法，三是习惯法，四是产生自现实社会中博弈和合作的结果，五是来自系统内外的习得规则。这五种来源本身又相互影响，相互交叉，并非完全相互独立。

孟子曰：不以规矩，不能成方圆。其中"规"为圆规，"矩"为曲尺。孟子讲的"规矩"，被引申为"规则"。把"规"和"矩"作为画出方圆的规则依据，是可以为一个群体中所有人认同、接受和使用的。

经济学家往往不大区分规则和制度。从主观的角度看规则或制度，规则就成为一个群体中成员们在其行动中所遵循的"共享信念"。从组织学视角看，规则或制度属于群体或者组织所实际遵循的惯例。这些惯例是实际适用的规则或制度，而非单单写入文字的规定。规则和制度既可以是成文的，也可以是不成文的；既可以是明示的，也可以是默会的；既可以是制定的，也可以是演化而来的。但规则和制度作为惯例，必须是实际适用的，是"活"的。比如，一个公司可能书面规定上班时间为上午九点，并且把这一规定张贴在办公室中。但是，该公司实际上可能是上午八点半到九点半上班而下班时间顺延的上下班制度。这种局部弹性的上班时间制度才是公司的惯例，也就是真正适用的"活"的规则或制度。很多法律制定出来，但并没有得到贯彻执行，或者只是部分得到执行，那么没有得到执行的部分，其实就不是法律规则，得到执行的那部分才是法律规则。比如德国1967年颁行的《经济稳定与增长促进法》是推行凯恩斯主义经济政策的产物，规定了推行适度经济增长、充分就业、物价稳定与外贸平衡四大总体经济目标，并提出很多定量、定性和定时的操作指标。但是这四大经济目标相互之间存在矛盾，无法同时实现，其制定与推行存在经济学家哈耶克所批评的"知识的僭越"问题。这四大目标被经济学界视为难以实现的"魔幻四角"。之后，该法律进行了多次修订，但所规定的操作指标仍然难以实现。真正得到较好落实的是该法律所规定的经济鉴定专家委员会制度，也就是俗称的"五贤人委员会"制度。

规则是分层面的，大致包括基本规则和操作规则。其中基本规则是"规则的规则"，操作规则则是较低层面的规则。基本规则其实也是分层次的，最基本的规则成为元规则。较低层面的规则不一定在一个群体中被所有人认同和接受，它需要遵循较高层面的规则。较高层面的规则也不一定在一个群体中被所有人认同和接受。但是，总有一些更高层面的规则，尤其是元规则，在一般和抽象的层面是应该和可以被一个群体中的所有人认同和接受的。比如诚信规则就是如此。自然法思想家斯波纳就把诚信视为最重要的自然法则。马克斯·韦伯认为，市场伦理中最重要的原则是通常被表述为"诚实就是上策"的原则。

可以说，一项规则的最理想标准就是群体中所有人都能够一致同意和接受。比如，家庭生活当中会形成一些一致同意的规则。

规则大概有以下五种来源：一是一些宗教的教义或者启示，二是自然法，三是习惯法，四是产生自现实社会中博弈和合作的结果，五是来自系统内外的习得规则。这五种来源本身又相互影响，相互交叉，并非完全相互独立。甚至这些规则的定义也可能交叉，比如第一类规则和第二类规则可能都被一些人视为自然法。但是部分自然法与宗教无关，尤其是在把大自然视为终极存在的人眼中。

摩西"十诫"就属于第一类规则，传说是耶和华在西奈山的山顶亲自传达给摩西的。无神论者会彻底否认这类"神示"规则。米塞斯和罗斯巴德就是无神论者。有人也把"十诫"视为自然法。但是，第二类规则，即自然法，也可能与"神"无关。很多把大自然本身视为终极存在的人就这么看。自然法通常是指关于正义的基本的和终极的原则的集合，它萌发于古希腊哲学。苏格拉底、柏拉图和亚里士多德则断定人们能够发现永恒不变的标准，即自然法，以作为评价成文法优劣的参照。比如，亚里士多德认为，有一种无论何处均具有同样权威、通过理性可以发现的自然法或者正义。

为了区别于第一类规则来源，我们下面从狭义的角度，即从把大自然视为终极存在的角度来使用自然法的概念。"十诫"第八条为"不可偷盗"，既是第一类规则，也是第二类规则，也可产生自习惯，即源自习惯法，也就是第三类规则。它也可以是现实社会中博弈的结果，因而也是第四类规则。罗斯巴德相信自然法，有着自己的一套自然法理论。对于他，"不可偷盗"可以来自自然法。但是米塞斯不相信宗教和自然法，强调规则的来源来自人类社会的博弈，认为规则产生自人类社会中社会成员之间的共同合作，其产生是因为其有利于社会成员之间的合作。按照这一逻辑，他也是接受习惯法的。顾名思义，习惯法产生自人类社会生活中形成的习惯。当然，习惯的来源又很复杂，部分来自自然法，甚至来自习得的超验规则。孔夫子《论语》中有大量有关"礼"的说教，大多来自自然法和习惯法。比如"己所不欲，勿施于人"这一规则就是如此。但很难说清它来自自然法还是习惯法。

最后我们要清楚的是，许多规则可能是系统内部习得的，也可能从系统外部习得，那就是第五种规则来源。比如知识产权法里规定的很多规则，都来自国际经验。

💰 思　考

1. 存在哪些规则的来源？

2. 不同规则来源之间存在何种关系？

💰 资　料

路德维希·冯·米塞斯. 人的行为. 夏道平，译. 上海：上海社会科学院出版社，2015.

法律的三种类型

朱海就

本课要点

· 法律可以分为自然法、演化法和人为法。

· 人为法不是政府为实现特定目标而制定出来的，而是对演化产生的法律的确认。人为法要根据是否有利于分工合作的秩序而不断修正。

法律是支配一个社会运行的规则，对法律的探讨一直是法学、经济学及其他学科的重要话题。本文通过对三种类型的法律的区分，即自然法、演化法和人为法，对法律问题做一个简单的探讨。

自然法

自然法也被称为永恒之法、上帝之法或神启法，是上帝已经写在人的内心中的正义的原则，自然法是在人的灵魂中运行的。还有一种是"自然神之法"，是指自然界的运行法则，这里也把它归为上帝之法。上帝通过理性和良知，建立了适合人的本性的法律，理性和良知是我们之间"神圣的监督者"，我们在理性与良知的指引下为自己创造法律。上帝在人的内心撒下的种子，包括道德情感和善等，寻找正义和善也是人的本性。善所确立的原则是确定的，比如人看到有人杀人越货就会感到愤怒。

因此，关于自然法有两种认识，一种就是"人有获知正义和善的道德能力和智力"；另一种是指与生俱来的权利，如洛克在《政府论》中所说的，"人们既然都是平等和独立的，任何人就不得侵害他人的生命、健康、自由或财产"。这种自然权利意义上的自然法观更为流行，罗斯巴德使用的就是这种自然法思想，美国《独立宣言》中"人人生而平等"的宣示也体现了这种自然法思想。

自然法是自治的基础，为自治提供了依据：因为普通人有能力知道自然法，同时也有善的能力，所以人们可以自治。尽管如此，自然法不意味着人能够"自然地"建立正义的体制。自然法虽然与生俱来地存在于人的心中，但人不是"自然"地就知道或遵循了自然法。坏的风俗、罪恶的习惯会限制善的发展和运用。自然法在"好"的社会中才能被理解，但也会在"坏"的社会中被败坏。

自然法是普遍规则，是个体自由行动的示范，是社会的终极守护者和监督者，也是任何法律的终极执行者。如果警察在执法时会私下和罪犯做交易，那么法律就形同虚设了，良好的秩序也不会出现。

演化法

演化法顾名思义，是演化中产生的法律，是无意中形成的、非设计的，但可以是成文形式的（大陆法系），也可以是判例形式的（普通法或英美法系）。演化法是无意中形成的，是被"发现"的。它和自然法一样，是指引社会的原则，是使得一个社会中的每个个体得以利用他的情境知识的规则。但不同于自然法，这些原则没有人可以事先知道，因此社会要对规则的演化开放，需要一个保障法律演化的元规则。

哈耶克的"文化演化"论对演化法的产生做了详细论述。关于自然法和演化法的关系，我们认为演化法是受自然法引导的，从另一方面说，演化法包含了自然法，也是自然法的依附和体现。

自然法和演化法不可分，如冯克利教授所指出的，"按马克斯·韦伯所言，纯粹形式的自然法是不存在的，只有当它附着于特定的制度传统时，我们才能看到它的具体功能"。冯克利教授认为，《独立宣言》除了强调自然权利外，也将传统习俗视为权利的重要来源。他认为，美国成为法治国家，不仅仅是依靠对自然权利的信仰和追求，还有对普通法传统的继承和接受。

根据哈耶克的文化演化说，某种规则之所以被挑选出来，是因为它"更有利于人类"，这是功利主义视角的法律观，它也适用于自然法。有时我们说某事违反自然法，比如基因编辑，其实是指还没有出现相关的行为规则使我们认为那样是有利的，比如科学家没有把基因编辑的风险控制在可以接受的程度。

人为法

人为法指人为制定的规则。人为法又分为两种类型，一是演化法的"成文化"，即根据对演化产生的规则的认识，以成文的形式把它确立下来，这种成文法其实也是"演化法"；另一种是政府为了自身的目标或自己认为重要的目标而制定的，即哈耶克所说的"公法""外部规则"或者"命令"，比如张五常批评《劳动合同法》就属于这种。因此，这里我们只把后一种人为法称为人为法。人根据需求对人为法进行调整，但它背后的一般性原则必须保持稳定。

自然法和演化法是抽象的、普遍的，相比之下，人为法是具体的。自然法和演化法也需要人为法去保障和实施，如政府和司法体系等本身也可以视为人为法。不同性质的人为法会促进或阻碍法律的演化。自然法相当于土壤，演化法相当于土壤中长出的树苗，人为法相当于人对待树苗的方式：呵护或者损害。"坏的"人为法就如压在土壤表面的一块石头，阻碍树苗的生长。相比之下，"好的"人为法是演化的产物，会促进法律的演进，并且也可以追溯到自然法。

法律的演化不是线性的，坏的人为法并不会立刻被淘汰，在一段时间内甚至会被加强。当建立在自然法基础上的演化法发展起来时，"坏"的人为法才会慢慢被淘汰，否则替代"坏"的人为法的只会是另外一种"坏"的人为法。演化法和人为法是人类知识的结晶,类似于价格,法律使我们得以以一种简洁的形式利用知识。法律需要被感知、被认识和被信仰,否则是无效的。实际上,也只有被感知、被认识、被重视、被信仰的知识才会成为法律。

🛍 思　考

1. 说说自然法、演化法和人为法的关系。
2. 举例说明"好的"人为法与"坏的"人为法,说明"好的"人为法可以追溯到自然法。

🛍 资　料

冯克利. 美国"独立宣言"再解读. 学术月刊. 2016.